MODERN HUMANITIES RESEARCH ASSOCIATION
TEXTS AND DISSERTATIONS
VOLUME 96

MITOS CRISTIANOS EN LA POESÍA DEL 27

MODERN HUMANITIES RESEARCH ASSOCIATION
TEXTS AND DISSERTATIONS

Established in 1970, the series promotes important work by younger scholars by making the most accomplished doctoral research available to a wider readership. Titles are selected and edited by a Board of distinguished experts from across the modern Humanities.

Editorial Board

English: Professor Catherine Maxwell, Queen Mary, University of London
French: Professor William Brooks, University of Bath
Germanic: Professor Ritchie Robertson, University of Oxford
Hispanic: Professor Derek Flitter, University of Exeter
Italian: Professor Brian Richardson, University of Leeds
Latin American: Professor Catherine Davies, University of Nottingham
Portuguese: Professor Thomas Earle, University of Oxford
Slavonic: Professor David Gillespie, University of Bath

Mitos cristianos en la poesía del 27

de
Rocío Ortuño Casanova

Modern Humanities Research Association
2014

Published by

The Modern Humanities Research Association,
1 Carlton House Terrace
London SW1Y 5AF
United Kingdom

© The Modern Humanities Research Association, 2014

Rocío Ortuño Casanova has asserted her right under the Copyright, Designs and Patents Act 1988 to be identified as the author of this work. Parts of this work may be reproduced as permitted under legal provisions for fair dealing (or fair use) for the purposes of research, private study, criticism, or review, or when a relevant collective licensing agreement is in place. All other reproduction requires the written permission of the copyright holder who may be contacted at rights@mhra.org.uk.

First published 2014

ISBN 978-1-78188-024-1 (hardback)
ISBN 978-1-78188-025-8 (paperback)
ISSN (MHRA Texts and Dissertations) 0957-0322

www.texts.mhra.org.uk

CONTENIDOS

Prefacio	viii
Introducción	1
El mito en la literatura del veintisiete: universalización de la experiencia	4
Formas de aparición del mito en los poemas	7
Mitemas	8
Inserción en el argumento romántico	9
Inclusión del sujeto en el texto poético	11
Preocupaciones de la modernidad	12
Temporalidad	12
Transmisión de la verdad	13
1. La palabra creadora	15
Los poetas	17
Romanticismo	19
Panteísmo romántico y creación	19
Luis Cernuda y los románticos ingleses	25
Simbolismo francés y poesía pura: Salinas, Champourcin y Guillén	32
Trascendentalismo y creacionismo: Huidobro y Gerardo Diego	40
Conclusión	46
2. El Paraíso Perdido	49
¿Qué es el Paraíso?	52
Representaciones del Paraíso en los del veintisiete	55
Los orígenes geográficos	59
El amor	62
La inocencia y la conexión con la naturaleza	68
Dios	70
La palabra creadora	73
La Caída	74
La caída bíblica	74
Crisis de la palabra	76

Tabla de contenidos

Crisis personal: la pérdida de la eternidad y la imposibilidad de reconciliación entre realidad y deseo	78
Dolor e imposibilidad de regreso al Edén	79
La pérdida del Paraíso	82
La nostalgia	83
Agua que corre y agua estancada	85
Espejos líquidos	88
Representaciones de lo perdido	95
Conclusión	98
3. Cristo-Prometeo: malditismo, dolor, revolución y redención	**101**
Poetas malditos	101
Condenados a ser poetas	102
Daimón	102
Voluntad de permanecer	104
Rechazo de la sociedad	105
Romanticismo y malditismo	106
Nietzsche y la subversión de valores	107
El Dios celestial ha muerto. Viva el dios terrenal	108
Separación del poeta y la sociedad	111
Identificación con Cristo	120
El mito cristiano	121
Prometeo: versión romántica de Cristo	121
Cristianismo y dolor	123
Los poetas en el Huerto de los Olivos	125
Miedo	129
Soledad	132
Abandonados por los hombres: los apóstoles durmiendo	133
Traicionados por los amigos: las negaciones de Pedro	134
Abandonados por Dios: la lejanía de Jehová	135
Dolor	138
Conclusiones	142
4. Poeta profeta: el discurso revelado en la generación del veintisiete	**144**
Revisión bibliográfica	146
Perspectiva histórica: el papel del Poeta-profeta	149
Poesía, profecía y eternidad	154

    Lenguaje imaginativo   156
    Provisionalidad del lenguaje   161
Continuidad del liderazgo moral del poeta   165
Poesía profética: transición hacia la poesía social   169
    La exhortación como modo del discurso profético   173
    La colectivización del sujeto   175
Conclusión   177

Conclusiones   178

Bibliografía   182

PREFACIO

Una versión anterior de este libro fue entregada en 2010 en la Universidad de Mánchester para la obtención del título de doctora en filología hispánica. La investigación, sin embargo, tiene su origen en 2006. Entonces asistía a los cursos de doctorado del programa "Vanguardias y postvanguardias de la literatura española e hispanoamericana: tradición y rupturas" en la Universidad de Salamanca, becada por esta institución y por el Ministerio español de Educación. Así fue como fui a parar a una clase del ahora catedrático Emilio de Miguel, en la que se analizaba el 'Llanto por Ignacio Sánchez Mejías' de Lorca, desde la comparación del mismo con un ritual eucarístico.

La idea del uso de rituales y motivos religiosos como tropos en la poesía de un grupo de escritores que por lo demás no tenían fama de ser demasiado devotos, sino algunos de ellos más bien todo lo contrario, me inspiró y animó a escribir una tesina de 300 páginas sobre las referencias bíblicas en la poesía temprana de Federico García Lorca, dirigida con infinita paciencia desde Salamanca por Javier San José, y leída una vez ya había empezado yo el presente libro. De aquel trabajo surgió un artículo hoy publicado en *Hispanic Research Journal* titulado 'Dos o tres soluciones poéticas a la crisis de la maternidad en las *Suites* de Lorca' (Ortuño Casanova 2010).

Después de aquello, empecé el doctorado en Inglaterra gracias a una beca de lo que era la Escuela de Lenguas de la Universidad de Mánchester que cubría el noventa por ciento de las tasas de mis estudios, y sin la cual no habría podido escribir este libro, que se gestó y desarrolló bajo la dirección de los Profesores Chris Perriam y Anthony John Lappin. Por ello y por todo el apoyo académico y personal, les estoy muy agradecida.

Debo aclarar que aquella primera versión ha sido actualizada y adaptada para su edición para llegar a ser el volumen monográfico que hoy tiene en sus manos, sin embargo la idea inicial se ha mantenido: se trata de examinar la presencia de referencias religiosas en la poesía de la generación del 27 y la inspiración que para su uso los poetas toman de la modernidad occidental a partir del Romanticismo. Hay muchísimas otras obras críticas que analizan la intertextualidad de esta generación con el siglo de oro español — pongamos por ejemplo el libro de Calvo Carilla *Quevedo y la Generación del 27*, publicado por Pre-textos en 1992 — por lo que no creo necesario incidir en intertextualidades y deudas de este tipo, aunque desde luego que en parte deben la presencia de mitos bíblicos a la lectura de Góngora y Calderón entre otros. En esta ocasión me ha interesado más la transnacionalidad del fenómeno, que muestra un esquema concreto en el orden de los mitos utilizados, respondiendo a problemas propios de la modernidad literaria, especialmente a partir del siglo XIX, como se mostrará en las siguientes páginas. Ruego que se disculpe la ausencia de tantos otros ingredientes necesarios para que los muy leídos autores que nos ocupan llegaran a escribir lo que acabaron escribiendo, pero esta obra no tiene vocación universalista, sino que pretende añadir un pequeño escalón en el conocimiento de una generación que ya de por sí, por la relevancia de sus escritos y por su dispersión forzada durante y tras la Guerra Civil, es tan universal.

INTRODUCCIÓN

Aunque en el título aparecen bajo la simplificada etiqueta de 'del veintisiete' que claramente quiere evitar de entrada el controvertido título de 'generación del veintisiete' sin permitir que deje de identificarse una época y un trasfondo cultural, los poetas que irán apareciendo por estas páginas no están reunidos en su totalidad en ninguna antología y ciertamente es difícil trazar líneas que enlacen sus estilos de manera que pueda resultar coherente un estudio sobre ellos. Sí que comparten algunas circunstancias: nacieron entre 1891 y 1907, tuvieron una formación académica o literaria que en la mayoría de los casos incluía estar al tanto de los movimientos literarios modernos europeos y del clasicismo español, y viajaron. La mayoría. Además, dejando a un lado sus diferentes formas de vivir la religión, en alguna época de su vida escribieron poesía no religiosa, que es la que aquí nos interesa.[1] Y lo más curioso de todo, en esa poesía no religiosa que la mayor parte de las veces está influenciada por las vanguardias y el Romanticismo más rebelde — en lo que a cristianismo se refiere — no se deja de utilizar fragmentos míticos, palabras que revelan escenas bíblicas, actitudes propias de personajes de la mitología cristiana, para expresar unas veces su negación de Dios, otras melancolía, miedo o soledad: todos temas plenamente integrados en la modernidad con una expresión que paradójicamente innova aprovechando la tradición más arraigada en la sociedad occidental, la cristiana.[2] Por estas razones, aunque la selección de poetas desborde los límites tradicionalmente establecidos en torno a lo llamado 'generación del veintisiete', y dejando a un lado las disputas sobre el concepto

---

[1] Precisamente en el reciente volumen *La Biblia en la literatura española: III. Edad de Plata*, recopilado por Gregorio del Olmo Lete (2010), Ramón Oteo Sans, el crítico designado para escribir la relación entre Biblia y literatura en la poesía de la generación del veintisiete a la del treinta y seis, se lamenta de la escasez de literatura religiosa en el veintisiete, limitándose a mencionar los casos de Gerardo Diego y Dámaso Alonso, de los que algo pudo rascar, y se adentra en profundidad en la generación del treinta y seis, más jugosa para quien busque rasgos de literatura religiosa con reminiscencias bíblicas. En el presente volumen nos separamos de esta propuesta para arriesgarnos en la búsqueda de elementos bíblicos en poesía no religiosa, que por lo que se verá, y dada la época y condición de los poetas, resultará más fructífera.
[2] La inclusión de algunas de las poetas femeninas normalmente excluídas de antologías del veintisiete en este estudio la respalda el reciente trabajo de Pepa Merlo, *Peces en la tierra* (Merlo 2010), quien en las páginas introductorias a la 'Antología de mujeres poetas en torno a la Generación del veintisiete', destaca la involucración de muchas de ellas en los círculos y actividades del grupo a pesar del ostracismo al que les han relegado los estudios y antologías hasta el momento.

generacional para centrarnos en lo práctico de la nomenclatura, utilizaremos este nombre para nuestra selección entendiendo siempre que es 'generación del veintisiete' ampliamente entendida.

Aunque resulte innecesario o más bien excesivo para los límites de este trabajo hablar de las diferencias entre los poetas, me veo en la obligación de destacar algunas que serán relevantes para el objetivo general que me propongo con este volumen, que no es otro que el de encajar parte de la producción poética del grupo en masa dentro de un modelo mítico general que sigue las etapas bíblicas de Paraíso/creación-caída-dolor-anuncio de un futuro (¿Paraíso?), y explicar el porqué de las mismas. Así pues, consciente de que la selección de autores y tiempos en torno al veintisiete es complicada y siempre discutible, procuraré ceñirme a aquellos en los que encuentro rasgos relevantes dadas sus circunstancias biográficas o el análisis de sus poemas, para las cuestiones que planteo. Esto dejaría fuera parte de la obra poética de Gerardo Diego, Ernestina de Champourcin y de Dámaso Alonso por ser poesía eminentemente espiritual de carácter marcadamente católico. De Gerardo Diego solo aparecerán algunos poemas creacionistas y ultraístas; de Champourcin, poemas hasta el 37, año en que interrumpe temporalmente su producción poética, para regresar con una poesía mucho más espiritual, ensalzadora del amor divino (Ascunce 1991: xxviii–lxv); y de Dámaso Alonso, *Hijos de la Ira* en el capítulo cuatro, puesto que supone un importante giro en su trayectoria anterior, hacia lo social en forma profética, como veremos que ocurre en varios miembros del grupo.

La primera diferencia entre los autores sí incluidos la establece Cernuda en su ensayo sobre lo que él llama la 'generación de 1925' y se trata de los casos de Salinas y Guillén, a quienes denomina 'poetas de transición' presuntamente entre la generación del catorce y la del veintisiete (Cernuda 1994a: 184). La diferencia que el sevillano propone es que ambos mantienen a lo largo de su carrera la producción de una poesía más centrada en la estética formal y acorde con la burguesía, mientras que este tipo de poesía, heredera de la poesía pura de Valéry y Juan Ramón, es solo una etapa temporal para la mayoría de poetas del grupo, que siguen avanzando hacia nuevas formas de expresión que a menudo pasan por el surrealismo y desembocan en lo social (196–97). Estos dos poetas no recorrerán todo el trayecto mítico que propongo, aunque sí que compartirán la primera etapa y Salinas incluso la segunda.

Rosa Chacel, más centrada quizá en la escritura de ensayos y narrativa que en la de poesía, aparecerá solo de forma fugaz en estas páginas al referirnos al Paraíso perdido, dada su admiración por Nietzsche, quien incide en la imagen de Dios (cruel y dictador) que tienen muchos de los escritores del veintisiete fuera del Paraíso.[3] Los poemas de Pilar de Valderrama también están inscritos en la modernidad de la

---

[3] Aunque será en Nietzsche en la que se haga más hincapié a lo largo de este estudio, debo reconocer el antecedente, para los del 27 importantísimo, de los sonetos de Unamuno.

que hablamos, y serán fundamentales, especialmente en la primera parte, al hablar del jardín del Edén, los poemas de su libro *Huerto cerrado* de 1928.

El caso de Lucía Sánchez Saornil es complicado puesto que su poesía se divide en cuatro etapas de las cuales la que más se asemeja a la evolución de sus coetáneos es la 'Poesía inédita', gran parte de la cual fue escrita fuera de los límites temporales que nos hemos propuesto. Se ha hecho una excepción puesto que es en esta en la que habla de temas modernos fundamentales en la poesía del veintisiete, y que surgen en Sánchez Saornil después de ser diagnosticada de cáncer en los años sesenta.[4] Asimismo, la irregular trayectoria de Elisabeth Mulder, quien comienza como poeta plenamente inmersa en la modernidad para ir centrándose cada vez más en las traducciones y la narrativa, además de los cambios biográficos que también afectarán al tipo de poesía producida — la escritora tiene una aventura homosexual (que sepamos) con su amiga Ana María Martínez Sagi, para luego casarse con Ezequiel Dauner en 1921 (Capdevila-Argüelles 2009: 149-50), — limitará el repertorio de su poesía que solo alcanzará las dos primeras etapas: creación y caída.

Luis Cernuda, Federico García Lorca, Vicente Aleixandre, Ana María Martínez Sagi, Emilio Prados y Manuel Altolaguirre, son los seis poetas que, pese a las diferencias — abundantes y de muy diversa índole: de carácter, social, sexual etcétera — aparecerán como constantes en mi estudio, es decir, que su poesía avanzará por las etapas muy generales que propongo, y claro, por los capítulos en que divido este volumen, con la excepción de Manuel Altolaguirre en el capítulo tres, no porque no aparezca el tema del sufrimiento en sus obras, sino porque este capítulo lo dedicaré fundamentalmente a poetas homosexuales.

Dado el largo período de tiempo que transcurre entre la publicación del primer libro de un poeta del grupo, *El romancero de la novia* de Gerardo Diego, de 1920, y del último publicado en vida de uno de los del veintisiete, *Del vacío y sus dones* de Ernestina de Champourcin, de 1993, me veo obligada a restringir una franja de tiempo en la producción poética, puesto que la sociedad española y las propias circunstancias de los poetas, que como veremos serán importantes en nuestro análisis, varían visiblemente en estos setenta y tres años. Así pues, considero que el proceso de exaltación de la palabra poética, con el que se inicia el recorrido mítico que se lleva a cabo a lo largo de estas páginas comienza con los poemas escritos entre 1920 y 1929,[5] fruto a menudo de la influencia de la Poesía pura de Juan Ramón, sobre todo en los casos de Salinas y Guillén. El proceso de caída lo daremos por completado como tal hacia 1945, coincidiendo con el final de la Segunda Guerra Mundial, que dibuja unas nuevas

---

[4] También se han tomado poemas de sus etapas modernista, ultraísta y social.
[5] Aunque en los casos de Lorca, Alberti y Cernuda 1929 sea la fecha de publicación de obras que sugieren algo totalmente distinto de lo que Guillén propone en *Cántico* de 1928, por ejemplo: el inicio de un nuevo lenguaje y una nueva forma de visión y expresión del mundo.

circunstancias sociales e incluso un nuevo mapa del mundo, con lo que un nuevo ciclo poético comienza.

Una vez establecido qué autores incluye lo que he llamado 'el veintisiete' o 'la generación del veintisiete', convendría especificar qué es lo que espero resolver al estudiar los mitos cristianos en estos poetas. Las preguntas que espero responder con esta investigación son cuatro, siendo quizá la primera la más evidente:

a) ¿Por qué en la época de ruptura con la tradición estética en las artes que sigue a la Primera Guerra Mundial, profundamente influida por el pensamiento de Nietzsche en cuanto a la reversión de valores y el de Spengler en cuanto a sentimiento de decadencia de occidente, un grupo de escritores e intelectuales españoles, conscientes de los movimientos que están teniendo lugar en Europa, utiliza mitos procedentes de la Biblia y la tradición judeo-cristiana en su poesía? ¿Cuáles son los antecedentes de todo esto?

b) Hay cierto acuerdo en que todos estos autores siguen tendencias muy diversas pero, ¿pueden de alguna manera ser incluidos en una tendencia general, del tipo de la que engloba a los románticos ingleses según el estudio de Abrams *Natural Supernaturalism*?

c) En tal caso, y dado que en la generación del veintisiete se dan como mínimo dos tendencias, una más intelectualizada, continuadora de la poesía pura, y otra más instintiva que acaba reflejando una expresión de corte surrealista, ¿es posible la conciliación de ambas tendencias? ¿Cómo se pasa de una a otra en las carreras de los poetas? ¿Cómo se refleja esto por medio de los mitos?

d) Finalmente, y teniendo en cuenta las diferentes preocupaciones literarias y personales a las que apunta la poesía de los del veintisiete, ¿cómo colabora el uso de mitos religiosos en la expresión y quizá resolución poética de dichas preocupaciones? ¿Cómo se proyecta el autor y sus preocupaciones en el texto por medio del mito?

A la resolución de estas preguntas apuntará toda la investigación, haciendo especial énfasis en el modo en que aparecen los mitos en las diferentes épocas y el modelo que siguen en sus apariciones, si existiera alguno.

El mito en la literatura del veintisiete: universalización de la experiencia

Puede sonar ciertamente extraña la búsqueda de elementos religiosos en poemas no religiosos, especialmente tratandose de un grupo en el que varios miembros se han des vinculado de la ortodoxia religiosa como Lorca, Cernudao Alberti Pero tomemos la religión como un conjunto de mitos: una mitología judeocristiana que incluge mitos fundacionales como la creación del universo o la expulsión del Edén, dentro de los vaivenes y las fusiones entre tradición y vanguardia que llevaron a cabo los poetas de este tiempo, el mito religiose jugará un papel crucial. Los mismos poetas definieron en ocasiones la importancia de este en la poesía, destacando Luis Cernuda que en *Ocnos* describe cómo los mitos griegos fueron cruciales en su introducción a la literatura (Cernuda 2005: 560-61). También Lorca, al hablar de la poesía de Luis de Góngora en su conferencia 'La imagen poética de Don Luis de Góngora', manifiesta la importancia del mito del que suele aparecer solo 'un rasgo oculto entre otras imágenes distintas' por lo que es necesario seguir las pistas del mismo a través de los versos (García Lorca 1980: 1049). La forma de proceder con los mitos en Góngora da pistas sobre cómo hacer con sus propios poemas. Se volverá a esto más adelante, en la página 8.

Más concretamente y refiriéndose ya a su propia obra, el poeta granadino reivindica en su obra de teatro experimental *El público* la necesidad de explicar el día a día mediante la abstracción modélica del mito, tomando como mito una historia arquetípica que se repite en su estructura básica en la historia real, y que toma de esta repetición una significación especial que permite al lector identificar su experiencia con este esquema del inconsciente colectivo de su sociedad y a la vez reconocerlo. En el cuadro sexto de la obra, el prestidigitador pregunta al director por qué para interpretar el 'teatro bajo la arena' eligió *Romeo y Julieta*, un tópico teatral, en lugar de relatar otra experiencia, a lo que responde por medio de su correlato el director: 'Para expresar lo que pasa todos los días en todas las grandes ciudades y en los campos por medio de un ejemplo que, admitido por todos a pesar de su originalidad, ocurrió solo una vez. Pude haber elegido el *Edipo* o el *Otelo*' (García Lorca 2005: 124). De acuerdo con lo dicho, *Romeo y Julieta* sería una historia mítica (aunque no religiosa): en la sociedad occidental, su historia de amor está tan extendida que es arquetipo del sacrificio por amor, de modo que si alguien experimenta un amor trágico puede darse el caso de que se identifique con Romeo y Julieta. Además, forma parte de la tradición mítica de los amores imposibles como historia que, en su esencia, se ha repetido multitud de veces y dejado vestigios escritos: la obra de Shakespeare estaba inspirada en el mito de Píramo y Tisbe narrado por Ovidio en su *Metamorfosis*, pero la relación entre el amor y la muerte (y la frustración del primero por la segunda o teniendo como consecuencia la segunda) tiene una larga tradición que incluye a Dido y Eneas, Abelardo y Eloísa, Tristán e Isolda, y muchísimos otros ejemplos en la tradición universal y en la propiamente española. *Romeo y Julieta*, dada su mayor difusión y popularidad, recoge las tradiciones anteriores y sirve de arquetipo donde encajar las experiencias posteriores, convirtiéndose en referente mítico.

---

[6] El primer defensor de dicha denominación fue José Bergamín (Dennis 1980), pero también otros como García Montero han sugerido la vinculación de este grupo de poetas a la República, quizá no tanto en tiempo como en ideología (García Montero 2007).

En *El público*, el uso de *Romeo y Julieta* como mito se justifica en el párrafo del Director, que explica cómo es necesario usar un mito presente en el imaginario colectivo como ejemplo concreto pero universal que sirve de abstracción de todas las experiencias individuales.

En relación con esto, Concepción López Rodríguez resalta la tendencia a la abstracción que diferencia a Cernuda de otros poetas de la experiencia: 'a Cernuda no le interesa la cotidianeidad de lo que le acontece sino que pretende, y lo consigue, la abstracción de ese devenir diario, en una palabra, procura convertir en esencia lo que, en realidad, son un cúmulo de accidentes' (López Rodríguez 1998: 75). Algo similar se ha indicado también acerca de Aleixandre: Carlos Bousoño explica la visión totalizadora que el sevillano logra mediante la 'abstracción de experiencias individuales' que ve como parte de un todo (Bousoño 1960: 34). La universalidad a la que se refieren ambos críticos en Cernuda y en Aleixandre es una visión arquetípica del mundo, que reduce las experiencias a su esquema común, las cuales son equiparadas al esquema básico del mito, el mitologema común a todos los mitos del mismo tipo.[7]

Ahora bien, hemos de tener en cuenta que al hacer el poema 'universal', cada lector podrá adaptarlo a sí mismo acorde con su experiencia, con lo que el lector se identificará con cierta facilidad con la voz poética. Es decir, que aunque la universalización del texto sea real, la experiencia que relata se adaptará a la de cada lector. Llegados a este punto podemos adelantar dos preguntas más: ¿por qué la abstracción? ¿Para qué querrían los poetas equiparar sus experiencias a las experiencias de la humanidad? Esto intentaremos resolver al final del trabajo.

A pesar de que exceda con mucho los límites de este estudio, no puedo pasar por alto el reciente trabajo de Diana Sanz Roig dentro del ya mencionado volumen *La Biblia en la literatura española. Edad moderna*, que dedica a la prosa del veintisiete (Sanz Roig 2010: 285-322). En los preliminares de su artículo, la profesora Sanz Roig habla de los temas y arquetipos bíblicos reutilizados como 'parábola de una situación humana' (285) y aplica la definición de mito como historia simbólica que es recreada al contenido de obras como *Caín* de Byron, *Satan* de Victor Hugo o *Bethsabée* de Gide, autores de los que se hablará en este trabajo como precursores de los poetas que nos ocupan, y luego a narradores del veintisiete como Jarnés, Bergamín o Francisco Ayala o Rosa Chacel. Dada la intención englobadora y contextualizadora del estudio que nos proponemos,

---

[7] La palabra mitologema fue usada por primera vez por Kerényi en 1949 para expresar la esencia del mito, la parte invariable del mismo; así pues las características principales del mitologema vendrían a ser su esquematicidad, su estatismo (el esquema básico aparece repetido en diferentes mitos) y la dificultad de traducir su significado a lenguaje no mítico, con lo que tendrían algo de universal al repetirse en lo básico en diferentes mitologías (Jung & Kerényi 1985: 2-3). Por esto decimos que el uso de mitologemas contribuye a la universalización de la experiencia, creando una mitología del propio poeta que se inserta en toda una tradición mítica.

resulta extremadamente interesante la perspectiva comparativista de Sanz Roig para comprobar cómo las preocupaciones que estudiaremos en poesía no se limitan a este género, sino que de alguna manera la tendencia que llega desde el Romanticismo británico y alemán acaba tocando a todos los campos creativos de la época. El uso que observa Sanz Roig además, es también no religioso, como trasunto para los estados de ánimo del artista o de 'los grandes acontecimientos del s.xx' (289).

Formas de aparición del mito en los poemas

A lo largo del estudio descubriremos al menos cuatro formas de inclusión del mito en los textos:

a) La inserción de frases bíblicas o litúrgicas descontextualizadas en textos literarios. Por ejemplo, la frase 'El ángel del Señor se anunció a María' que aparece en el poema 'La muerte o antesala de consulta' de *Espadas como labios* de Aleixandre, anticipando las palabras del recepcionista del médico que anuncia a los pacientes 'puede pasar el primero'. La primera frase es, además de bíblica, parte de los misterios gozosos que se recitan al rezar el rosario en las iglesias católicas, es decir, una frase muy conocida para los católicos que inmediatamente reconocerían al ángel como San Gabriel y a María como la madre de Cristo en la anunciación. La mención de dicho milagro en el contexto de la sala de consulta, puede traer a la mente del lector el gozo infinito y la sorpresa con la que reciben en la sala de consulta el comienzo de los turnos después de una tediosa espera. Esta probablemente sea la más evidente, pero la menos frecuente de las formas.

b) La inserción de elementos que pueden recordar a mitos bíblicos pero de forma desordenada y/o aislada, de modo que podrían no tener nada que ver con lo bíblico, pero que debido a su densidad en el texto, o al significado añadido que adquiere el poema en sí, se interpretan como tales y evocan sensaciones descritas de manera similar en los pasajes sagrados. Por ejemplo, en la primera estrofa del poema 'Decidme anoche' (estudiado en el capítulo 3), aparecen elementos que en principio, aislados no traen demasiadas evocaciones bíblicas, pero sin embargo todos condensados en una estrofa, son fácilmente comparables a los pasajes narrativos de la pasión de Cristo:

> La presencia del *frío* junto al *miedo invisible*
> hiela a gotas oscuras la sangre en la niebla,
> Entre la niebla viva, hacia la niebla vaga
> por un espacio ciego *de rígidas espinas*.
> (Cernuda 2005: 148)

El subrayado es mío para indicar las expresiones que, cómo se verá, evocan partes de la pasión. Su interpretación como elementos constituyentes de la pasión de Cristo supone un añadido de soledad, tristeza, injusticia y sufrimiento al poema.

c) Uso de mitos con mitologemas comunes a mitos cristianos, pero ubicados en otros contextos histórico-culturales. Por ejemplo, cuando Lorca habla de la diosa Ceres en 'Elegía' de *Libro de poemas* equiparándola a la Virgen María; o en el poema 'Todo esto por amor' de *Un río, un amor* de Cernuda, en el que se tratan los grandes sacrificios por amor.[8] Este tema en una sociedad tan cristiana como la de la época, lleva a pensar en la muerte de Cristo remitiendo al versículo de Juan 15. 13.[9]

d) Por último, los mitos que se estudian se insertan en lo que M. H. Abrams describe como un argumento romántico, es decir, que por distintas razones, responderán al esquema Creación/Paraíso-Caída/error-sufrimiento (¿y Redención?)-Apocalipsis/profecía, con lo que aparte de las referencias míticas halladas en los poemas, las preocupaciones literarias de los poetas, sus tendencias y sus estilos son parte de un todo mítico cuyo esquema esencial ya había aparecido en otras literaturas modernas.

Mitemas

Como decía en relación a Lorca y Góngora, el mito no aparecerá de forma completa ni obvia en el poema, lo cual dificulta ostensiblemente su identificación. En muchas ocasiones encontraremos solo una serie de palabras que se relacionan con el mito, las cuales nos llevarán como lectores a reconstruir mentalmente el mito completo a pesar de que textualmente solo se atisbe. Para justificar esta reconstrucción mental tomo como referencia el estructuralismo de Claude Lévi-Strauss. El antropólogo francés explica el mito como si fuera un lenguaje, y por lo tanto fuera susceptible de ser dividido en unidades constitutivas pertenecientes a un nivel complejo de análisis; llama a estas partes *grosses unités constitutives* o *mythèmes* (Lévi-Strauss 1955: 431).[10]

Lévi-Strauss enumera los principios que le sirven de base para encontrar los mitemas de la siguiente forma: 'economía de explicación, unidad de solución, posibilidad de reconstruir el conjunto a partir de un fragmento y de prever los

---

[8] La fusión y confusión de elementos de diferentes mitologías es explicada por Paz en *Hijos del Limo* como parte de las contradicciones que se llevan a cabo en la modernidad (Paz 1974: 30–31).
[9] Todas las referencias bíblicas, salvo indicación en contrario, están tomadas de la traducción de la *Vulgata* latina del padre Scio de S. Miguel editada en 1869 en Cambridge, por ser una de las traducciones católicas más difundidas a principios del siglo xx en España y por tanto más cercana a los autores estudiados.
[10] 'Mitemas' de ahora en adelante.

desarrollos ulteriores a partir de los datos actuales' (234), y será más o menos en estas premisas en las que me base para reconocer elementos míticos en los textos: puntos clave de mitos en su mayoría cristianos que en el lector original evocaran el mito completo. Por ejemplo, retomemos el verso de Cernuda ya citado, 'Por un espacio cerrado de rígidas espinas': un lector cristiano de Andalucía, región iconoclasta por excelencia, probablemente pensará en una corona de espinas, aunque sea por la simple mención de 'espina' (símbolo del dolor tradicional en oposición a los frutos y las flores a los que suele acompañar), que luego relacionará con el 'espacio cerrado' como si fuera un círculo, y posiblemente evocará en concreto la corona de espinas que se le puso a Cristo en la pasión (Mateo 27. 29; Marcos 15. 17; Juan 19. 2), símbolo extendido de sufrimiento y dolor. De este modo, el mensaje final (sufrimiento, dolor) ha llegado al lector por medio de la referencia indirecta a un elemento mítico, a partir del cual se reconstruye el mito completo.

Ahora bien, recordemos que el 'espacio cerrado de rígidas espinas' aparecía combinado con los elementos de frío, miedo, sangre, etc., con lo cual es la combinación completa la que evoca, según mi lectura, la oración del Huerto de los Olivos. Jacques Gernet destaca dentro de los elementos míticos aquellos que se asocian recordando un capítulo de la historia (del mito, en nuestro caso) y a la vez, gracias a la combinación de dichos elementos, algunos capítulos similares en otras historias (Gernet 1981: 116), de modo que la reminiscencia a la Pasión de Cristo evoca en la mente del lector otros capítulos de sufrimientos en la historia general, universalizando la experiencia del poeta, y en su historia propia.

Precisamente según Paul Ricoeur, la historia de la pasión de Cristo se podría considerar un mito, puesto que es una historia, parte de una tradición mesiánica, que tiene un mensaje ejemplificador o explicativo de fenómenos incomprendidos, que se ha repetido a lo largo de la historia (alianza entre el hombre y Dios sellada mediante un sacrificio), con lo que es una leyenda arquetípica, y tiene un valor simbólico para la sociedad a la que corresponde (Ricoeur 1974: 426).[11]

Inserción en el argumento romántico

La última forma de aparición del mito en los poemas que explicaba es mediante la inserción del mismo en el argumento romántico. Me detendré en esta sección a explicar qué es el argumento romántico. En 1971 el crítico norteamericano Meyer Howard Abrams publicó el libro *Natural Supernaturalism*.[12] La tesis básica de esta obra consiste en la internalización por parte de los poetas románticos de la historia bíblica. Es decir, que según Abrams, Wordsworth, Shelley etc. han

---

[11] La definición de Ricoeur complementa la ya dada anteriormente en relación a la concepción de Romeo y Julieta como mito.
[12] Traducido al español en la editorial Visor (Abrams 1992).

adaptado a la historia de su alma y a la de sus circunstancias el argumento de Paraíso/inocencia-sufrimiento/destrucción de la creación primera-y salvación que aparece en la Biblia del Génesis al Apocalipsis, y cual si fuera su propia historia es como la plasman en sus poemas (Abrams 1971: 29).

El hecho de que la rama del cristianismo en que se inspira el argumento romántico sea el protestantismo trae consigo diversas implicaciones.[13] En primer lugar, para los protestantes el alcanzar el Reino de Dios no depende de sus obras sino de su fe, con lo que se relativiza el concepto de pecado y redención. En segundo lugar, al considerarse la Biblia como metáfora de lo que le ocurre al hombre sobre la tierra, surge la idea de que el Paraíso, o la forma de comunión del alma con el todo (el matrimonio con el cordero, la unión con Dios etc. como se ve en Apocalipsis 14. 1–5) se puede dar en la tierra. Por eso el argumento de los románticos ingleses comenzará con un intento de creación del Paraíso en los textos entendido como la unión del hombre y la naturaleza, en lugar de los conceptos de caída como pecado y redención, que serían propios del catolicismo (y de hecho aparecerán en los escritores españoles por su tradición católica), aparecerán los de caída como destrucción por parte de Dios de la creación antigua y salvación o creación de un nuevo Paraíso, sin que el pecado suponga dificultad alguna.

Philip Silver ha sido el primero en hablar de una inserción de la obra poética de Cernuda en la sucesión de acontecimientos poéticos o del alma que conforman el argumento romántico, tomando como referente a los románticos ingleses y en concreto la obra de Abrams que tratamos aquí. Eso sí, Silver restringe al caso de Cernuda el seguimiento de este esquema, dado que su persona supondría, según el americano, la restitución de un altorromanticismo necesario que nunca tuvo España dada su precaria ilustración (Silver 1996: 143–77). Además, señala como motor principal de la inserción el problema de lo efímero de la vida, uno de los dos a los que apunto yo. Sin embargo, hay dos diferencias entre su — en mi opinión muy acertada posición y la que adopto en este trabajo: primeramente, la adopción del argumento romántico no se debería limitar a Luis Cernuda, sino que, como intentaré demostrar en este trabajo, en muchos sentidos es extensible a todo el veintisiete. En segundo lugar, no considero que ni Luis Cernuda ni los otros escritores de la época restituyan un Romanticismo español perdido, sino que son continuación de este y también del alemán y del inglés, y del simbolismo francés y del modernismo latinoamericano: como decía Octavio Paz en *Los hijos del limo*, la modernidad literaria occidental es una, que va desde los

---

[13] El esquema de Abrams no es católico: la inspiración que recoge en Blake y Wordsworth es la de Winstanley, el reformador protestante inglés fundador de los *True Levellers*, que promulgaba una forma de vida basada en un comunitarismo cristiano en comunión con la naturaleza y quien en sus panfletos habla de la Biblia como una metáfora de las experiencias humanas sobre la tierra: poderes, estados, conflictos y procesos del alma (Abrams 1973: 52–56).

romanticismos alemán e inglés hasta las vanguardias y más allá, como un continuum (Paz 1974: 10), que continúa la ruptura con el imperio de la razón que representa la Ilustración europea (Abrams 1971: 11). Prieto de Paula también apoya la idea de la historia literaria europea reciente como un continuo, con la 'actitud' literaria adquirida en el romanticismo subyacente a todos los movimientos que surgen. Eso sí, cada movimiento destacará unos rasgos y ocultará otros de dicho romanticismo, con lo que se definen las individualidades de cada movimiento artístico (Prieto de Paula 2002: 56–59).

Inclusión del sujeto en el texto poético

Teniendo en cuenta la importancia que cobra la subjetividad poética en el Romanticismo, tiene sentido que sea precisamente entonces cuando a los poetas se les ocurre adaptar la historia bíblica a la de su 'yo' o viceversa. Pero ¿por qué podrían querer tomar este esquema para sí los del veintisiete? ¿Y en qué manera pueden los poetas que escriben entre 1918 y 1945 plasmar su yo en el poema, cuando el arte está en pleno proceso de deshumanización, según Ortega?

Parece absurdo pensar que todos los poetas tuvieran una vida que realmente encajara en las etapas repetidas, y que de este modo las plasmaran en sus obras. Obviamente no es exactamente así: mediante la estructura del argumento romántico, el poeta está construyendo una imagen de sí mismo, otro yo, cuya experiencia, también construida, corresponderá al argumento romántico. Según las teorías fenomenológicas sobre la construcción del yo en el texto autobiográfico, el sujeto es una construcción de recuerdos hecha por el yo experimentador: 'Un yo que ha vivido elabora un segundo yo, creado en la experiencia de la escritura' (Rodríguez 2000: 17), con lo que el poeta/autor estará adaptando de todas formas sus recuerdos a lo que él cree o pretende que sea su vida.

A su vez, esto entronca con el ansia de eternidad y la solución que encuentra en el poema: a partir de Kant, el sujeto cartesiano del 'yo pienso' se modifica, llegando a la conclusión de que el mundo se configura por medio de las experiencias y percepciones del yo (Bowie 2003: 16–17). Así pues, para los poetas, la escritura sería de alguna forma la plasmación de un mundo según sus percepciones, es decir, la creación de otra naturaleza que el lector también podrá percibir. Del mismo modo, el sujeto-poético o el yo-lírico también existirá gracias a su construcción en el texto: al leer un poema en que se construye el yo lírico, el lector vuelve a construirlo en su conciencia, a percibirlo, haciendo que forme parte de su realidad. De esta forma, el poeta da la visión de sí mismo que quiere dar y se presenta al lector como figura mítica.

Se confirma con todo esto que la inclusión de fragmentos autobiográficos construidos en los textos son centrales al argumento romántico, con lo que también se habrá de estudiar las circunstancias que rodean a los sujetos poéticos y los poemas para entender qué es lo que se lee y por qué se adapta al mito.

Preocupaciones de la modernidad

El uso del mito servirá para solucionar dos problemas eminentemente modernos: la preocupación por el paso del tiempo y la transmisión de la verdad por medio de la palabra. Ya que en cada capítulo intentaremos referirnos a cómo se tratan estos problemas en las diferentes fases del argumento romántico, será necesario explicar aquí en qué consisten estos problemas y cómo les afecta el uso del mito en general.

Temporalidad

El racionalismo del siglo XVIII deriva en una crisis de fe generalizada que provoca la desacralización de la teología (Abrams 1971: 12). La racionalización del mundo y la pérdida de Dios como institución generan al menos dos consecuencias clave para la redefinición de la literatura a partir de ese momento: por un lado, la desacralización de la Biblia la convierte en apta para su uso literario y de ahí el uso que veremos a lo largo de estas páginas; por otro lado, la racionalización del mundo lleva al cuestionamiento racional de la fe cristiana y a una preocupación esencial: ¿hay vida después de la muerte? La duda desencadena una preocupación existencial por lo efímero de la vida y la angustia de la nada. La temporalidad obsesionará a los creadores a partir de ese momento. La preocupación de lo efímero de la vida no es nueva: el *Tempus fugit* ha sido un tópico literario desde tiempos de Manrique, pero sin el colchón protector de la religión que promete la vida eterna, parece convertirse en causa de desesperación para los poetas.

La primera solución que aparece es la proyección del yo poético en la naturaleza. Según Paul De Man, la admiración por la naturaleza, aparentemente mutable pero eterna en esencia (De Man 1991: 218) y el intento de imitación de la misma se materializaría en los textos románticos en una fusión entre paisaje y psique que dificultaría discernir dónde empieza qué (221), de modo que la naturaleza toma rasgos de la psique y el yo lírico aspira a asumir rasgos de la naturaleza, en concreto su eternidad. Esta solución se desarrollará en el capítulo 1.

La segunda solución propuesta es la reescritura personalizada de mitos, y mediante ella, la inserción en la tradición mítica occidental. Según Husserl, el mito es la expresión de la parte inmanente de la experiencia humana, por ello es recurrente a lo largo de los siglos: su lenguaje se renueva para llegar a los nuevos públicos, pero la esencia es la misma. Es también así como los poemas, una vez insertados en la tradición mítica, podrán ser eternos al ser leídos e identificados con la experiencia de diferentes generaciones y pueblos (Eagleton 1986: 52–53).

Ricoeur completa la teoría de Husserl, afirmando que el mito adquiere una función simbólica y se convierte en otro nivel de expresión fundamental, más esencial que la narración, que está atada a la temporalidad de su creación y a la de su recepción. Teniendo en cuenta esto, según Ricoeur, la potencia expresiva del mito estriba en el hecho de que este se repite a lo largo de la historia y evoluciona, actualizándose a lo largo de los tiempos y las culturas (Ricoeur 1974: 426). La recreación y renovación del mito es una característica fundamental del mismo que, aparte de su función ejemplar inicial, va cargándose de una significación histórica de uso adquirida a lo largo de los siglos. De este modo, el mito que ha dejado de explicar el mundo, ha pasado a la literatura en el siglo xx, cuando ya solo quedan los rescoldos de su aureola de sacralidad pero aún sigue vigente su estatus de discurso eterno debido a que solo toma referencias temporales en sus actualizaciones, cuando alguien identifica su experiencia con el mito, como si fuera una historia arquetípica.

Básicamente, el mito bíblico de creación-caída-redención constituye una tradición mítica reelaborada en la modernidad, que también se repite en esta y avanza de forma cíclica, como si de un muelle se tratase, desde el Romanticismo. En este sentido de ciclo que va avanzando (no cerrado para volver a lo mismo) es como se asemeja el veintisiete al Romanticismo. No es el mismo ciclo, y uno de los objetivos de este trabajo será observar cuál es la aportación del veintisiete a la literatura moderna. Al introducirse algunos de los poemas en este avance cíclico, entran en el mito de la modernidad y a la vez en el mito bíblico. La historia bíblica es, por su parte, un 'macro-mito' compuesto de mitos menores, que se consideran un lenguaje eterno, dada su recurrencia en diferentes épocas y lugares y la susceptibilidad para ser interpretados por el lector de acuerdo con sus circunstancias, de manera que se actualiza en cada lectura. Al insertarse en una tradición mítica eterna, el poeta se vuelve 'eterno' en el sentido de que no será olvidado. Es decir, el poeta entrará junto con su creación, en un mito bíblico permaneciendo para siempre en la palabra escrita.

Transmisión de la verdad

A partir del capítulo 2, nos encontraremos con un fenómeno también extendido a casi toda la modernidad: la crisis de la palabra. Los poetas comienzan a considerar la palabra un vehículo ineficaz para expresar determinados sentimientos, y se dan cuenta de que el yo y el mundo que han construido con palabras no responden a su voluntad de expresión. En múltiples ocasiones encontraremos quejas de los poetas ante la que consideran la 'traición' de la palabra: la solución la encontrarán en el mito.

Para explicar cómo este es capaz de transmitir la Verdad en el siglo xx, debemos tener en cuenta la alternancia histórica *logos/mythos*, y remontarnos al principio de la dicotomía: desde siempre el hombre ha intentado explicar lo inexplicable por medio del mito: el origen del mundo o el paso de las estaciones, se han explicado por medio de historias concretas que describían de forma entendible lo abstracto, aquello que la inteligencia no podía (Sagrera 1967). Con la ciencia llegó en la Grecia clásica el *logos*, la razón lógica, que se fue imponiendo al 'pensamiento mítico' en su función de explicar el mundo, hasta que con la Ilustración, en el siglo XVIII, se produjo la separación definitiva de pensamiento mítico y pensamiento lógico (Lévi-Strauss 1978: 6). Pero, como afirma el antropólogo francés, el *logos* no consigue dar todas las respuestas (14). La razón lógica no expresa con efectividad, por ejemplo, los sentimientos, que solo se pueden comprender por la intuición (Madrigal 2006: 2).

En literatura, son los poetas románticos ante la división entre logos y mythos, los primeros autores en encontrarse en la tesitura de que la razón lógica no puede expresar la verdad de sus almas, y hacen resurgir la imagen y el mito. La 'imaginación' romántica, según Paul De Man, sería precisamente una superación del logos de la ilustración por medio de la vuelta a la imagen concreta (con significado universal) que produce el mito y que 'restores to the language the material substantiality which had been partially lost', mientras que 'the structure of the language becomes increasingly metaphorical and the image [. . .] comes to be considered as the most prominent dimension of the style' (De Man 1984: 2).[14] Por lo tanto, el mito es capaz de transmitir realidades imposibles de ser transmitidas por medio de la lógica, ya que es portador de significados acumulados a lo largo de la historia que se activan en la mente del lector.

Una vez vistos los problemas de los poetas del veintisiete como parte de la modernidad literaria y en qué forma el mito puede tratarlos, pasemos a estudiar la primera fase mítica: la creación por medio de la palabra.

---

[14] Tengamos en cuenta que, aunque de Man habla del Romanticismo, la imagen metafórica simbólica o mítica (tres tipos que menciona el crítico en el artículo) tiene una grandísima importancia entre los del 27.

CAPÍTULO 1

La palabra creadora

En la narración de la creación del mundo que se hace en el Génesis (1. 1–16) la palabra aparece como lo primero que existió, coetánea a Dios, al que sirve de instrumento creador. El relato continúa por seis días, y en cada uno de ellos la naturaleza va apareciendo conforme Dios la convoca. Dios crea por medio de oraciones exhortativas: ordena que la luz se cree por medio de su palabra, e inmediatamente tiene un efecto tangible. El carácter performativo de la palabra divina, es decir, su capacidad de realizar acciones concretas y físicas, fuera del lenguaje, aparece en diversas ocasiones a lo largo del Antiguo Testamento; lo vemos en Jeremías, cuando Dios se encara al profeta diciéndole '¿Por ventura mis palabras no son como fuego, dice el Señor; y como martillo que quebranta una peña?' (Jeremías 23. 29) y lo volvemos a ver, esta vez identificada con la sabiduría (Mateos y Barreto 1979: 54–58) en el libro de los Proverbios de Salomón (Proverbios 8. 22–24; 29–30).

Según los griegos, la conjunción de palabra y sabiduría se daba en el concepto de *logos*. El logos es la palabra creadora, la que es capaz de hacer cosas. Bajo este nombre se podía incluir el concepto de 'proyecto' (*sophia, theléma*), y el de 'palabra' (*dabar, memra*) (Benjamin 1966: 10). De ahí la idea de palabra creadora, o palabra-proyecto: Dios proyectó la luz, y la luz fue creada. La palabra es intención de creación y actualización de dicha intención (Rosenblat 1977). Esto, aplicado a la filosofía de raigambre platónica que impregna el Romanticismo por medio de autores idealistas como Kant, Schopenhauer o Fichte, resulta en que la palabra sea una actualización o 'representación' de la 'verdad' o de la correspondiente entidad perfecta del mundo de arquetipos externo al mundo humano (la 'cosa en sí' o *noumena* en Kant), que solo el poeta puede percibir, y transmitir. La palabra del poeta es, por tanto, semejante a la divina en tanto en cuanto que puede crear un mundo verídico mediante la palabra y la imaginación (en el sentido romántico de la palabra) en el mundo real. Así pues, el poeta romántico deja de imitar la naturaleza para crear una nueva con palabras, acorde con su imaginación, que es la que le lleva a la verdad. Una observación más en cuanto al lenguaje divino: si estaba desde el principio es porque es eterno. La palabra escrita permanece: esta será una de las consignas de los poetas del veintisiete en un primer momento.

Además del lenguaje divino, el filósofo Walter Benjamin identifica en su ensayo *Über Sprache überhaupt und über die Sprache des Menschen* publicado en 1916 otro tipo de lenguaje en el Génesis: el lenguaje del hombre.[1] El estudio tiene interés para nuestro propósito puesto que se aproxima los lenguajes del Génesis basándose en el uso lingüístico de los románticos alemanes, observando qué queda en él de aquel lenguaje adánico originario y la alienación a la que se encuentra sometido hoy en día. Teniendo en cuenta la continuidad de la poesía moderna a la que se apuntaba en la introducción, el estudio servirá para establecer el origen de algunas ideas sobre la palabra vigentes en los del veintisiete, y especialmente en su etapa de Poesía pura.

Benjamin observa que el lenguaje de Adán tiene características especiales distintas de las del lenguaje de Dios: en el análisis del segundo capítulo del Génesis, encuentra razones para pensar que Adán hablaba un lenguaje puro muy cargado de sustantivos, diferente de los lenguajes actuales (1966: 13–14, 17–18). Mediante el nombre, Adán daba esencia a las cosas designadas y transmitía su espiritualidad. Había cierta magia en la palabra y en la transmisión de esta espiritualidad; Benjamin lo llama *Sprachmagie* y se basa en el texto del capítulo segundo del Génesis, en el que se dice que 'Porque todo lo que Adam llamó ánima viviente, ese es su nombre. Y llamó Adam por sus nombres á todos los animales y á todas las aves del cielo' (2. 19–21). La mística del nombre funciona como si este fuera más una combinación de icono e índice que signo arbitrario: en el lenguaje usual, la relación entre el referente y la palabra usada es arbitraria, no tiene justificación y se asocian por convención; sin embargo, el nombre adánico y el ser al que nombra parecen tener cierta semejanza y además una relación de directa entre ellos. Dicha relación también se observa en el Génesis cuando Adán da nombres a la mujer, primero en Génesis 2. 23 'Esto ahora, hueso de mis huesos, y carne de mi carne: esta será llamada Varona, porque del varon fue tomada.', la llama *ishhà* que es el femenino de *ish*, hombre en hebreo, dado que según el relato del Génesis, la mujer es parte del hombre, derivada de él, carne de su carne, por lo que su nombre también ha de ser derivado de él (Eco 1995: 8). Luego, dado que iba a ser la madre de todos los vivientes, la que diera vida a toda la humanidad, la llama *Eva* que tiene un sonido similar a la palabra 'vida' en hebreo (Génesis 3. 20–28).

A partir de los relatos bíblicos, en los siglos XIX y XX diversos filósofos han incluido en sus estudios sobre el arte, y en especial sobre la poesía, la entidad de la palabra o la Idea (o la fusión de ambas) como ente autorreferencial. Me refiero entre otros a los ya mencionados Schopenhauer y Kant, que inspirarían las poéticas de los románticos en primer lugar, y luego de los postrománticos y neorrománticos. En general, en la poesía de las modernidades veremos una

---

[1] Hay dos traducciones al español de este ensayo en tres ediciones de ensayos de Benjamin, dos de H. A. Murena en 1967 y 1971, y una de Roberto J. Verneto en 1970.

experimentación con los languajes biblicos que de diferentes maneras intentan transmitir la 'verdad' y dejar una huella eterna por medio de la creación. En esta experimentación se dará la identificación paralela poeta-creador-dios, por lo que el poeta se verá por encima del hombre común, como transmisor de verdades, mientras que los recursos son los del lenguaje del hombre: un lenguaje principalmente nominalista que establezca algún tipo de relación con el referente (idea platónica o 'cosa en sí') mediante sugestiones, dado que el lenguaje adánico ya no existe, proyectando la imaginación en la naturaleza y creando una nueva naturaleza por medio de símbolos que sean capaces de construir en la mente del lector un nuevo mundo cercano a la verdad que le ha sido concedido ver al poeta, aprovechando la carga histórica y mítica de algunas palabras o combinaciones de palabras que son capaces de evocar verdades no gastadas, en todo su esplendor. Estos serán los intentos principales de poetas del veintisiete que practican poesía pura, creacionista y ultraísta, entrando y saliendo de los diferentes movimientos y coincidiendo en casi todos con el principio de sus carreras, aunque en Salinas y en Jorge Guillén se alargará a toda su obra.

Los poetas

Los caminos de la palabra creadora son inescrutables. El uso poético de la palabra como la acabo de describir en el apartado anterior es considerado por M. H. Abrams como un estadio previo al argumento romántico del que se hablaba en la introducción, y así lo propone usando el ejemplo de Wordsworth en el poema 'The Prelude' (Abrams 1973: 23–27). Abrams no la introduce en el 'argumento' en sí, y sin embargo ahí está, como arranque de muchos de los autores que podríamos considerar dentro de las modernidades. Como explosión de optimismo al principio de una carrera, o intento desaforado por encontrar un lugar para el poeta en la sociedad. Principalmente como intento para llegar a la Verdad como ente esencial y dejar retazos de Verdad en forma de obras poéticas con la esperanza o quizá con la pose romántica de que puedan durar para siempre.[2] La imitación de las funciones de la Palabra en el Génesis se vuelve algo relativamente frecuente en movimientos inicialmente encontrados:

---

[2] Tanto es así que Gemma Márquez Fernández llama la atención sobre esta función o intención de la eternización del yo por medio de la palabra poética en su artículo 'La Biblia en el modernismo hispánico: verbo, creación y redención social' (Márquez Fernández 2010: 196–97). En concreto lo destaca en las obras de Unamuno y Valle-Inclán, que no están exentos de la influencia romántica que desgranaré en las próximas páginas. Sobre Unamuno indica que en Poesías trae la esperanza que supone la 'eternización (del yo) en la palabra', haciendo que el espíritu en la palabra pueda sobrevivir a través de los siglos haciéndose conciencia de los que la reciben. En cuanto a Valle-Inclán, se plantea el papel del poeta y cuál es su función social si la palabra no es capaz de crear como el modelo mítico de la palabra bíblica. Profundizaremos en esta segunda posibilidad en el capítulo cuatro.

Romanticismo (sobre todo inglés y alemán, pero más tarde también español), luego simbolismo francés, modernismo hispanoamericano y español, y surrealismos. A pesar de que fuera cierta la afirmación de Philip Silver de que España no tuvo un altorromanticismo propio, las ideas y obras románticas fueron filtrándose en el país durante todo el siglo XIX y primera parte del XX por medio de traducciones o de referencias de obras de españoles (Silver 1996). Especial importancia tuvo en este sentido el contingente de exiliados en Inglaterra a la vuelta del rey Fernando VII, que incluía personalidades como José Joaquín de Mora, Alcalá Galiano y Ángel de Saavedra o José Espronceda, que trasladan a España los modelos de autores como W. Scott y Lord Byron (Pegenaute 2004: 327); Además Alcalá Galiano publica en español comentarios de *Lyrical Ballads* de Wordsworth (381). Por otro lado, José María Blanco White se ocupó de difundir la obra de Wordsworth traduciendo poemas sueltos en *Variedades* y *El mensajero de Londres* entre 1823 y 1825 (325). Otros portadores del altorromanticismo europeo a España fueron el matrimonio Böhl de Faber, quienes tradujeran de forma anónima o firmada fragmentos de pensadores y escritores románticos alemanes [entre ellos, en 1814, Nicolás Böhl de Faber publica un extracto de discursos de A. W. Schlegel (326)], o la popularidad de la que gozó la obra *De l'Allemagne*, publicada por Madame de Staël en 1810, en la que se informaba sobre la filosofía y la literatura en el país que da título a la obra.

Hacia los primeros años del siglo XX, se tienden fuertes lazos culturales entre Madrid y París, como informa Terence McMullan (2002: 10), incluyendo traducciones y visitas de artistas franceses a la capital española, como la que realizó Paul Valéry en 1924 a la Residencia de estudiantes. Con todo esto llegamos a la conclusión de que el componente romántico llega por medio de todos estos elementos a la península, no solo por medio del Modernismo latinoamericano que Octavio Paz propone. Las continuas y lentas filtraciones de autores e ideas del Romanticismo europeo van formando un sustrato ecléctico mezcla de tradiciones románticas internacionales y de tradiciones puramente españolas (con Góngora y Lope como cabeza de cartel) del que beben los del veintisiete. Al fin estos plasman sus lecturas y sus influencias en los poemas de formas tan diferentes que, como se indicaba en la introducción, se ha llegado a poner en cuestión su denominación como generación (Morris 1969: 1-4). En las próximas secciones intentaré desenmarañar la mezcla de fuentes de las que surge la palabra creadora en varios de los autores y analizar dicho fenómeno en sus poemas. Adelanto simplemente algunas de las lecturas de los autores estudiados que ayudan a justificar los ecos románticos y nietzscheanos de los que se hablará más adelante.

Eutimio Martín afirma que Lorca no fue tan buen lector de escritores extranjeros durante su juventud como lo fueran otros de los del veintisiete (véase el ejemplo de Salinas o Cernuda), pero en su casa se encuentran obras de Victor Hugo, a quien su familia tenía gran afición (Martín 1986: 90-91). Además, afirma Soria Olmedo que el poeta mantiene un diálogo constante en su vida con autores como Unamuno, Darío, Antonio Machado y Nietzsche, que dejan una huella profunda en su obra (Soria Olmedo 2004: 268-69). Por su parte, Luis Cernuda explica en 'Historial de un libro' paso por paso sus lecturas, que incluyen a los románticos ingleses y alemanes y simbolistas franceses entre otros, a los que más adelante les dedica artículos críticos (Cernuda 1994: 625-61). Emilio Prados lee a Nietzsche y a Freud por primera vez antes de irse a Friburgo a estudiar filosofía en 1921 y entra en contacto con los literatos modernos franceses en París, a la vuelta de su viaje a Davos también en 1921 (Prados 1975: xxvi-xxviii). El resto de los del veintisiete accede a la filosofía nietzscheana y a parte de la romántica porque esta 'ya está incorporada al equipaje cultural de todos [...] y porque entre Nietzsche y esos hombres ha habido mediadores, intermediarios: los noventayochistas, Ortega, las ideologías políticas de fuera' (Sobejano 2004: 641-42), con la excepción de Rosa Chacel, en quien la influencia directa de Nietzsche es notable (644). Los primeros poemas de Champourcin muestran 'ecos del romanticismo matizados por suaves resonancias modernistas, y una huella de la etapa moguereña de Juan Ramón Jiménez' (Villar en Ascunce 1991: xxvi) con lo que damos por hecho que también tenía conocimiento de los románticos y herederos (Prieto de Paula 2003), así como se puede pensar que Sánchez Saornil tuvo lecturas modernistas leyendo sus primeros poemas. Además, los que estuvieron en la Residencia de estudiantes contaron con la visita de grandes personalidades literarias y con una nutrida biblioteca (Pérez-Villanueva Tovar 1990).

Romanticismo

Panteísmo romántico y creación

Una de las aportaciones de la poética romántica es la concepción del arte como creación que contiene parte del sujeto y que construye mediante su proyección una nueva naturaleza, frente a la vieja poética griega de Aristóteles que consideraba el arte como mimesis de dicha naturaleza. Esta idea, obviamente muy simplificada, es parte central de la poética de Schiller y una de las tesis que M. H. Abrams sostiene en *The Mirror and the Lamp*. Schiller afirma que los objetos naturales son 'manifestación permanente de la divinidad' (Schiller 1994: 3) pero que solo cuando el 'yo' humano y la naturaleza se unen, 'surge lo divino o el ideal' (3). De alguna manera, esta es una concepción platónica según la cual el hombre 'ingenuo', los 'espíritus morales', pueden fundir la naturaleza en una idea, perfecta, eterna, divina, sin duda semejante a la idea del mito de la Caverna de Platón, y al uso arquetípico del mito como generalización del que se hablaba en la introducción.

Las ideas que Schiller expone en *Über naive und sentimentalische Dichtung* son, según Pedro Aullón de Haro, fundacionales 'del pensamiento poético moderno de Occidente' (IX). Por esto no sorprende la cercanía con las ideas poéticas de Wordsworth según las expone M. H. Abrams en *Natural Supernaturalism*.[3] En su versión, William Wordsworth explica que, por medio de la creación romántica, la mente y la naturaleza han de acabar uniéndose en 'sagrado matrimonio', del cual debería surgir un nuevo mundo, que ha de actuar como paraíso perdido: el Paraíso no estaría pues fuera del mundo, sino en el mundo — idea plenamente panteísta por otra parte: el Paraíso está en el mundo, puesto que Dios está en el mundo —, y es misión del poeta traerlo aquí, construirlo (27).[4] Precisamente es el Paraíso lo que crea Dios en un primer momento. El poeta que une su psique a la naturaleza y consigue crear de esta manera un Paraíso, pertenece a una casta diferente de poetas, que Abrams llama 'profetas' o 'bardos'.[5]

El matrimonio que propone Abrams es el que se da cuando, según Salinas, 'el poeta busca librarse de su inestabilidad temporal mediante el nombrar la permanencia de la certeza sensible hegeliana del mundo natural' (Silver 1985: 134) y busca con la palabra la creación de mundos aislados percibidos por la conciencia poética a semejanza del mundo real. Así pues, y como adelantaba en la introducción, el poeta crea una naturaleza acorde a su percepción, es decir, que en el paso de naturaleza objetiva a palabra poética, aquella es filtrada y modificada por la conciencia poética que se une a esta nueva naturaleza poética que toma la forma de la psique del poeta.

Paul de Man sugiere que la proyección de la psique del poeta en la naturaleza se debe al miedo por lo transitorio que sufre patológicamente el poeta moderno: el hombre puede ver el tránsito de las estaciones en la naturaleza, la caducidad de las hojas de los árboles, la muerte de las flores, pero en esencia, la naturaleza es eterna: ha estado siempre y permanecerá para siempre, a diferencia de los hombres. Por ello, la aplicación del panteísmo a la poesía es, según de Man, una estrategia para 'tomar prestada de la naturaleza la estabilidad temporal de la que [el hombre] carece, y de inventar estrategias para traerla a su nivel, a la vez que le permite escapar del 'toque inimaginable del tiempo'' (De Man 1991: 219).

---

[3] El propio Wordsworth se había acercado a la literatura alemana en el viaje emprendido con Coleridge en el que entraron en contacto con el movimiento prerromántico *Sturm und Drang*. Justo después escribió *Lyrical Ballads*, que es considerado uno de los textos fundamentales del romanticismo británico (Everest 2002: 23).
[4] La aplicación de este postulado romántico lo aplica y explica Salinas en su conferencia 'El poeta y la realidad' y lo destaca Silver como idea fundacional del Creacionismo, explicando de forma más pragmática que Salinas la aplicación literaria de la 'fusión entre el hombre y la naturaleza' o entre la conciencia del poeta y la realidad natural informe (Silver 1985: 133-34).
[5] La noción de 'profeta' en Abrams es un tanto especial: toma el concepto de Wordsworth y afirma que el poeta romántico recrea en su interior la historia bíblica como si fuera la historia de su alma, cuyo final consiste en un *spiritual marriage* entre mente y naturaleza. El poeta pues, es profeta porque anuncia la posibilidad de creación de un mundo mejor dentro de sí y en el presente experiencial (Abrams 1973: 49-56) que puede extenderse en un futuro a toda la humanidad, lo cual anuncia el poeta para aquellos que creen en él (56).

Vemos esta idea en la rima segunda de Bécquer, por poner el ejemplo de un poeta que ha influido ampliamente en los del veintisiete:

> Saeta que voladora
> cruza, arrojada al azar,
> y que no se sabe dónde
> temblando se clavará;
>
> hoja que del árbol seca
> arrebata el vendaval,
> sin que nadie acierte el surco
> donde al polvo volverá;
>
> gigante ola que el viento
> riza y empuja en el mar,
> y rueda y pasa, y se ignora
> qué playa buscando va;
>
> luz que en cercos temblorosos
> brilla, próxima a expirar,
> y que no se sabe de ellos
> cuál el último será;
>
> eso soy yo, que al acaso
> cruzo el mundo sin pensar
> de dónde vengo ni a dónde
> mis pasos me llevarán.
> (Bécquer 2003: 15)

En este texto, el poeta se identifica precisamente con la parte superficial y efímera de la naturaleza. La hoja que cae, la ola que pasa y la luz del crepúsculo de sus versos están condenadas a morir y a ser olvidadas. La naturaleza está en perfecta comunión con el sentir del yo poético, que se proyecta como errabundo y olvidado de todos, en tránsito por la vida sin otro destino que la muerte. Y sin embargo, paradójicamente, el poeta es cierto tipo de dios, puesto que con su palabra ha creado una nueva naturaleza.[6]

La influencia de Bécquer en Altolaguirre se da principalmente en sus primeras obras (Pino Acosta 2003; Altolaguirre 1973: 42). En los poemas de *Las islas*

---

[6] Debemos tener aquí en cuenta la perspectiva de Ibon Zubiaur quien en su obra *La construcción de la experiencia en la obra de Luis Cernuda* adopta una perspectiva opuesta en principio a la de Silver y Abrams, abogando por una creación de la propia experiencia del poeta en el poema, quien construye a partir de la misma la naturaleza que le circunda, de modo que no existe una psique real que se una a la naturaleza o al objeto real, sino que todo es invención del poeta. Este enfoque solipsista podría ser aplicado al resto de poetas. A pesar de que ciertamente se pueda dar una construcción de la experiencia en la creación poética y que no haya psique real ni naturaleza real que se unan en el poema, al menos en un principio y por motivos poéticos, parece que esta es la imagen que se quiere dar en el poema, siguiendo la ya mencionada tradición romántica — moderna (Zubiaur 2002).

invitadas, de 1926, encontramos precisamente algunas recreaciones del Paraíso al más puro estilo de la teoría de Wordsworth. En el interesante poema 'Hombres inmóviles' (Altolaguirre 2005: 16), en el que se representa una nueva versión del anhelo de Bécquer por la inmanencia, pero a diferencia del sevillano, Altolaguirre crea un Paraíso en el que el hombre es el inmutable, 'Hombres inmóviles | decorando jardines junto al mar' (vv.1–2), mientras que la naturaleza es efímera y corre, adoptando la fugacidad de la vida humana y el ajetreo y movimiento que esta conlleva:

> y flores paseantes
> árboles de negocios
> y plantas comerciales
> recorriendo el asfalto
> (vv.3–6)

En su creación, Altolaguirre roba la eternidad de la naturaleza, cambia posiciones con ella, dibuja un sueño de inmutabilidad en que el hombre está en el Edén, el 'jardín'.

El tema de lo fugaz de la vida y la inmutabilidad de la naturaleza vuelve a aparecer en 'El agua' y 'Durante toda la mañana' (20–21). En 'El agua' la dualidad mutable en superficie y eterna en esencia de la naturaleza se representa mediante la metáfora de un riachuelo con 'alma y cuerpo' que refleja 'lo transeúnte | y el árbol florecido a su derecha' (vv.4–5), el árbol opuesto a lo efímero, el agua fluyendo en cuerpo y permaneciendo en alma. En 'Durante toda la mañana' se recupera la idea platónica ya vista en el Romanticismo, con la idea, lo deseado, inmutable, mientras lo 'reflejado' se agita. Aún si la referencia es más en contenido que en forma, observamos en un inciso a mitad del poemilla, un nuevo reflejo del yo poético en el paisaje:

> El pez chino en la fuente,
> entre las verdes piedras de corazón mojado
> se ocultaba y no salía
> (vv.7–9)

La metáfora del pez chino, colorido, alegre, oculto entre la tristeza de 'verdes piedras de corazón mojado' cuadra con el aire de nostalgia del poema, la búsqueda del yo que no aparece ('yo esperaba que apareciera su figura' v.3) y la muerte ('Ese yo ahogado'). Pero más allá del mensaje melancólico, queda el deseo creador de un paraíso poético, terrestre. En la siguiente obra, *Ejemplo*, escrita tras la muerte de su madre, dibuja un jardín orgánico, 'como un cuerpo | con fiebre', nueva fusión del yo y la naturaleza. El papel del poeta como dios creador se reafirma desde el primer poema de la colección, 'Como un grueso perfume' que le dedica a un olmo, fuerte, libre, imponente y eterno, lo que ha sido interpretado como un anhelo del yo poético por convertirse en un 'dios vegetal' (Altolaguirre 1973: 43–44), conjugando las ideas de creación y fusión con la naturaleza.

Desgraciadamente y debido al carácter necesariamente conciso de este trabajo que me propongo, no puedo tratar aquí a todos los autores de la época, sin embargo quisiera proponer los ejemplos de algunos autores mucho menos conocidos, para apuntar al menos a la extensión y difusión de las preocupaciones llamadas altorrománticas (yo las llamaría simplemente modernas) en los años veinte del pasado siglo. Pongamos por ejemplo, para no extenderme, el poema 'En el cristal pequeño de una fuente' de Elisabeth Mulder, incluido en *Sinfonía en rojo* de 1929 (Mulder 1962: 46), en el que es sencillo apreciar el rastro romántico y la construcción del yo lírico como 'condenado', como en el resto de los poemas tempranos de Mulder, ('superlíricos, supersubjetivos' según Berges 1962: 11).

> En el cristal pequeño de una fuente
> me he mirado
> con un gesto miedoso.
> El cristal me ha devuelto mi silueta cansada,
> un cielo gris de otoño, vacilante y brumoso,
> y el verde ensombrecido de mi vaga mirada.
> y así, los ojos en los ojos posados tristemente,
> hemos permanecido.
> Mi imagen temblorosa en el cristal ...
> Luego me he ido.
> ¡Una pobre hoja más, desconsolada
> en el parque otoñal!

La silueta temblorosa en el agua de los versos 4 y 9 se compara con 'un cielo gris de otoño vacilante y brumoso', construcción de un paisaje mediante la proyección de su psique en la misma. El hecho de que sea un reflejo, alejado de la realidad, a punto de desvanecerse nos devuelve a la idea de lo efímero de la vida, del ser, que también apreciamos en la comparación del yo con elementos caducos de la naturaleza (la 'hoja desconsolada'). Efectivamente, como se decía más arriba, en los poemas propuestos se difuminan los límites de la imagen mental y la real: el reflejo en el estanque que en lugar de la silueta de la poeta es una tarde de otoño es muestra de ello. Lo que llega al lector es un difuminado metafórico de la poeta en el paisaje, dando exactamente una idea de melancolía y tristeza por el transcurso del tiempo que nunca se menciona. A pesar de ello el poeta lo escribe, puesto que la escritura es la forma de permanecer.

Aún con el aire panteísta mitificador de los poemas vistos, y entroncando con los primeros poemarios del veintisiete a pesar de lo tardío de su obra, Sagi describe la isla de Mallorca como un paraíso perdido en *Canciones de la isla* de 1931. La naturaleza de la isla se modula conforme al ánimo (o ánima) de la autora, y de los despuntes de melancolía inicial de este poemario, desembocarán en la melancolía total por la incapacidad de retener el instante — vemos aquí la mayor preocupación poética que ha salido hasta ahora — en sus poemarios posteriores,

País de la ausencia de 1938-1940 y *Amor perdido* de 1933-1968. Decía que la melancolía despunta en *Canciones de la isla* en poemas como los de 'Instantáneas'. Reproduzco dos estrofas:

> Duerme la noche tendida
> Bajo una luna nostálgica,
> Clarín verde de los gallos
> Despierta a la madrugada.
> * * *
> Puerto solo. Cielo bajo.
> Olor de aguas putrefactas.
> El pueblo duerme y un perro
> Ladra a la noche enlutada.
> (Sagi 1969: 20-21)

La métrica breve, la ausencia casi total de acción verbal y la descripción de estampas aisladas en el tiempo y el espacio recuerdan mucho a las *Suites* de Lorca, escritas diez años antes, y comparte con algunas de ellas la temática onírica que se mezcla con la melancolía, todo ello aún muy en la línea de Schopenhauer. Objetivamente el paisaje en sí no es melancólico, y lo demuestran otros versos escritos sobre el mismo o muy similar panorama, como el poema 'Puerto de Andraitx', que dejando a un lado la simbología numérica y religiosa que encierra, describe el puerto colorido, cálido y alegre, como podemos observar:

> Doce casas.
> Doce ristras de mazorcas.
> Doce barcas.
>
> Un Puerto como una nuez.
> Una escollera dorada.
> Los arrecifes pintando
> el mar de color naranja.
> Y contra el cielo el buril
> morado de una montaña.
> (...)
> Y un faro — puntero azul —
> con doce rayos de plata.
> (Sagi 1969: 17).

La construcción de la melancolía del paisaje en el primer poema es pues subjetiva. Menciones a tópicos románticos recurrentes como es el del agua como elemento de sueño y melancolía, donde recoger reflejos, pero que oculta 'misterios' son frecuentes en los versos de Sagi. El léxico de las instantáneas transmite al lector la melancolía de un alma que no acaba de estar triste: sueños, misteriosa, noche, nostálgica, verde, solo, putrefactas, enlutada... las imágenes se conjugan (pensemos en el 'cielo bajo') para aportar este aire de ensoñamiento y nostalgia al paisaje que nos muestra el alma del yo poético proyectado en el mismo.

Por medio de los tres ejemplos presentados: Manuel Altolaguirre, Elisabeth Mulder y Ana María Martínez Sagi, se ha mostrado según mi lectura, un modelo de proyección poética que si responde al mito bíblico del Génesis de creación de un mundo por medio de la palabra, tiene la particularidad de ser un mundo muy personal con el fin último de transmitir sentimientos al lector. Cierto es que poetas como Jiménez o Alberti crean imágenes de un Paraíso ya perdido, distópico, inquietante, similar a los jardines simbolistas decadentes. Este tipo de paisajes o paraísos perdidos, pertenecen a otro estadio de las obras de los poetas en el esquema que planteo en este trabajo, puesto que están a menudo descritos desde la nostalgia de lo perdido, con lo que incluyo su análisis en el próximo capítulo. Por último, debo mencionar la existencia de algunos jardines carentes de sentido místico-religioso, como muchos de los jardines modernistas que se reproducen más adelante en obras primerizas de autores como Sánchez Saornil o Lorca, que son jardines superficiales, sin más sentido que el aparente: la descripción de un jardín como evasión de la vida urbanita quizá, huyendo de mitos religiosos pero volviendo quizá de forma inconsciente a ellos, puesto que al proponer la naturaleza como alternativa a la vida urbana (utopía natural, comunión del hombre con la naturaleza versus distopía y alienación) se vuelve al mito moderno del Paraíso perdido, con su origen en el Génesis.

Luis Cernuda y los románticos ingleses

Samuel Taylor Coleridge supone un eslabén fundamental entre el Romanticismo inglés y el alemén gracias a sus viajes a tierras germanas, traduciendo obras de Schiller e incorporando las ideas de los pensadores alemanes del momento a sus obras (Everest 2002: 23); en este sentido tiene una función que podríamos considerar similar a la de Cernuda en cuanto a los románticos alemanes e ingleses, puesto que el poeta traduce obras de Hölderlin, y desde muy temprano demuestra su admiración hacia poetas extranjeros (Pegenaute 2004: 381; Gallego Roca 2004: 504; Otero 1982).[7]

La segunda razón para elegir a Coleridge como referencia inglesa con la cual comparar a Cernuda es su original concepto de los mitos bíblicos, derivado del contacto con estudiosos alemanes. Coleridge devuelve el valor a la historia bíblica, que había caído en cierto descrédito desde la Ilustración, más que como verdad histórica, como conjunto de mitos; de este modo la historia bíblica estaría compuesta por ideas probadas en instantes imaginarios que, según Coleridge,

---

[7] Destacan Gallego Roca y Pegenaute que, aunque a principios del siglo XX la apertura hacia las literaturas extranjeras era casi total, la traducción de poesía al español era mucho más escasa y fue más lenta que la de otros géneros, predominando en esta época la difusión de la poesía de Lord Byron con mucha diferencia sobre las demás.

serían igual de válidas que las ideas de los instantes históricos, puesto que la verdad sigue siendo la misma. Es decir, las ideas surgidas o dibujadas a partir de momentos históricos tienen el mismo valor (adoctrinador, moral etc.) que las ideas dibujadas a partir de historias mitológicas: todo representa la misma verdad y vincula el mensaje a dicha verdad (Kooy 1999: 720). Esta idea proporciona un origen romántico a la teoría defendida en esta tesis acerca del uso del mito bíblico como transmisión de la verdad a pesar de la falta de fe o la ortodoxia de la fe de los poetas. Además, en ella se apoya la visión de Coleridge de la Palabra, que también se utiliza como instrumento creador al estilo del Génesis — mito bíblico — en los poemas.

En cuanto a las razones para separar a Cernuda del resto de poetas, tienen más que ver con resaltar la diferencia de sus usos poéticos que con negar que participara de los ya mencionados y por mencionar: en primer lugar, y hablando en general Cernuda no está interesado en el paisaje (con excepciones), que es uno de los rasgos que une a los poetas ya tratados; en segundo lugar, es un poeta cuya larga trayectoria y extensas lecturas dan espacio para mostrar todo tipo de admiraciones e influencias extranjeras y nacionales, magistralmente modeladas a un estilo propio. En sus primeros poemas observamos influencia gongorina combinada con construcciones panteístas en la línea de las expuestas en la sección anterior. Será gran conocedor de los poetas franceses, desarrollando un especial gusto por Gide, Nerval y Reverdy, y en poemarios como *Los placeres prohibidos* hallaremos poemas de aspecto surrealista. Sin embargo, ha sido a menudo considerado el más romántico al estilo europeo de los poetas españoles del veintisiete. Desde Juan Ramón, Lorca o Salinas, que destacan el Romanticismo inglés y alemán de los poemas de *La realidad y el deseo* en las críticas publicadas en el diario *El sol* en 1936 (Otero 1982: 33), a Philip W. Silver que lo considera el único altorromántico español en quien se restituyen las ruinas del Romanticismo (Silver 1996), la 'creación de mundos' y la 'capacidad de mitos' — en palabras de Lorca — de los poemas de Cernuda han merecido la comparación con autores de la talla precisamente de Keats o Hölderlin, y merecen que se consideren en apartado propio.

El primer punto de comparación con Coleridge estriba en la idea derivada de las teorías vistas anteriormente en este capítulo de que la palabra crea lazos con la realidad ya que posee cierta relación objetiva con la cosa que menciona, por lo que logra transmitir algo así como la 'sombra' de dicha realidad, volviendo a la comparación con el mito de la caverna. Según Coleridge, la expresión verbal es una *'outerance'* en lugar de una *'utterance'*, como se dice en inglés, es decir, es una relación inconsciente y real con el mundo extralingüístico. De este modo el mundo 'real' y el lingüístico participan uno de otro y es posible conocer el real mediante el lingüístico. Algo así se expresa en los versos 18–23 del poema 'The Destiny of Nations' (Coleridge 1912: 32):

> For all that meets the bodily sense I deem
> Symbolical, one mighty alphabet
> For infant minds; and we in this low world
> Placed with our backs to bright Reality,
> That we may learn with young unwounded ken
> The substance from its shadow.

La huella del platonismo está patente en estos versos. Coleridge habla de un 'alfabeto poderoso', un lenguaje capaz de dar a conocer la 'brillante realidad' a partir de su sombra. Como en el mito de la caverna, la sombra sería la percepción humana de la realidad, demasiado 'brillante' para ser mirada por ojos humanos (v.21). Una de las pruebas que encuentra el poeta inglés de sus teorías sobre el poder de la palabra y la existencia de un lenguaje primigenio aún más poderoso es la confusión en ciertos pasajes bíblicos entre los conceptos de luz y palabra (Esterhammer 2000: 162). Según Coleridge hay una relación intrínseca entre ambos tanto en el Nuevo como en el Antiguo Testamento:

> You are likewise to keep in mind with regard to Power, LIGHT, that the Word in Gen.1,3 does not mean visual Light or solar Light, which was not yet in existent; but *goes* forth to *declare*, like a word *spoken*; or remains on the surface (or *out*side) to *distinguish*, like a word *written*; and in both cases, makes the thing *out*ward, and *outers* (now spelt utters) its nature. Hence the Son of God is called indifferently the light, that lighteth and the Word (Coleridge 1995: 850).

En la cita se refiere a varios pasajes bíblicos en los que se menciona la luz y la palabra como elementos místicos. El primero es el principio de la creación, en Génesis 1. 3. Al mencionarlo parece que Coleridge intenta explicar el por qué del poder creador de la palabra divina mediante su teoría de la equivalencia entre historia y mitología. El Poder de la palabra 'luz' y su referente real se vinculan, por lo que la 'palabra' misma tiene la equivalencia con la luz, por ello afirma que en el evangelio de Juan se llama indistintamente al Hijo/creación de Dios luz o palabra (Juan 1. 1–5). A continuación, en Juan 1. 9–10 se vuelve a hablar de la venida de la luz que es presencia creadora, refiriéndose al Génesis, y viene al mundo, encarnado en Jesús. Tras mencionar la luz venida al mundo, la identifica con la Palabra otra vez, pocos versículos después, en Juan 1. 14. Por lo tanto, en el lenguaje místico, verdadero, el símbolo de la palabra luz, es equivalente a la palabra 'palabra', y la palabra verdadera tiene luz. Es un ejemplo práctico del simbolismo del lenguaje que se relaciona de forma real con las realidades que representa, y a su vez, una afirmación mítica de la palabra como energía.

Luis Cernuda por su parte, adopta y adapta la concepción mística de la palabra-luz, como podemos ver en el poema en prosa 'La poesía' de *Ocnos*, en el que Cernuda habla de lo temprano que descubrió la especial visión y misión del poeta, y su función de dar forma a la Palabra, como masa informe que debe lograr reflejar esa visión que él tiene del mundo. Sugiere una naturaleza divina en la masa informe que son las palabras antes de pasar por el poeta (Cernuda 2005: 553). La Palabra como algo luminoso, que se distingue del resto de realidades porque las crea (algo divino también, pues), aparece ya en *Primeras poesías* (114, vv.12-15). La Palabra en mayúscula, como al principio del evangelio de Juan, es luminosa, o capaz de iluminar, es efectiva. Además, el poema habla de 'un nuevo amor': la Palabra era vida, la Palabra era luz, y la Palabra era amor, los mismos atributos que se le dan al Dios creador (I carta de Juan 4. 8). También aparece la Palabra luminosa más tarde, en *Las Nubes*, al referirse a la función del poeta concretizada en Lorca como '. . .aquel que ilumina las palabras opacas' (255, v.21), es decir, aquel que, como Dios, da vida a las palabras, hace que sean creación. La idea del poeta como dios constructor, subordinado al Dios bíblico también la comparte con Coleridge, dado que de algún modo el poeta 'crea' realidades en la mente del lector. Así lo vemos en su poema 'Laying Sermons' al referirse en los versos 34-35, a los poetas como 'Those blind Omniscients, those Almighty Slaves | Untenanting creation of its God': El hombre tiene el poder del dios, y como él es 'omnisciente' y 'todopoderoso', aunque no siempre consciente de su condición y subyugado al Dios bíblico, por eso los contrapuntos de *blind* y *slaves*. En Cernuda el poeta es un dios menor también, dado que solo es capaz de rescatar instantes efímeros de la muerte para convertirlos en presente eterno, y así lo vemos una vez más en 'A un poeta muerto (F.G.L.)' en los versos 9-10: 'Leve es la parte de la vida | que como dioses rescatan los poetas' (254).

El siguiente punto a tratar en Coleridge y Cernuda es el de la imaginación como impulso creador y coordinador del sujeto y la realidad. Para Coleridge la imaginación es por un lado aquello que posibilita la unión de mente y realidad, un poder totalizante que permite la unión de dos mundos, integrando al sujeto en un todo eterno, y por otro, un poder vivo de creación, la única alma de la palabra en la verdadera poesía, y aquello que unifica y coordina el mundo lingüístico y el mundo real, lo que da equilibrio a los contrarios (Coleridge 1847: 81-82). Cernuda tiene una idea semejante de la imaginación, que describe como aquello que permite conjugar 'lo idéntico con lo diferente, la idea con la imagen, lo individual con lo representativo, lo nuevo con lo familiar. . .' (Cernuda 1994: 315), equilibrios que ayudan a que el lector comprenda el poema y lo reconstruya, equilibrios que, como se venía proponiendo, se logran mediante la implicación del mito, que es un conocimiento común a ambas partes y logra lo que propone finalmente el poeta sevillano en su discurso: que la poesía fije la belleza efímera (604).

El que la poesía fije la belleza efímera depende de su propia eternidad y de su capacidad para hacer cosas. Tanto en Coleridge como en Cernuda, esto conlleva el despojar el lenguaje poético de su temporalidad, de las referencias a un momento dado. Gadamer afirmaba que el discurso poético y el religioso, para ser realmente efectivos y eternos debían ser autorreferenciales (Gadamer 1980:

86–98) y por eso mismo, universales: cualquier individuo y cualquier época se pueden tener a sí mismos por referentes del poema o del discurso. Para evitar referencias exteriores se tiende a un lenguaje puramente nominalista, como el lenguaje de Adán según Benjamin. Veamos en uno de los primeros poemas de Cernuda estos intentos de evitar la anécdota y centrarse en el sustantivo:

> Morir cotidiano, undoso
> Entre sábanas de espuma;
> Almohada, alas de pluma
> De los hombros en reposo.
> Un abismo deleitoso
> Cede; [. . .]
> (2005: 109)

El lenguaje gongorino se combina con el nominalismo del adánico, pura estadística: un verbo en seis versos para describir a alguien (la tendencia a ser arreferencial no deja espacio ni para decir si es hombre o mujer) cómodamente acostado en una cama o bien alguien muerto en el ataúd. Ninguna mención al lugar, estación del año, tiempo, edad, hora del día. Nada que pueda hacer pensar en el yo poético, o mejor, nada que no pueda hacer pensar en el yo del lector. El concepto de comodidad se construye en la mente del lector por identificación con momentos similares de comodidad experimentados por él mismo, por lo que es inquietante la posibilidad de que se hable de un cadáver en el ataúd, lo cual sugiere la primera palabra: 'morir' y los dos últimos versos del poema: 'al blando lecho rodea | Ébano en sombra luciente' (vv. 9–10). En general casi todo el libro de *Primeras poesías* es un conjunto de estampas sobre el paso del tiempo y alegorías a la muerte de forma más o menos obvia, como en el poema VI:

> ¿De qué nos sirvió el verano,
> oh ruiseñor en la nieve,
> si solo un mundo tan breve
> ciñe al soñador en vano?
> (111, vv.7–10)

La paradoja se da en que estas estampas sobre la fugacidad del mundo y de la vida se construyen con la intención de ser perdurables, de ahí la arreferencialidad y el nominalismo, lo que da sentido a la frase mencionada de Cernuda de que 'La poesía fija la belleza efímera'.

Mientras las cosas del mundo mueren, en la realidad poética, la palabra les da vida. En 'The Destiny of Nations' de Coleridge aparecen algunos versos que identifican mediante silogismos Dios, la palabra y la vida — fijémonos en el verso sexto del poema: 'The I AM, the Word, the Life, the Living God' — que tienen su origen en la Biblia: 'The I AM' es la forma en que Yahveh se autodenomina ante Moisés, 'YO SOY EL QUE SOY' (Éxodo 3.14), mientras que la relación entre palabra y vida aparece otra vez en el evangelio de Juan: 'En él estaba la vida, y la vida era la luz de los hombres'(Juan 1. 4). Por 'él' el evangelista se refiere al *logos* mencionado antes en el pasaje, mientras que las relaciones entre palabra y luz ya han sido explicadas. En Cernuda, el ejemplo más ilustrativo que encuentro de la función de la palabra como dadora de vida es la del poema 'Había en el fondo del mar' de *Los placeres prohibidos*. En dicho poema se describe en párrafos/estrofas paralelas los objetos hallados en cierta posición en el fondo del mar (¿de su imaginación?) y se reinventan con el nombre que se les da. A continuación reproduzco solo los fragmentos en que se nombran algunos de los objetos (podemos llamarlos materia) y en los que se les da el correspondiente nombre (podemos llamarlo creación):

> ... 'Había en el fondo del mar una perla y una vieja trompeta (...) las llamaban las dos amigas.'
> 'Había un niñito ahogado junto a un árbol de coral (...) los llamaban los dos amantes.'
> 'Había un fragmento de rueda venida desde muy lejos y un pájaro disecado (...) les llamaban los nómadas.'
> [...]
> 'Una mano de yeso cortada (...) la llamo la verdad del amor'.
> (192–93)

En este caso diríamos que Cernuda combina dos de los tipos de lenguaje mágico (*Sprachmagie*) establecidos por Benjamin, por un lado el humano, que da identidad y alma a los objetos al nombrarlos, como Adán según el Génesis al decir a cada uno de los seres vivos quién es; por el otro lado el divino, que crea algo de la materia inerte: crea amantes de un cadáver y un coral, crea amigas de una perla y una trompeta. El poeta crea relaciones, busca el alma que pueda tener la particular naturaleza muerta que se figura y la dota de vida con el nombre, y las palabras poseen la esencia de su realidad al cambiar la perspectiva. El poema vendría a ser una recreación del proceso que Harris llama de 'autorredención' en la creación poética de Cernuda: la palabra es la forma en que dos objetos ajenos el uno al otro son capaces de reunirse, así como por medio de la poesía el poeta, ser ajeno a la sociedad, es capaz de recrearse y redimirse, volviendo a la comunión con la naturaleza y con el resto de hombres. A pesar de que en su estudio no menciona este poema concreto, al hablar de *Los placeres prohibidos* Harris afirma que

> The preoccupation with the status of the poet and the function of poetry as themes translates his personal problems into objective terms, so that the poet, whether himself or another writer, becomes a *Doppelgänger* for Cernuda the man (Harris 1973: 118).

Esto sería lo que sucediera en el poema propuesto: se da una objetivización de su deseo de unión por medio de la palabra creadora en la unión que se produce entre elementos dispares al re-nombrarlos.

Ibáñez Avendaño afirma que en este poema lo que hay es una reinvención de la memoria, en la que el paso del tiempo, el olvido de los objetos, simbolizaría 'el retorno a la vida' (1994: 131–32). Esta idea, sin embargo, no es demasiado coherente con la aversión por el paso del tiempo y la caducidad que resaltaba pocas páginas atrás en el discurso 'Palabras antes de una lectura'. El olvido no es vida, sino muerte para el poeta. Lo único que puede dar vida es la palabra, que además emerge de un 'cementerio marino', un remanso de paz (y muerte) como el que describe Valéry en los versos de su poema con el mismo nombre, que además habla del tiempo y de 'ofrendas' a los dioses, aunque la perspectiva en Valéry se ubica sobre el Mar y la de Cernuda entra hasta el fondo del mar.

Si la palabra da vida, la ausencia de la palabra, en Cernuda representa muerte: en el poema 'Cuerpo en pena' de *Un río, un amor* se insinúa un estado 'prepalabra' como de un mundo muerto, sin vida, en los ojos de un ahogado (2005: 144–46). En los dos primeros versos del poema encontramos relacionados los conceptos de silencio y ausencia de vida: 'Lentamente el ahogado recorre sus dominios | Donde el silencio quita su apariencia a la vida'. Aparte de dar una sensación de irrealidad respecto a la vida, como si fuera algo figurado, como si lo único que distinguiera la vida de la muerte fuera la apariencia, es el silencio el que marca dicho cambio de la vida a la no vida. Conforme avanza el poema, el ahogado va dejando atrás los últimos retazos de vida: aire, luz, recuerdos, amor y dolor, y avanza definitivamente en las dos últimas estrofas 'hacia lo lejos, más, hacia la flor sin nombre' (v.34) y 'Hacia lo lejos, sí, hacia el aire sin nombre' (v.40). Lo 'sin nombre' aparece como ignoto y relacionado con el mundo de lo muerto. El mundo del silencio deja traslucir un miedo a la nada nihilista que se estudiará en el próximo capítulo junto a los 'cielos sin Dios' que aparecen en multitud de poemas de Cernuda y Lorca. De momento podemos adelantar que en Cernuda, la búsqueda del Paraíso, o la construcción del mismo en la poesía parece tener que ver con un miedo a la nada del que se hablaba en la introducción al referirnos a la secularización del mundo y el vacío existencial que deja en el hombre y en el poeta la pérdida de la fe. Según esto, la construcción de paraísos en los poemas contrarrestaría la ausencia de paraísos reales. Hay, no obstante, una circunstancia histórica en todo esto: *Un río, un amor* se escribe después de la Primera Guerra Mundial. Tras tamaño desastre, el discurso del Paraíso queda exiguo: no es posible un Paraíso, no hay lugar para la esperanza. El Paraíso, como veremos, aparecerá entonces como causa de desolación en el recuerdo, como objeto o estado perdido.

En estas páginas hemos encontrado fundamentalmente a un Cernuda de la primera época que aún tiene fe en el poder creador de la palabra, a pesar de la desazón que le genera, ya desde las primeras poesías, el paso del tiempo; lo cual, dicho de paso, es una actitud también romántica que será patente especialmente a partir de la segunda generación de poetas románticos, con Byron o Keats. Por lo que se ha dicho, podemos justificar que su forma de entender y aplicar el mito de la creación a la poesía tiene similitudes con Coleridge y con todos los otros autores mencionados, y que se plasma en la concepción de la palabra como ente eternizador si es usada correctamente; la palabra como luz que se arroja sobre la realidad y que permite 'verla' o 'construirla', la palabra como vida y la ausencia de la misma como muerte y la idea del poeta como un dios menor, limitado, pero aún capaz de crear. Esta idea se desarrollará notablemente en el creacionismo. Una de las características que según lo dicho son comunes a Coleridge y a Cernuda y que facilitaban la tarea de eternizar y de construir en la mente del lector es la arreferencialidad y el nominalismo, que también aparecían en el lenguaje adánico y que volverán a ser impulsadas con fuerza en el lenguaje simbolista. En todas estas características hay un embrión de lo que será la versión española del simbolismo y el creacionismo.

Simbolismo francés y Poesía pura: Salinas, Champourcin y Guillén

En *Los hijos del limo*, Octavio Paz afirma rotundamente hablando del panorama literario francés: 'En realidad, los verdaderos herederos del Romanticismo alemán e inglés son los poetas posteriores a los románticos oficiales, de Baudelaire a los simbolistas' (Paz 1974: 99). Esta opinión se basa en una interesante teoría de analogías según la cual el simbolismo, más que una continuación del Romanticismo de los países protestantes, sería una 'traducción o metáfora' de dicho movimiento (100). Pero al fin, el Simbolismo francés conservaría la esencia rupturista romántica, de la cual, interesa especialmente la reflexión sobre la poesía y el papel del poeta en el mundo y, sobre todo, la idea de que la palabra es símbolo que tiende lazos a la realidad, y no signo arbitrario. Afirma Paz que en los sucesivos procesos románticos:

> El poema no sólo es una realidad verbal: también es un acto. El poeta dice y, al decir, *hace*. Este hacer es sobre todo un hacerse a sí mismo: la poesía no sólo es autoconocimiento sino autocreación. El lector, a su vez, repite la experiencia de autocreación del poeta y así la poesía encarna en la historia. (91–92)

La explicación de Octavio Paz vincula todos los movimientos que se estudian en este capítulo en torno a esa palabra mágica de origen bíblico. El crítico mexicano destaca de entre las aportaciones del simbolismo las innovaciones prosódicas, pero más importante para lo que nos concierne en este trabajo parece la nueva función de las palabras, que en lugar de decir 'sugieren' o 'evocan': según los simbolistas franceses, los símbolos son la expresión concreta de las ideas procedentes de un vasto y perfecto mundo del cual este es solo reflejo imperfecto (Chadwick 1971: 3). La idea de un mundo perfecto que se refleja imperfectamente en este (que tiene correlación en las palabras) denota un resurgir del platonismo, directamente relacionado con el que describía en la sección anterior. El vasto y perfecto mundo sería el equivalente a la idea infinita del idealismo, es decir, la idea de Dios, y su reflejo sería la concreción en el mundo natural. La palabra y — más perfectamente — la poesía pueden darnos una idea de ese mundo superior. Se considera al poeta un visionario, como ya sucedía en el Romanticismo, que intenta recrear mediante imágenes mentales la visión de ese mundo ideal. Para lograr la recreación del mundo ideal también se necesitaría un lenguaje ideal; por eso, dadas las limitaciones del lenguaje humano, no será posible designar, sino solo sugerir. Así pues, la transmisión de ideas mediante la mera sugestión provoca cierta emoción en el lector similar a la idea original del poeta (2–3).

Propongo como ejemplo paradigmático de lo expuesto el poema 'La Fontaine de Sang' de Baudelaire (Baudelaire 1930) y me servirá para crear cierta continuidad entre Baudelaire y Salinas por medio de Valéry, es decir, entre el simbolismo francés y la pureza poética del primer Salinas. Según sus propias palabras, Baudelaire en su poesía pretende despojar al poema de lo que él llama las herejías de la verdad, la moral y la pasión y construir un objeto que cause 'excitación' condensada, puesto que 'toutes les excitations sont fugitives et transitoires' (Decker 1965: 158). Habremos de esperar pues, poemas breves de gran condensación léxica sobre todo, pero en general conceptual. El propio Valéry afirma que la poesía de Baudelaire logra un 'charme continu', es decir, una emoción, intensidad y 'poeticidad' en el lenguaje continua a lo largo del poema, frente a la prosa (160). La condensación lírica ha de lograr una 'sollecerie évocatoire', es decir, la evocación de realidades en el lector. Según Lluís Ma Todó, sin embargo, 'el objetivo de esta 'brujería evocatoria' [...] no es suscitar ninguna Verdad trascendente sino hacer aparecer las afinidades que existen entre percepciones de órdenes diversos: 'el color habla', 'el perfume evoca el recuerdo correspondiente' (Todó 1987: 36). Todó diferencia entre las correspondencias sinestéticas que aparecen en los poemas simbolistas de Baudelaire, y las posibles interpretaciones simbólicas de correspondencias más metafísicas, que quedan en entredicho dado que el propio Baudelaire trató de quitar trascendencia a su poesía que según él solo buscaba un ideal de belleza rechazando las 'herejías' de la moral, la verdad y la pasión (Decker 1965: 157). Sin embargo, no es tan superficial como parece la búsqueda estética por medio de la asociación sinestética ya que, como veremos, se intenta crear de esta manera si no un mundo alternativo, sí un instante aparte, una experiencia casi tangible pero fuera del mundo de lo tangible para el lector.

Para analizar el poema, conviene en primer lugar ubicar el fragmento: se sitúa en la obra *Les fleurs de mal*, que en principio iba a ser un poema sobre los pecados capitales, sin embargo la combinación del título, que habla del mal, y la acumulación de imágenes de paisajes desolados dan una idea de dolor universal, más de castigo del pecado que de pecado en sí — aunque es cierto que el pecado aparecerá en otras partes del libro. El fragmento que propongo es descriptivo, no hay anécdota, como propugnaba Coleridge que debía de suceder en el lenguaje poético. Las palabras relacionadas con sangre-herida (*sang, sanglots* — atención al juego de palabras entre sollozos y sangre —, *blessure, aiguilles* ...) evocan dolor, tanto físico como psicológico, combinados en la palabra *blessure*, que puede tener las acepciones de herida física o herida emocional, y en el juego de palabras entre *sang* y *sanglots*, dos formas de derramamiento de humores, el uno provocado por heridas físicas y el otro que puede ser provocado por heridas emocionales. La sangre se esparce en la segunda estrofa inundándolo todo. Es un dolor inmenso, obsesivo, universal. Además es un dolor en soledad, según las dos últimas estrofas que mencionan el fracaso a la hora de intentar sofocarlo con vino y mujeres. La acumulación de imágenes y la condensación semántica hacen que quede una sola sensación de desolación tras la lectura del soneto. Las imágenes fluyen y se unen para formar un solo cuadro y crear una sola sensación en el lector, la metáfora se extiende, ya no a una estrofa, sino al soneto completo, como si fuera un acorde de guitarra. Las palabras han perdido su significado individual y tienen un significado puramente contextual que ayuda a constituir la imagen y el sentimiento general (Ricoeur 1985: 44-46). Desde luego la idea es similar a la de Coleridge, quizá más perfeccionada por la redondez de la forma métrica, la unidad que da a la imagen completa el estar plasmada en un soneto, pero aún dejando a un lado la forma métrica, la palabra crea en el lector una imagen portadora de multitud de vibraciones que a su vez crean una sola sensación de desazón. Esta forma de hacer intuir al lector un sentimiento, no simplemente describirlo, pero hacerlo real, será la creación que intenten también los del veintisiete.[8]

Decía más arriba que la intención de Baudelaire es la de crear una experiencia aparte del mundo real, puramente poética, en el lector. Para Valéry, el efecto poético que logra Baudelaire es una 'certaine tension ou exaltation, ... un *monde* — ou mode d'existence — tout harmonique'[9] (Decker 1965: 160). Es decir, que la poesía simbolista con sus acumulaciones semánticas y correlaciones sinestéticas y simbólicas, crea un mundo nuevo, un 'état émotif de l'âme'[10] en la mente del lector (160). Para Valéry, este aislamiento experiencial y la creación de mundos

---

[8] La literatura de los simbolistas franceses ya era admirada a finales del siglo XIX por los autores de la generación del 98 (Prieto de Paula 1996: 55-57). En la década de los 20 llegan a España diversas traducciones de estos poetas que refrescan la admiración de los españoles y los hacen alcanzables para aquellos sin un perfecto dominio del francés. En 1921 aparece una nueva traducción de los *Poèmes en Prose* de Baudelaire, seguida de una de *Fleurs du Mal* en 1926. En 1923, algunos de los más destacados escritores y pensadores del momento, se reúnen para rendir cinco minutos de silencio y un artículo en la *Revista de Occidente* a los 25 años de la muerte de Mallarmé (Blanch 1976: 196-97). La admiración hacia los simbolistas es patente, no solo en aquellos que intentan conseguir una poesía pura, sino también como precursores de una vanguardia tan influyente como fuera el surrealismo.
[9] 'Cierta tensión o exaltación, ... un *mundo* — o modo de existencia — totalmente armonico' (traducción propia).
[10] 'Estado emotivo del alma' (traducción propia).

puramente poéticos, ajenos al mundo tangible constituyen los inicios de la Poesía pura tal y como él la entiende y así lo afirma en *Varieté* de 1920: 'Hacia mediados del siglo XIX, por fin vemos pronunciarse en nuestra literatura una notable voluntad de aislar definitivamente la poesía de cualquier otra esencia distinta a ella. [. . .] No es pues de extrañar que encontremos en Baudelaire este intento de una perfección que solo se preocupa por ella misma' (Todó 1987: 35).

Este aislamiento poético de la propia poesía es el que conecta a Baudelaire con Valéry, y a su vez con Salinas — gran admirador del francés como demuestra en el ensayo que le dedica, 'Lamparilla a Paul Valéry' — a pesar de las obvias diferencias en cuanto a las formas en las que se logra dicho propósito: si en Baudelaire se trata de aunar sentidos y connotaciones semánticas, en Salinas y en Valéry se trata de definir y separar cada objeto para poder absorber todas las sensaciones que este provoca a la conciencia (Raymond 1933: 138-39). Asimismo, Salinas insiste en su discurso de 1939 en el Wellesley College de Massachusetts 'El poeta y las fases de la realidad' en que, aunque la materia de la poesía es la realidad, es imposible abarcar toda la realidad, con lo que el poeta ha de centrarse en una de las fases en que se presenta (Salinas 1983: 280). Dicha conciencia también intenta provocar experiencias en otras conciencias, de modo que 'agrupa las palabras según sus poderes de sugestión, de creación psicológica' (Raymond 1933: 140), con la misma intención de Baudelaire, pero desde la pureza de creación que le da la conciencia absoluta del objeto, y considerando como objeto poetizable todo lo que no sea conciencia (incluida la personalidad, que en el Romanticismo se consideraba parte del sujeto, y las experiencias) (133).

Como ejemplo de esto planteo un poema de temática muy diferente a la de Baudelaire, pero aún perfilando creaciones poéticas 'reales' mediante sugerencias simbólicas y densidad semántica: el poema 'Cuartilla' de Salinas en *Seguro azar* (1924), en el que la palabra vence al frío y al blanco de la página con sus mundos de colores (Salinas 1971: 107). En esta ocasión el blanco y frío representan vacío, que se traslada de la página, 'cuartilla' al mundo:

> Invierno, mundo en blanco.
> Mármoles, nieves, plumas
> [. . .]
> techos de nubes blancas.
> Bandas
> de palomas dudosas . . .
> (vv.1-2, 8-10)

mientras que la palabra se representa como vida, como inicio de vida:

> Y la que vence es
> Rosa, azul, sol, el alba:
> Punta de acero, pluma
> Contra lo blanco, en blanco,
> Inicial, tú, palabra.
> (vv.22-26)

El contraste de los colores y el calor del sol, con el blanco y frío anteriores del vacío, otorgan a la palabra un poder vital solo sugerido, una vez más, por símbolos. El poema, además de descriptivo es fundamentalmente nominal, con escasísimos verbos y ciertamente muy pocos adjetivos para tratarse de una descripción. La falta de anécdota, una vez más, convierte el poema en atemporal, universalizando el acontecimiento y convirtiendo el simple hecho de la escritura en un mito épico, una batalla entre la pluma y el papel, batalla que gana la vida, hecha palabra. Esta tendencia universalizadora, dio lugar al paso de simbolismo a poesía pura. El cambio surge con el intento de transmitir al lector el mundo ideal al que se aspira reflejado por muchos simbolistas, el mundo de las ideas platónicas al que ya nos hemos referido varias veces en este trabajo, de forma más efectiva. En lugar de sugerirlo solo, Paul Valéry pretendía conseguir un lenguaje vigoroso capaz de recrear por medio de la concreción, pues cuanto más concreto fuera el lenguaje, más se aproxima a lo real (por tanto, lo absolutamente concreto sería absolutamente real). Dice Lawler de Valéry: 'His ambition was to perfect a code of meanings for himself, a language he could think with, which would enable him to avoid vague words and vague entities' (Lawler 1969: 185–217).

Jorge Guillén reconoce en Valéry al maestro inspirador de la poesía pura española como lo expresa en su famosa carta a Fernando Vela publicada por primera vez en *Verso y prosa* en 1926. Los poetas españoles de principios de los años veinte se verán influenciados por el ideal de creación de ideas/ entidades en el poema mediante la concreción, lo cual implicaba una depuración extremada del lenguaje.[11] La depuración la define Blanch de este modo:

> Así pues, en estos poetas el lenguaje es despojado de sus ornamentos retóricos o postizos para recuperar su forma original. Las palabras así liberadas, seguras y limpias, obtienen un mayor valor en sí mismas, independientemente de su función en la frase e incluso de las relaciones con el pensamiento que las dirige (Blanch 1976: 53).

El objetivo de la poesía pura es, al igual que el del Romanticismo o el del simbolismo, que el poema no describa, sino que sea. Es decir, volvemos a la guerra contra el mimetismo aristotélico, esta vez intentando depurar la expresión poética para que, libre de elementos superfluos, adquiera un nuevo valor sugerente. Aunque evidentemente no todos los poetas ni todos los poemas tienen este objetivo y estas pautas, ni son tan selectivos con las palabras, la idea de seleccionarlas cuidadosamente se anuncia ampliamente en la época de mayor ebullición de la poesía pura, e incluso años después gracias a Salinas y a Guillén.

---

[11] La forma de llegar a dicha concreción será mediante la utilización de imágenes concepto, imágenes 'intuición' y metáforas, construidas con un vocabulario simple que sustituye la vaguedad de los símbolos (Blanch 1976: 137). Esta práctica otorgaría a la palabra un valor *per se* que sería muy importante en la estética pura, extensivo al resto de la poesía del 27 y crucial en la poesía creacionista de Diego.

Pedro Salinas, en su ensayo 'Defensa del lenguaje' (1944), explica el poder que debería tener la palabra poética correctamente usada: 'las palabras, las más grandes y significativas, encierran en sí una fuerza de expansión, una potencia irradiadora, de mayor alcance que la fuerza física inclusa en la bomba' (Salinas 1983: 417); valga la metáfora para ilustrar el efecto que debería tener la palabra en el lector. En realidad Salinas defiende el hecho de que sean dos efectos, pues 'las palabras poseen doble potencia: una letal y otra vivificante. Un secreto poder de muerte, parejo con otro poder de vida; que contienen, inseparables, dos realidades contrarias: la verdad y la mentira' (417). Un Salinas bastante maduro (pronuncia este discurso en la universidad de Puerto Rico en 1944) tiene conciencia de la crisis de la palabra, el peligro de que sea falaz, y le otorga simbólicamente el poder opuesto a la palabra pura: la muerte, manteniéndose firme en la posibilidad de que la palabra llegue a la verdad y sea así creadora de vida.

Ernestina de Champourcin cultivó la poesía pura en sus primeros poemarios siguiendo precisamente las premisas expuestas. De varios poemas que muestran la voluntad de crear objetos vivos con el texto, 'Creación' de *La voz en el viento* es especialmente interesante dado el énfasis que se pone en el papel del lector. Así lo observamos en los primeros versos:

> Dibujé una rosa nueva
> en el papel de tu alma
> ¡Cómo temblaste al sentir
> el roce de mis pinceles
> sobre la hoja arrugada!
> (Champourcin 1991: 122).

Lo importante de la creación es la transmisión de la misma al lector que ha de sentirla, de emocionarse. Por medio de la metáfora de la pintura, Champourcin ilustra la emoción del lector ante su creación, identificada como 'rosa', tópico extremadamente manido en la época (véase el 'Arte poética' de Huidobro' o 'Los nombres' de Guillén). La forma de lograr esto es, como en Salinas, por medio de la concreción y la desnudez de la palabra/voz, que 'Limpia, en sí; libre ya de ajenas resonancias, | logrará eternizar mi único latido' (141), con lo que coincide en el objetivo de la eternización.

Por fin, para Salinas, así como para Coleridge, el primer Cernuda y Champourcin, la palabra es luz: 'La palabra es luz, sí. Luz que alguien en el aire oscuro lleva. El hombre conoce la facultad guiadora de la luz, se va tras ella. ¿Adónde llega? Adonde quiera la voluntad del hombre que empuña el farol' (Salinas 1983: 417). Salinas ha representado esta idea en sus poemas con cierta frecuencia. En 'Dominio' de *Seguro azar*, el silencio y la oscuridad van parejos: tras la última palabra, 'adiós' (v.2), cae la noche, y se mantiene mientras dura el silencio (vv.5-10). En los últimos tres versos se emula la creación de la luz por medio de la palabra en el Génesis:

>   Hasta que tú, con la primera palabra
>   de tus labios de hoy
>   — adiós — crees el día.
>   (vv.13-15)

sugiriendo que la palabra, la palabra amada, la palabra necesitada, va inevitablemente unida a cierta luz (122). En Champourcin la palabra es 'lumbre' (Champourcin 1991: 165, vv.9-11), por oposición al silencio que se convierte en 'agujas de hostiles soledades' (v.2).

Hasta aquí confirmamos la similitud entre la concepción de la palabra, del poeta y del objetivo del poema en el Romanticismo, el simbolismo y en la poesía pura. Añaden Salinas y Champourcin algo que ya vislumbrábamos en Cernuda, 'la fuerza inmortalizadora del poeta y de la poesía' (Salinas 1983: 417), que aparece en Champourcin como 'fuerza creadora' de los labios capaz de eternizar el amor, su principal preocupación en los primeros libros de poemas. La necesidad principal de la poesía es ser perenne frente a todo lo que es caduco, y esta será una de las causas del uso del mito: su capacidad inmortalizadora, que llega de tiempos inmemoriales como el esqueleto de una historia repetida en diferentes contextos. Eso mismo ha de ser la poesía; debe ser mito para ser inmortal, y por eso es necesario quitarle lo superfluo — he aquí la novedad de la poesía pura — para dejarlo en el esquema eterno, capaz de repetirse en cualquier contexto, capaz de significar, de crear sensaciones en el espíritu de cualquier lector, porque el lenguaje poético pertenece al espíritu, 'el lenguaje es el señorío de una realidad espiritual de símbolos, forjada durante siglos' (435), de ahí que para expresar el desasosiego o la alegría de escuchar palabras del amado (o de la amada) use Salinas el mito de la creación del Génesis. Las palabras solo tienen el significado que se les otorga en el contexto del poeta y solo adquieren significado real como constituyente del poema en el espíritu del lector, pero a su vez, tienen una significación individual, exacta e insustituible.

En España, el más importante impulsor de la poesía pura fue Juan Ramón Jiménez, maestro declarado de muchos de los del veintisiete (Blanch 1976: 19). En 1922, el poeta de Moguer publica su *Segunda antolojía poética*, en cuyo prólogo afirma su nueva estética de pureza, y relata su plan poético en la famosa exhortación a inteligencia, 'Inteligencia, dame' (Ayuso 1996: 168). Las ideas de pureza de Juan Ramón son eco de las ya existentes en el momento, parte de las cuales venían haciéndose camino en las poéticas desde la segunda mitad del siglo XIX (Blanch 1976: 48). Según Blanch, los poetas del veintisiete 'acogieron estas ideas de J. R. Jiménez con gran interés, e incluso con cierto fervor' (49-50) convirtiéndose así en su maestro indiscutible que ejercía su magisterio desde la revista *Índice*, en la que muchos del veintisiete, como Dámaso Alonso, publicaron sus primeros poemas.

La potencia creadora de la palabra y el papel de médium del poeta que veíamos en el discurso de Salinas quedan perfectamente plasmados en el poema de Juan

Ramón 'Intelijencia dame', que además, en los tres últimos versos habla de la importancia de que la palabra sea exenta y válida para todos, en cualquier contexto en que se lea. Jorge Guillén expresa estas mismas ideas en los dos primeros poemas de *Cántico*: 'Más allá' y 'Los nombres'. 'Más allá', por ejemplo, es muestra de la creación de la palabra en Guillén (Guillén 1996: 93-95). La idea principal es la creación en el poema de la voz poética o del poema mismo. La creación, va paso a paso: comienza precisamente por lo mismo que Dios comienza su propia creación . . . por la '¡luz!', así, entre exclamaciones, '¡Hágase la luz!'; y luego va describiendo el progresivo contacto con el mundo exterior que le hace ser: el poeta adquiere la vista, después es capaz de recoger sonidos, respirar, hasta que en los últimos versos se aprecia cómo el proceso de creación es reversible: el poeta no crea la realidad, sino que la realidad crea al poeta. El sujeto, que constantemente crea realidad, se convierte en objeto al ser percibido por otro sujeto, como explica Schopenhauer en *Die Welt als Wille und Vorstellung* II (Schopenhauer 1938: 22-30), simbolizando la doble aportación de dos sujetos (poeta y lector) que se combinan en la transmisión y reconstrucción de la realidad por medio del poema, como si el poema fuera un sacramento que alimenta al lector y 'enables them to create and celebrate a World where reality has a special and heightened significance' (Pinet 1979: 48). Como ocurría en los poemas vistos de inspiración más romántica, por medio de los sentidos, la psique del poeta entra en contacto con la naturaleza y crea una nueva realidad que a la vez da identidad al yo poético. En la sección dedicada a Jorge Guillén de su libro sobre los poetas del veintisiete, Armando López Castro destaca el sentido de recreación religiosa de este poema:

> La misión de la poesía es forzar la revelación de lo absoluto. Cuando lo absoluto se manifiesta, para el poeta el camino es trascenderse a sí mismo, subir más alto que sí mismo para participar en la plenitud del universo [. . .] ¿Siendo la creación entera un despliegue del Nombre divino, según la tradición cabalística, no sería el poema el lugar de la unidad de los nombres? Nombrar es anudar. Por el acto de dar nombre el poeta participa en la creación, que es cumplimiento de semejanza. En el comienzo estaba el Verbo que era semejante a Dios. Escribir será, en tal caso, seguir bajo las palabras el rastro de la Palabra, buscar en el poema la Palabra perdida, la luz del primer día. (López de Castro 1993: 32)

El poeta pues, combina la habilidad divina con la palabra y el lenguaje adánico que da identidad. El doble sentido creador se concreta en la unidad entre la creación y el creador, Dios y la naturaleza, poeta y poema, poeta y naturaleza. Por otro lado, la palabra creadora, así como el Verbo divino, aspira a ser eterna, oponiéndose a lo caduco (la parte caduca, mutable) de la naturaleza. Así lo decía Salinas en su discurso, y así se observa en el poema 'Los nombres' de Guillén (1996: 101), en que las palabras aparecen como entes eternos, gracias a los cuales el poema puro sobrevive, es el antídoto frente al tópico poético del paso del tiempo.¹² De nuevo la idea platónica de la que ya hablábamos al referirnos a Coleridge, confirmada esta vez por el editor del poema, que afirma en nota al pie de página explicativa: 'El poeta es un resucitador de las cosas, a las cuales llama por su nombre cuando las ve. [...] — Como Adán denominó a los animales en el paraíso —' (101). Salinas, por su parte, sigue en la misma línea de Juan Ramón y Guillén. En el paradigmático poema 'Los pronombres' de *La voz a ti debida* (Salinas 1971: 243, vv.494-521), el poeta madrileño incide en los tres puntos ya mencionados: la concreción y entidad única de cada palabra, a su vez, la universalidad de dicha palabra y su eternidad, todo esto por medio de la pureza, del despojarse de lo superfluo. Mediante la metáfora de la palabra que se disfraza y que se desnuda (equivalente a la voz que se desnuda en Champourcin 1991: 141), el poeta logra transmitir la singularidad de la palabra exacta en el mundo, en la naturaleza, que hace innecesario cualquier adjetivo: la palabra que realmente *es*, no puede ser otra cosa, no engaña, es verdadera y es vida.

La evolución que he venido proponiendo, no se da, como se ha visto en las últimas secciones, de forma lineal, según la cual un movimiento engendra otro y se separan. La conjunción del Romanticismo — que en realidad nunca desaparece —, el simbolismo y la poesía pura hacen posible, junto a otros factores, el creacionismo que se tratará a continuación. Como ya podemos imaginar, la intención, en cuanto a la función de la palabra, va a ser muy similar a lo que ya se ha detallado en este capítulo.

Trascendentalismo y creacionismo: Huidobro y Gerardo Diego

A pesar de la breve vida de las vanguardias españolas como tales, la importancia del creacionismo y su estela se extienden en los autores del veintisiete más allá de la aventura ideada por Vicente Huidobro en 1914. Gerardo Diego afirma al respecto poniendo de relieve la importancia de Huidobro en las letras españolas: 'Directamente o a través de Larrea o de algún otro discípulo directo, algo de lo mejor de Fernando Villalón, de Rafael Alberti, de Pablo Neruda, de Leopoldo Marechal, de Federico García Lorca, de otros poetas de lengua española y de otras lenguas procede de fuente huidobrina' (Huidobro y Undurraga 1967: 94). Otros personajes del momento destacaron la importancia que Huidobro tuvo en los jóvenes poetas del veintisiete, entre ellos Cansinos Asséns, quien tras el paso de Huidobro por España de julio a noviembre de 1918 procedente de París, se refiere a su estancia como 'el único acontecimiento de mil novecientos dieciocho', y sigue en un artículo posterior 'El paso de Huidobro por entre nuestros jóvenes poetas ha sido una lección de modernidad [...] ha venido a descubrir la senectud del

---

[12] Como destaca Carolyn Pinet, en la segunda parte del poema, el poeta crea y habita un Paraíso terrenal, aún refiriéndose al mito del Génesis (Pinet 1979: 49), lo cual conecta con lo que se decía al inicio del capítulo sobre el panteísmo romántico de Wordsworth.

ciclo novecentista y de sus arquetipos' (Soria Olmedo 2007: 29, 32). También Juan Larrea se hace eco de la importancia que tuvo el chileno en las letras españolas en una carta a David Bary de 1953:

> Vicente importó a Europa un entusiasmo juvenil de cepa americana, que la literatura europea desconocía por completo. [...] Por medio del ultraísmo, nacido a su calor, ese su entusiasmo de Nuevo Mundo prendió en Europa y se propagó a toda la poesía nueva que directa o indirectamente le debe no poco. (29)

El aire de modernidad, la idea de la poesía como medio de creación real a través de imágenes y metáforas audaces, y el simbolismo y cubismo poético, influyeron a corto, medio y largo plazo a los escritores del momento, y a los que habrían de surgir algo más adelante, aunque como ocurriera posteriormente con el surrealismo, la mayoría menos Diego y Larrea negaran tener vínculo alguno con el Creacionismo. En concreto Philip Silver estudia el alcance del creacionismo en la poesía de Pedro Salinas en la cual, según él, está profundamente arraigado — si no en la poesía temprana, aún fiel a la estética juanramoniana, sí más adelante — y compara con bastante éxito en mi opinión las similitudes entre el discurso de Vicente Huidobro sobre el creacionismo en el Ateneo madrileño en 1918 y la conferencia dada en Vermont en 1937 por Salinas ya mencionada en este capítulo, 'La realidad y el poeta'. Además nombra como libros creacionistas *Seguro azar* y *Fábula y signo* y extiende la influencia a todos los del veintisiete que acogen la imagen creacionista de Huidobro y su libro *Ecuatorial* (1918) como inicios de una poesía radicalmente nueva a la que aspiraban (Silver 1985: 128). De este modo vemos que la poesía de Huidobro trajo bocanadas de aire fresco e inspirador a los jóvenes de la generación del veintisiete y que sería asimilada dando pie a rasgos de la poética de los distintos autores. Así pues, a pesar de que Huidobro no formara parte del grupo, considero fundamental estudiarlo aquí junto a Diego y Larrea, e incluso por encima de éstos, como uno de los impulsores de la idea de la creación por medio de la palabra en los del veintisiete; y es que, como afirma Eduardo Mitre, 'El mito de la creación es el centro motor que rige la poesía de Huidobro. Consubstancia su concepción del 'poema creado' se expresa su aspiración a una palabra primigenia, a un verbo original' (Mitre 1980: 25).

La teoría creacionista de Huidobro no surge *ex-nihilo*: se proyecta hacia delante; por mucho que Huidobro reniegue de padres, el propio movimiento es proyección de otros anteriores ya referidos en este capítulo y que Benjamin estudiaba a propósito de los románticos alemanes. Pedro Aullón de Haro llama la atención sobre la similitud de la idea central creacionista de 'antimímesis' con algunos postulados de Coleridge y Shelley, es decir, de románticos ingleses, y de la vinculación de Huidobro con el simbolismo en sus inicios (1986: 50, 56–57). Podemos percibir esta herencia de tradición romántica en las palabras de

Huidobro en el Ateneo de Madrid en 1921, donde da una visión bastante reconocible acerca del lenguaje poético y de la misión del poeta:

> Aparte de la significación gramatical del lenguaje, hay otra, una significación mágica, que es la única que nos interesa. Uno es el lenguaje objetivo, que sirve para nombrar las cosas del mundo sin sacarlas fuera de su calidad de inventario; el otro rompe esa norma convencional y en él las palabras pierden su representación estricta para adquirir otra más profunda y como rodeada de un aura luminosa que debe elevar al lector del plano habitual y envolverlo en una atmósfera encantada. [. . .] Las palabras tienen un genio recóndito, un pasado mágico que sólo el poeta sabe descubrir porque él siempre vuelve a la fuente. (1967: 105)

Observamos que habla de 'significación mágica', que recuerda fácilmente a la *Sprachmagie* de Benjamin de la que se hablaba al principio del capítulo y que Benjamín estudiaba a propósito de los románticos alemanes. También podemos reconocer el papel especial, casi de 'medium' que otorga Huidobro al poeta, en diversos escritos del Romanticismo, y en concreto en *A Defence of Poetry* de Shelley:

> But Poets, or those who imagine and express this indestructible order, are not only the authors of language and of music, of the dance and architecture and statuary and painting; they are the institutors of laws | & | the founders of civil society and the inventors of the arts of life and the teachers, who draw into a certain propinquity with the beautiful and the true that partial apprehension of the agencies of the invisible world which is called religion. (2003: 677)

Además, Huidobro habla de un 'pasado mágico' de las palabras, un significado histórico que nos devuelve a la introducción, en la que hablábamos de Ricoeur y de cómo el mito acumula significados a lo largo del tiempo, de manera que parecería que Huidobro está hablando de una 'palabra mítica'.

Más conocida y estudiada es la influencia del trascendentalismo emersoniano, que reconoce el propio Huidobro en el prefacio a *Adán* (1964: 225-26) y confirma su discípulo Diego con ciertas reservas (1968: 532).[13] Dichas reservas las justifica Mireya Camurati en un artículo llamado precisamente 'Emerson y el Creacionismo'. En él Camurati destaca la recepción limitada que habría tenido Huidobro de Emerson, y por tanto la visión sesgada del trascendentalismo, del que tomaría solo partes muy concretas y en gran medida descontextualizadas, puesto que sus lecturas fueron en las versiones francesa y española (1980: 143). Los fragmentos que más importancia tuvieron para Huidobro según Camurati son lógicamente aquellos que se relacionan con el papel y función del poeta,

---

[13] Norma Angélica Ortega resalta la influencia de dos ensayos de Emerson 'Naturaleza' y 'el Poeta' en el pensamiento de Huidobro, quien tomará la idea de que la naturaleza no debe ser copiada sino trascendida y la idea del poeta como ser completo capaz de mostrar realidades al resto de los mortales (Ortega 2000: 193-96).

haciendo hincapié la crítica en la descontextualización de las frases de Emerson adaptadas para el uso y disfrute de Huidobro (144).

Es importante para nuestro propósito una de las frases que descontextualiza y luego reproduce Huidobro: en el último párrafo del ensayo 'Naturaleza', leemos 'Construid, pues, vuestro propio mundo. [...] Entrará al reinado del hombre sobre la naturaleza, que no proviene de la observación — un dominio que ahora trasciende su sueño de Dios — ...'. La recreación de Huidobro la leemos en *El espejo de agua*: 'sólo para nosotros | viven todas las cosas bajo el sol' (Huidobro 1964: 255, vv.17–18) e 'inventa mundos nuevos' (v.6) La idea, tan importante en el Creacionismo, procede originalmente de la propia Biblia. En el libro del Génesis encontramos por primera vez la idea del mundo creado para el hombre (Génesis 1. 26–29; 2. 15–17; 19) y la necesidad de que el hombre 'construya' su propio mundo, adaptándolo a él, dándole nombre y entidad a sus ojos, por medio del lenguaje adánico que explicaba Walter Benjamin y mencionábamos en páginas anteriores de este capítulo.

La forma de crear el mundo debe hacerse por medio de la palabra poética, de la novedad formal, dada la patente crisis del lenguaje que ya no sirve para crear. Esta idea también parece llegar a Huidobro de mano de Emerson, como afirma Mireya Camurati (1980: 144). El asunto me parece relevante en cuanto a que ya, al principio del proceso en España, existe la conciencia del mismo, llegada desde otras culturas; ante la decadencia del lenguaje, lo que se intenta es transformarlo, quitarle el polvo a la palabra, buscar nuevas combinaciones haciendo que brille, combatir esa decadencia del lenguaje con el propio lenguaje. Este intento queda patente en la confesión de Gerardo Diego: 'Vicente me dijo que había estudiado la función de cada categoría gramatical como célula del poema creado' (Diego 1968: 541). En el mismo artículo resume Diego la esencia del poema creacionista de Huidobro, que será lo que quede en la huella que pasará al resto de poetas, como decía al principio de la sección:

> Un poema creado no es un poema antirrealista, al contrario, es un poema intensamente realista — o, mejor dicho, real — con una realidad acrecentada y magnificada que en la realidad de la vida pierde sus raíces. Bastaría que un poema creado, que al pie de la letra no puede justificarse como reproductor de diversas y sucesivas apariencias reales verso a verso, tuviese sin embargo a través de su disparatada conexión de imágenes y de palabras una capacidad objetiva de emocionar a varios lectores, a un solo lector, y de emocionarle con el mismo 'color' de emoción y exactamente en los mismos parajes del poema que le hicieron sentir la emoción primigenia al poeta, para que estuviera ya demostrada la comunicación de la creación poética... (540).

En cuanto a la propuesta de que el poema logre una 'capacidad objetiva de emocionar al lector', Huidobro y Diego lo aplican al crear por medio de mitos, de referencias comunes a toda una comunidad, valga la redundancia, para que el lector sea capaz de percibir y comprender la emoción del poeta. He aquí el quid de la cuestión. Los poemas que propongo a partir de aquí, no solo asumen la tarea creadora de Dios en el Génesis, sino que aprovechan la historia y el conocimiento compartido de los mitos, incluyendo mitologemas que despierten la empatía del lector, construyendo significados (sentimientos no tangibles) en su mente. De los postulados de la poesía pura continúa la cuidadosa selección de vocablos y la eliminación de retórica superflua, como indica Huidobro en su 'Arte poética':'Inventa mundos nuevos y cuida tus palabras | el adjetivo cuando no da vida, mata.' (Huidobro 1964: 255, vv.6–7). Aquí Huidobro expone ideas muy similares a las que se acaban de comentar en Gerardo Diego, instando al poeta a que lo sugerente de su verso abra puertas en la mente del poeta, y cree:

> Que el verso sea como una llave
> que abra mil puertas
> [...]
> cuanto miren los ojos creado sea
> (vv.1–2, 4)

Tras Huidobro, el más destacable autor de poesía de creación es Gerardo Diego. No tendría demasiado sentido comenzar a elucubrar sobre la teoría poética de Gerardo Diego cuando él mismo la expone tan clara en sus poemas y sus comentarios. Tomamos como ejemplo conveniente para nuestro fin el último poema del libro *Imagen* (Diego 1989: 95). Teniendo en cuenta solo el título este, 'Creación', ya se advierte el parangón que se hace con el libro primero de la Biblia. En el poema se intenta despertar en el lector una idea lo más similar posible a la que tenía el poeta mediante retazos de conocimiento compartido (mítico). Se quiere explicar la creación del poema y se evoca el Génesis bíblico de forma directa e indirecta: el verso 17, 'En el principio era ...', hace referencia a la 'creación mediante palabras', mezclando el comienzo de la primera frase del Génesis 'En el principio crió Dios el cielo y la tierra' y de la primera frase del evangelio de Juan: 'En el principio era el Verbo'. La conjunción de ambos pasajes, que Diego deja por completar en su poema, une creación y *logos* (Verbo). El poema no lo dice, no afirma cómo hay que rehacer la creación, pero habla de la página en blanco, del Génesis como libro, y del Verbo. Esta perspectiva etimológica de poesía como 'creación' en el sentido griego aristotélico de ποίησις, ilumina el significado de las palabras de Diego acerca del lenguaje poético, cuando afirma que 'Sin palabras no habría poesía, en el más recto y hondo sentido de la palabra "poesía"' (Diego 964: 531). El mensaje final del texto parece ser que si creación ha de ser siempre palabra, palabra no es siempre creación. Es necesaria la intervención del poeta que una vez más se convierte en 'Pequeño Dios' como en el verso de Huidobro en la mencionada 'Arte poética'. Arturo del Villar menciona dicha conversión del poeta en Dios en su comentario al poema que nos ocupa: 'Si en el *Génesis* se relata la creación del universo por medio de la palabra divina, el poeta se diviniza en cuanto crea con su palabra mundos originales. De modo que la palabra está sacralizada como instrumento poético, al convertir al dios en poeta' (1996: 7). Pero según los versos de Gerardo Diego, el poder de la palabra no consiste únicamente en su capacidad creadora, sino en los significados que esa palabra ha acumulado. No usa palabras nuevas, toma las antiguas, 'los tablones rotos', 'los mismos ladrillos', 'las derruidas piedras' y las reutiliza. Estas palabras desubicadas, descontextualizadas y reutilizadas por el poeta para crear algo nuevo, son a menudo, y como se indicaba en la introducción, mitemas (Lévi-Strauss 1955: 431) en el sentido de que han sido partes del mito y en el poema son nuevamente reconocibles como parte de aquel mito, de la misma manera que se reconoce fácilmente el significado histórico-mítico del último verso del poema 'Creación': 'En el principio era . . .', como perteneciente al archiconocido texto bíblico, y también comprendemos que los días de la semana en el mismo poema encierran un significado mucho más allá de su simple enunciación. Se comprende que cuando Diego exhorta a los poetas diciendo

> creemos nuestro lunes,
> nuestro martes y miércoles,
> nuestro jueves y viernes

recupera las etapas de creación del mundo en el Génesis, con cada uno de los seres y partes del universo creados en cada uno de los días. La profundidad de las palabras está perfectamente calculada en su impacto en un público conocedor de la Biblia de forma directa o indirecta, que entenderán cada una de las referencias con su apropiada carga histórica y cultural. Así Diego, ante la crisis de la palabra convencional, crea nuevos mundos gracias a la palabra mítica, siguiendo en este mismo proceso otro mito: el de la creación bíblica.

A pesar de declararse especialmente hijo del simbolismo y el Romanticismo (Márquez 1996: 7), muy en sintonía con lo que afirmábamos de Huidobro, Gerardo Diego encuentra una expresión muy personal en todo lo que hace, siendo más que epígono, asimilador del creacionismo y abanderado de la causa de la palabra poética. Su primer libro vanguardista es *Imagen*, con versos escritos entre 1918 y 1921. El título del poemario anuncia algunas de las que serán sus características: el poema no refleja, el poema es la imagen en sí, el hecho creativo que llega reluciente. Cada poema del libro recopila una colección de imágenes que apelan a conocimientos culturales varios, que en su combinación y nueva forma, provocan en el lector una sensación cuasi-física, como describía Diego en la definición del poema creacionista. Sin embargo, en la práctica, el proyecto de Diego no es tan amplio y ambicioso como el del resto de creadores de su grupo: al ser un poeta ecléctico que combina vanguardia y clasicismo literario español (en especial Renacimiento y Siglo de oro), en su época creacionista se limitará a crear 'pequeños mundos', sin preocuparse tanto por la proyección de su psique en una naturaleza creada a su imagen y semejanza con palabras. Su proyecto no será total, sino más bien experimental al crear mundos por medio de imágenes, buscando la evocación del lector de una forma más impersonal que por ejemplo Cernuda. Valga 'Tauro' (Diego 1989: 75) como ejemplo de lo dicho:

> Tauro. Potencia. Vigor.
> Sangra, escarba, muge, topa.
> Tauro es Júpiter raptor,
> Sobre tus lomos, Europa. (vv.1-4)
> Tauro todo lo enrojece (v.12).

El poeta crea la imagen mediante una acumulación semántica, que consigue apelando al conocimiento enciclopédico y al inconsciente colectivo por medio de mitos diversos. Para Diego, la lectura del poema ha de ser la creación de una imagen en el lector, que le permita una libertad de interpretación como la que tuvo el poeta al crearla, como él mismo afirma en el artículo 'Posibilidades creacionistas' de 1919 (Díez de Revenga 1996: 36).

La imagen poética crea pequeños mundos sensoriales, como ocurría en los poemas de Sagi, Cernuda o Pedro Salinas. Según Roland Barthes en su *Retórica de la imagen*, la imagen visual es ciertamente un elemento más abierto a la interpretación que quizá la palabra, por la auto-obligación que contrae esta de autocontextualizarse; dice literalmente que una imagen 'implica, subyacente a sus significantes, una variedad de significados entre los cuales el lector puede elegir algunos e ignorar los otros' (Barthes 1976: 4). La creación de imágenes en el poema pues, sería creación por partida doble: por el lado del poeta y por el del lector que percibe un significado u otro. Y además da la oportunidad de inculcar en esta polisemia y variedad de significados, significados míticos, intrínsecos a la palabra si vista desde una perspectiva diacrónica, que estarían limitados si dicha palabra se ubicara en un discurso convencional, puesto que perdería matices individuales. Para la creación de estas imágenes, Diego se aprovecha de otras corrientes, como decíamos más arriba, potenciando la pluralidad de significados y sensaciones creadas en el lector.

Conclusión

Partiendo de los románticos ingleses y alemanes y teniendo en cuenta las ideas sobre la representación y la escritura de Schopenhauer, he intentado en este capítulo resumir de qué tres modos adoptan y adaptan los del veintisiete el mito de la creación del mundo del Génesis a su poesía. La mención no siempre es explícita, y hemos de tener en cuenta que la teoría suele pasar filtrada por diferentes movimientos posrománticos europeos, pero hay varios aspectos comunes a todos ellos: en primer lugar, a pesar del origen romántico de la idea, los poetas del veintisiete dan una gran importancia a la elección de las palabras que utilizan para construir. El léxico utilizado para transferir parte del yo poético a la naturaleza, como veíamos en la primera sección, está cuidadosamente escogido, dado que han de ser las palabras exactas y no otras las que construyan la idea que quieren transmitir, por lo que prima la estructura y la elección del léxico sobre la inspiración. Esta tendencia es obviamente común a los poemas 'puros', en los que se han de utilizar las palabras mínimas y justas, propugnando la poesía 'desnuda' como hiciera Juan Ramón, y también se observa la tendencia en el creacionismo, en el que 'el adjetivo, cuando no da vida, mata'. Aunque sea cierto el hecho de que prima el cuidado en la construcción mental del poema, debemos tener en cuenta que la mayor parte de las veces los poetas no son fieles a un solo movimiento o a una única tendencia, con lo que el tema de la elección de la palabra justa que dé 'vida' al poema, es parte de la construcción del rol del poeta, de la justificación de su papel en la sociedad, para lo que en un primer momento se autopublicita como 'pequeño dios creador de universos'. Así llegamos al segundo punto en común entre todas las formas de utilización del mito creador: la autodescripción del poeta como dios, para lo que la comparación de la construcción del poema con la creación del mundo es un instrumento muy valioso, en especial a la hora de transmitir esta idea al público lector. La esperanza de que esta táctica les aporte un papel en la sociedad les llevará a producir una poesía más social, como se verá en el último capítulo.

Por último, en todos ellos la creación se produce a partir de materia ya existente: los 'tablones rotos' de Gerardo Diego aparecen también en Altolaguirre, Mulder y Sagi, dado que reutilizan un estilo de paisaje panteísta que habían usado en el siglo anterior los románticos y más cercanos a ellos en el tiempo, los del noventa y ocho; aparecen en los intentos de Poesía pura, ya que su utopía de alcanzar un lenguaje puro originario, un lenguaje adánico es imposible; utilizan el lenguaje habitual despojado de artificios, así que simplemente intentan dar un uso diferente a las palabras de siempre y aparecen en el creacionismo donde, como veíamos, no solo se utilizan referencias a mitologías antiguas, sino que también usan referencias literarias obvias a otros autores. En última instancia esto nos lleva a la reutilización de un mito ancestral — el de la creación por medio de la palabra — en los intentos renovadores y creadores de todos los poetas. La reconstrucción mediante 'piezas' que ya existían da la imagen de una creación diferente a la que se proponían en un principio: los poetas no pueden ser nunca dioses creadores *ex-nihilo*, y se acercan en la práctica a una concepción más bien aristotélica de la creación del universo, es decir, que el platonismo romántico se confunde con el aristotelismo en el que la materia existe, la palabra, el paisaje, el mito, son creación en potencia, y el poeta solo tiene que actualizarla para que se convierta en 'acto', en realidad, en poesía y en creación.[14]

---

[14] Me refiero a la idea de Aristóteles de la imposibilidad de la creación ex-nihilo, y de que Dios más que creador absoluto dio forma a la masa del universo. Asimismo, los poetas no crearían de la nada, sino que moldearían la masa de la realidad. Por otro lado, el platonismo al que me

La oscilación entre movimientos y pensamientos filosóficos hace sospechar del nivel de convicción de los poetas en su poética, y nos orienta a desconfiar de todo el montaje de la palabra creadora como un recurso literario. Al fin y al cabo, las declaraciones al respecto de Cernuda en 'Palabras antes de una lectura' de 1935, no suenan ya muy convencidas del poder mágico de la palabra, aunque siga presentando al poeta como un ser privilegiado por encima de la mayoría de los mortales (Cernuda 1994a: 605). Este cambio de actitud y la entrada en descrédito de la palabra y la poesía se estudiará en el próximo capítulo.

---

he referido a lo largo del capítulo consiste en la idea de los poetas de la existencia de un mundo perfecto imposible de percibir para el hombre común, al que el poeta puede acceder y reflejar algo de él para que el resto de hombres perciban una parte de esa 'realidad alternativa' por medio de su obra.

CAPÍTULO 2

~

El Paraíso Perdido

> Ir de nuevo al jardín cerrado,
> Que tras los arcos de la tapia,
> Entre magnolios, limoneros,
> Guarda el encanto de las aguas.
> (Cernuda 2005: 297, vv.1-4)

A pesar de que Mircea Eliade considere la nostalgia del Paraíso como una de las más antiguas formas de misticismo (1987: 186), es un mito hoy inevitablemente asociado a la modernidad y no limitado a la literatura: como afirma Pere Pena, 'la historia de la literatura confirma que los poetas han tejido sus versos con ese 'hilo desmadejado' de una sociedad moderna en permanente crisis' (Pena 1994: 76). Gemma Márquez Fernández relaciona esta crisis con la 'caída de todas las seguridades racionalistas' que se da con el fin del siglo XIX (Márquez Fernández 2010: 187), incluida la seguridad sobre 'la capacidad del lenguaje para recoger lo más vivo de la realidad sin que ésta quede fosilizada en la palabra' (187) de la que se hablará más adelante. Sin embargo, como se intentará demostrar a lo largo de este capítulo, la caída de las seguridades y la duda respecto a la capacidad creadora del lenguaje surgen antes del fin de siglo en diversas partes. Como sabemos, sitúo el inicio de la modernidad y de las preguntas correspondientes en el centro de los Romanticismos europeos, el lugar en el que la literatura empieza a reflejar el sentimiento generalizado de pérdida del Paraíso en la sociedad moderna. Russell P. Sebold confirma el sentimiento de crisis del autor romántico y obviamente de sus obras, relacionándolo con el proceso de secularización del mundo:

> En el concepto que el romántico tiene, ya de sí mismo, ya de su personaje, se asocian estrechamente desde el setecientos, la falta de fe en la religión tradicional, el deísmo materialista, y el sufrimiento de los nuevos y mal comprendidos mesías filosóficos de la ilustración; y de ahí que, sintiéndose rechazados, los primeros agonizantes de la nueva visión romántica metaforicen su martirio con lenguaje seudorreligioso. (Sebold 2010: 93).

En realidad Márquez Fernández tampoco se equivoca: como vengo describiendo desde la introducción, a pesar de que la crisis inicial que impulsa la modernidad se sitúe en el Romanticismo, el proceso completo es cíclico, con lo cual también la crisis se repite en diferentes momentos y lugares, por diferentes causas (o tomando diferentes excusas), dando lugar a los textos sobre la pérdida del paraíso, que metaforizarán diversos aspectos de los momentos previos a cada una de las crisis.

Interpretando el mito desde el punto de vista más literal, podemos decir que el hombre en la ciudad se ve expulsado de la naturaleza, con la que ya no puede identificarse. El origen de esta sensación aparece en la Biblia: como señala Blekinsopp, su historia comienza con un jardín y acaba con una ciudad (Blenkinsopp 2001: 35-44). Así como el jardín es creación de Dios, la ciudad, a excepción de la Jerusalén Celeste, es creación del hombre, y en ese sentido, nido de miserias, de traiciones y de aberraciones, y por tanto, objeto de las iras de Jehová y del sufrimiento de los hombres. Especialmente en las profecías de Isaías y Jeremías, encontramos un mensaje antiurbano y a favor de la ruralización. La 'ciudad del caos' como la llama Isaías, sin dar un nombre concreto al objeto de sus iras, es, según Carroll (2001: 49-50), el paradigma de todas las ciudades, puesto que todas tienen de alguna manera el 'espíritu de Babilonia' que el propio profeta vio.

Ya en la modernidad, según Catherine Bellver (1983: 542), el escenario urbano que propició la revolución industrial tenía el doble efecto de aterrorizar y atraer a los artistas a la vez. La atracción por la 'forma' de la ciudad consistiría en la fascinación de las vanguardias originales por la geometría y el ritmo trepidante de la urbe, por su forma grandiosa, moderna, de formas puras y rectilíneas y sumida en la rapidez, como admiraron diferentes poetas en los años 10 y 20, y en especial futuristas y ultraístas. Forma que imitaron o con la que se podían identificar poemas puros de Guillén (como 'Ciudad del estío'), algunos de los ultraístas como 'El tranvía' de Xavier Bóveda (1919) o los de *Manual de espumas* de Gerardo Diego.

El horror por 'el contenido' constituiría la otra cara: todo lo que se da en la ciudad es fugaz al ser siempre nuevo; por tanto, cuando deja de ser nuevo deja de existir, lo que pone al artista en relación con su propia fugacidad y con su papel en la sociedad, (Ortuño Casanova 2010) puesto que — si como dice Paul De Man — hay un desfase inevitable entre lectura y escritura de modo que cuando se lee algo el momento en que la escritura era vigente ya ha acabado, el papel del autor tiene muy poco sentido en la sociedad urbana, al estar su receptor siempre desfasado en un tiempo de necesaria actualidad (De Man 1993). Esto se justifica con el planteamiento de Magno Da Silva acerca del nacimiento del tiempo social a partir de la modernidad, un tiempo que 'contiene el envejecimiento y la muerte de todo lo que es nuevo por definición' (Magno da Silva 2002: 187). Teniendo en cuenta el terror a lo efímero del que ya se ha hablado, podremos entender que se refleje en las poesías la vida en la ciudad como un castigo, como la exclusión de un Edén donde todo era eterno y no había percepción del paso del tiempo.[1]

Hay otra forma de terror en la ciudad: la alienación del sujeto que deja de ser tal para ser parte de un colectivo, perdiendo su identidad. Esto no ocurría en el Paraíso de la naturaleza en que cada cosa tenía su nombre (Génesis 2. 19-20). A partir de *La Nouvelle Éloise* de Rousseau, considerado por muchos la obra fundadora de la modernidad literaria, la ciudad se representa como un elemento turbador para los sentidos que condena al olvido del yo y de las raíces (Pena 1994: 77). A pesar de que la modernización no llegara a España en las mismas condiciones que la de, por ejemplo, el Reino Unido en cuanto a urbanización e industrialización, la mayor parte de los poetas y pensadores del veintisiete, exiliados o no, han tenido contacto con la gran ciudad, incluyendo Madrid, y han expresado alguna de las formas de alienación. Casos significativos son el de Alberti, quien sintiéndose encerrado en Madrid, sueña melancólico con el mar gaditano en *Marinero en tierra* de 1924, o el de Lorca, quien narra su experiencia de alienación en *Poeta en Nueva York* y en la conferencia que sobre ella pronuncia, en la que define la ciudad como 'Geometría y Angustia', justificando a su manera la contradicción en las percepciones de la ciudad como atracción por la forma y repulsión por el contenido. En general, y como vuelve a afirmar Bellver, la modernidad genera una dialéctica en la que el jardín o el parque se identifica con el Paraíso y la ciudad con el infierno (Bellver 1983: 542).

Por otro lado, la expulsión del Paraíso se relaciona con la secularización europea y el nihilismo nietzscheano que han robado a los hombres la posibilidad del Edén: Dios ha muerto y su Paraíso, también. El imperio de la razón niega la posibilidad de la revelación y de Dios, y le quita a la vida cualquier sentido teleológico, y por tanto elimina el Paraíso como posibilidad (Gillespie 1995: xiii). Desde Nietzsche y debido a su rechazo de la moral cristiana como hipocresía cuyo fin radica en la supervivencia de los débiles, el Paraíso tiende a ser un espacio corrupto que se opone al triunfo de la voluntad de poder. Los autores desde el Romanticismo representarán a menudo un Paraíso en decadencia que oculta pesadillas, o bien expresarán la nostalgia por aquel Paraíso que nunca más podrá ser, y por la época de inocencia en que pensaron que su vida y su obra tenían un propósito. El poeta no podrá dejar de representar dicho Paraíso, a pesar de la conciencia de su inexistencia, en un acto de melancolía masoquista.[2]

---

[1] Entre las diversas causas de la alienación del hombre en los poemas se encuentra la ciudad o la percepción de la ciudad. Sin embargo, debo destacar que en la alienación real del individuo en la sociedad moderna influye la aplicación de ideologías tales como el marxismo, que define la sociedad no como individuos sino por clases, en las cuales los individuos son meras expresiones de la 'conciencia de clase', o el fascismo que superpone la idea de Patria o Raza a la del individuo, entre otras.

[2] Afirma Oteo Sans que precisamente dado el laicismo de principios del siglo xx, herencia del pensamiento liberal según él, en la generación del 27 no se cultiva la poesía religiosa (Oteo

La caída general se produce por la fugacidad de lo nuevo en la modernidad, la alienación a la que es sometido el sujeto en la ciudad y el descrédito de la idea de una vida futura apacible. Esta se acaba convirtiendo en mito por excelencia de la modernidad. Ahora bien, de esa caída general, surgen en los diferentes poetas pequeños ecos personalizados: los del veintisiete expresarán — y basándome en la obra de Zubiaur sobre Luis Cernuda digo que también construirán — sus propios dramas personales por medio del mito general, tomándolo como prototipo para su representación (Zubiaur 2002). Así pues, mientras el Paraíso perdido para unos será la infancia, para otros será el amor, o el placer o la fe, y muy a menudo todo junto, en forma de nostalgia no del todo definida y que toma diferentes aspectos dependiendo del origen que le atribuya el poeta correspondiente.

Para abordar este tema tan amplio, dividiré el capítulo en tres secciones principales: por un lado se hablará de la representación del Paraíso y la proliferación de jardines-paraíso en la modernidad, de dónde viene la tradición y qué ha representado el Paraíso en la literatura y en la filosofía. A continuación se hablará de los distintos aspectos de la Caída: qué implica en los autores y en sus obras. Por último me aproximaré una vez más a la representación del Paraíso, ya como algo perdido, y a la melancolía con la que se representa la pérdida, utilizando para ello la teoría de Freud sobre la nostalgia y teniendo en cuenta que el autor suizo estaba muy en boga en la época de escritura de los poemas que propongo.

¿Qué es el Paraíso?

A partir de la descripción original del jardín del Edén tal y como aparece en el Génesis (2, 8–10, 15–17), los diferentes elementos que lo forman han sido objeto de diversas interpretaciones a lo largo de la historia, y el lugar se ha recreado según los gustos y las filosofías de las distintas épocas. En principio podemos distinguir algunos elementos icónicos que servirían para identificar el Edén. Primeramente es un jardín, palabra que, según el *DRAE*, procede del francés antiguo *jart*, con el significado de huerto, y este a su vez del franco *gard*, cercado, es decir, que implica vegetación (árboles frutales, especialmente) y un lugar cerrado. En segundo lugar, contiene el Árbol de la Vida, que otorga el don de la eternidad, y el Árbol de la Ciencia del bien y del mal, que otorga la sabiduría. Sabiduría y eternidad son atributos de Dios, por lo que son prohibidos para el hombre. En tercer lugar, hay un río que corre.

Sans 2010: 325). Como adelantaba en la introducción, la línea liberal laicizante en cierta manera no se detiene desde el Romanticismo. La religiosidad de los poetas es como mínimo heterodoxa, pero ello no impide que sí que utilicen e interpreten los textos religiosos con fines expresivos o de otra índole.

La tradición ha dibujado este lugar como una región idílica en el que el hombre no se tiene que preocupar por nada, está seguro y es ajeno a los peligros que entraña el mundo exterior, identificándose en la tradición literaria cristiana con el *locus amoenus* clásico, un lugar común que se ha funcionado de arquetipo aplicándose a diversos elementos de comodidad y de protección. Afirma Cantor que en los románticos británicos, la recreación del mito del Paraíso perdido tiene su fuente en la obra de Milton, *Paradise Lost*, y en los escritos de Rousseau (Cantor 1984: 1-5).

Los poetas del veintisiete, siempre a caballo entre tradición y vanguardia, eran conscientes de obras clásicas de la literatura española que fundían las tradiciones del *locus amoenus* y del jardín del Edén para retratar remansos de paz en que el hombre puede estar seguro, tranquilo y en comunión con la naturaleza. Así pues, retoman la imagen del Paraíso de la tradición romántica europea, pero también de la literatura clásica española desde Gonzalo de Berceo, que en los *Milagros de Nuestra Señora* retrata un *locus amoenus* con las características del Edén (Berceo 1852: 5-18), no solo literales sino también conceptuales, en el sentido de que es un lugar capaz de satisfacer todas las necesidades del hombre, hasta Fray Luis, en cuya 'Oda a la vida retirada' aparecen características semejantes a las descritas en Berceo (Fray Luis de León 2008: 45-50).

Debo destacar que los edenes poéticos suelen ser personalizados en la tradición clásica, experimentados por el yo lírico que narra sus sensaciones — el lugar es altamente sensual — en primera persona, de modo que al final, aunque coincida formalmente con el Edén bíblico, podría reducirse a una serie de sensaciones. Las representaciones idealizadas de la naturaleza tomando como ejemplo el jardín del Edén se multiplicarán a partir de la modernidad con el consiguiente distanciamiento del poeta y la naturaleza, y las representaciones tenderán a teñirse de cierta melancolía.

La tradición premoderna se mezcla con la moderna en los poetas del veintisiete. Veíamos en el capítulo anterior la importancia de la naturaleza como lienzo en el que se proyecta la psique del poeta para crear nuevos mundos. No sorprenderá pues la cantidad de representaciones de diverso carácter a partir del Romanticismo español, empezando por Bécquer (rima XIX, vv.9-12) y en especial en el modernismo hispánico, en que se dibujan jardines con tintes de Paraíso edénico como evasión de un mundo en crisis. Manuel Alvar escribe sobre la primera poesía de Juan Ramón, y en general sobre la poesía simbolista y modernista hispánica que:

> Para un poeta simbolista, el *jardín*, y cuanto pueda connotarse en torno suyo, no será otra cosa que trasunto de una intimidad que aspira a crear, o a crearse, un mundo bello. O con palabras que ahora nos afectan: 'Todo es mito, y el mito es progreso del hombre, puesto que es 'realidad májica [sic]'. Lo máximo conseguible en hombre y poesía'. (Alvar 1986: 94)

Es decir, que la creación de jardines como evasión deriva de aquel intento que se trataba en el capítulo anterior de crear paraísos en la tierra y por medio de palabras para así crear una realidad mítica paralela inmutable, perfecta y eterna, una 'realidad májica'. En dicha realidad mágica, el tiempo no pasa. De esta manera es como se observa, por ejemplo, en los primeros versos del poema de Juan Ramón, 'El oasis', de clara vocación modernista y que contiene una vez más, todos los elementos del Génesis (vegetación, fauna, agua), añadiendo los elementos de hombre y mujer desnudos identificados con los habitantes originales de dicho Edén, y la eternidad, puesto que la muerte y el dolor solo aparecen en la Biblia tras la expulsión del paraíso. La construcción de este jardín aporta la idea desde el título de un recinto acotado, un oasis, una mancha de verdor, remanso de paz, en medio de un desierto. Comparándolo con los fragmentos de Berceo y Fray Luis, comenzamos a percibir cierto distanciamiento personal con el Paraíso descrito, dado que la descripción, aunque aún llena de elementos sensoriales — con la adición de otros conceptuales como es la eternidad — se hace en tercera persona. Es decir, ya no es el yo lírico el que experimenta, sino 'el hombre y la mujer'.

Si hablamos de creación en los años inmediatamente precedentes a los de la poesía del veintisiete, es inevitable mencionar, como ya sucedía en el capítulo anterior, a Vicente Huidobro, quien tituló a su último libro antes de venir a España *Adán*. En él también utiliza el mito del Edén para construir un lugar de felicidad y protección. Merece la pena destacar el poema 'Adán ante los árboles' de 1916, en cuya primera estrofa vuelven a aparecer los elementos básicos del Edén, esta vez para recalcar el contraste entre el mundo de antes y de después de la caída. En esta ocasión se acentúan aún más las experiencias sensoriales y espirituales y se reduce la descripción objetiva del jardín.

Esto, en definitiva, me lleva a distinguir entre dos tipos de representación del Edén en la poesía moderna y más en concreto en la del veintisiete: una conceptual y otra literal. Por conceptual me refiero a representaciones que reflejan toda la paz del *locus amoenus*/Edén, pero que la trasladan a otro contexto que no es un jardín. Así ocurre por ejemplo, en Jorge Guillén. El vallisoletano hace un homenaje modernizado al tópico del *beatus ille* en su poema 'Beato Sillón', en el que no solo recrea un lugar de protección como es el hogar — en lugar del repetido huerto frutal — sino que también añade el elemento de ceguera que conlleva la inocencia en el jardín y la ignorancia de problemas externos a ese recinto cerrado de protección, como se ve en el verso 6/7 'los ojos no ven | saben.' Recordando el instante previo a que Adán y Eva perdieron su inocencia, mordieron la manzana y 'fueron abiertos los ojos de entrambos' (Génesis 3. 7); es decir, la representación conceptual es aquella en que el Edén aparece descrito por medio de las sensaciones y sentimientos imperantes en él, apartando por completo la descripción objetiva del lugar.

De otro modo, la representación literal es aquella que más o menos reúne los mismos elementos que encontramos en la descripción del jardín (árboles frutales, fuente, paz, sombra...). Como por ejemplo ocurre en 'Campo avizor' de Manuel Altolaguirre que describe a través de los ojos de una campesina las bonanzas de la vida en el campo mediante la composición de un paisaje edénico con árboles, río, cielo azul y sobre todo, con un ambiente de simplicidad, paz y lozanía como se suele atribuir al Edén antes de que el acceso al conocimiento complicara las cosas (Altolaguirre 2005: 46). El poema además insiste en la soledad de la campesina de forma positiva, lo que nos conduce a la autoafirmación del sujeto en la naturaleza y al contraste con la masificación de la ciudad. 'Campo avizor' es el último de los poemas de *Ejemplo* de 1927 en que el tono general es de melancolía y pesadumbre y soledad, esta vez en un sentido negativo, como vemos en el poema 'Separación', 'Mi soledad llevo dentro. | Torre de ciegas ventanas' (Altolaguirre 2005: 40, vv.1–2). A la luz del contraste entre 'Campo avizor' y el resto de poemas del libro, puede parecer que la descripción de ese Edén ajeno, perteneciente a una campesina (lo cual vuelve a contrastar con el resto de poemas en su mayoría escritos en primera persona) se haga con la añoranza de lo ya irrecuperable para él.

A pesar de que más adelante se mencionarán paraísos distópicos, tema que se desarrollará en el siguiente capítulo, de momento abordaré la pérdida del Paraíso como pérdida de la esperanza.

Representaciones del Paraíso en los del veintisiete

Considerando que el Paraíso en la poesía se concibe como un lugar en el que el individuo se siente seguro e inocente, se entiende que en la mayoría de los casos, dada la propia conciencia de ambas premisas, dicho Paraíso se retrate cuando ya está perdido. El referente del objeto perdido puede estar en diferentes elementos relacionados con las circunstancias del poeta o de su poesía. Antes de analizar aquello a lo que se puede referir el mito del Paraíso en la poesía, me dispongo a hacer un resumen destacando lo más relevante de lo que ha dicho la crítica al respecto hasta el momento.

Philip Silver divide a los componentes de la generación del veintisiete en andaluces y castellanos, división que según él afecta en mucho a su tratamiento del tema del paraíso: normalmente los andaluces — Cernuda, Alberti, Lorca, Aleixandre — tenderán a identificar en cierto momento el Paraíso con la Andalucía añorada de los buenos tiempos de infancia y paz. En relación con esto, José Luis Cano identifica el Paraíso de los poemas de Aleixandre, no con Andalucía en sí, sino en general con la juventud (Díez de Revenga 1988: 47). Así mismo, Derek Harris también encuentra cierta relación entre Paraíso e infancia en *Poeta en Nueva York* de Lorca (Harris 1977). La infancia sería, según esta interpretación, una época de inocencia cuya pérdida solo ha ocasionado dolor al poeta, que añora esa época de protección en la provinciana Andalucía de cuando eran niños, y achacan su sufrimiento a la sabiduría y al ansia de experiencias que les hizo salir del cascarón. Obviamente cada uno de los poetas tiene sus razones vitales propias, pero se acusa una fuerte nostalgia de la tierra natal, como la que decíamos que se percibía en Alberti con *Marinero en tierra* y cierto sentimiento de culpabilidad por la pérdida de la inocencia, quizá más destacable en Lorca. También Salinas, pese a no ser andaluz, recrea en *Razón de amor* aquel Paraíso de antes de la caída, la visión de la vida anterior como un lugar sin preocupaciones y en completa compenetración con la naturaleza, con una evocación, además, del lenguaje adánico del que se hablaba en el capítulo anterior:

> Es mucho más antiguo
> Lengua de paraíso
> Seres primeros, vírgenes
> Tanteos de los labios.
> (Salinas 1971: 353, vv.22-25)

Carlos Bousoño, sin embargo, refiriéndose a Vicente Aleixandre y su libro *Sombra del paraíso*, opina que la evocación del Paraíso es una creación visionaria del poeta, que una vez vivió en un lugar mejor y a veces lo recuerda, sumido en la tristeza de la vida actual (Bousoño 1956: 74-75). Pero también es en parte un concepto estético, en cuanto sublimación del ansia de pureza y elementalidad aleixandrino. En cualquier caso, la nostalgia sigue presente en la visión del Paraíso que, según Bousoño, Aleixandre compara a menudo con el mundo real y añora como una imposibilidad en poemas como 'Poderío de la noche' y 'Noche cerrada' (77). El tono nostálgico agudo que invade las representaciones del Paraíso se acercaría en la lectura estética del mito, como indicaba más arriba, a la decepción tras la ilusión juvenil puesta en la palabra creadora. La crisis de la palabra que se lleva mencionando desde las primeras páginas, se da cuando la ambición del poeta sobrepasa el supuesto poder de la palabra y deduce que la palabra no es capaz de expresar lo que el poeta es, ve, siente, percibe con sus sentidos de poeta. La caída, la desilusión, se debe a su conocimiento privilegiado del mundo, según su papel de poeta romántico, y lleva como conclusión la frustración y una época de oscuridad y caos que quizá podremos relacionar con las vanguardias.

Atendiendo a la disparidad de opiniones en la crítica en cuanto a qué representa el Paraíso en cada uno de los autores, se puede deducir que el tema es complejo. Personalmente no creo que haya una única solución: el mito general presente en la mayor parte de poemas de la modernidad literaria a partir del Romanticismo, acoge multitud de ecos, de experiencias personales y literarias, destacando las pérdidas de lugar de origen — identificables con una pérdida de la identidad personal que tiende a darse en la ciudad como se apuntaba al principio del capítulo — y las pérdidas de un tiempo idílico en el que el paso del tiempo y la proximidad de la muerte no eran una preocupación, como, insisto una vez más, sí que lo son en la vida frenética de la ciudad. El concepto del Paraíso proyecta en un lugar un conjunto de sensaciones añoradas por tenidas y perdidas, o simplemente lejanas por tratarse de simples construcciones nunca realmente experimentadas, que tienen en común el factor *inocencia* como estado previo a la conciencia de la realidad, de la ausencia de Dios, de la imposibilidad del amor, de lo irrealizable de la poesía y de la propia temporalidad, y que percibe este acceso al conocimiento como un castigo. El Paraíso es la construcción o reconstrucción de un lugar cerrado, protegido y ajeno a dificultades que se plantea en los poemas normalmente como contraste con las desgracias que experimentan los poetas o que construyen también en sus poemas, como modo de comunión con una sociedad y una época en crisis, con toda una modernidad literaria también en crisis.

La idea de protección del Paraíso como lugar/edad en los poemas y en los poetas vendría apoyada por el hecho de que al jardín del Edén se le haya llamado desde tiempos medievales *hortus conclusus*, jardín cerrado, debido a los versos del *Cantar de los cantares* 'hortus conclusus soror mea sponsa hortus conclusus fons signatus' (Cantar.4, 12)[3] que describen a la amada como un vergel maravilloso, muy similar a la descripción del Edén que se hace en el Génesis (2, 8–12). Es interesante que desde la Edad Media el mito del Edén haya servido para representar otros lugares de protección y tranquilidad perdidos.[4]

A su vez, la idea del Edén como *hortus conclusus* es recogida por dos andaluces del veintisiete, Lorca y Emilio Prados y por la madrileña Pilar de Valderrama. Lorca pone a uno de sus artículos sobre Granada — Ciudad que era su refugio, su paraíso — 'Granada (Paraíso cerrado para muchos)', adaptando el título de la obra de Pedro Soto de Rojas. La conferencia, escrita en 1928, cuando ya vivía en Madrid, comienza explicando cómo en Granada, mediante el lenguaje, mediante el diminutivo, 'se limita el tiempo, el espacio, el mar, la luna, las distancias, y hasta lo más prodigioso, la acción' (García Lorca 1980: 966). El espacio limitado, ajeno al conocimiento y, una vez más identificado con una edad es, pues, admirado por el poeta frente a lo exterior y desconocido.

Emilio Prados, por su parte, propone en su libro *Jardín cerrado* de 1946 un mundo efectivamente 'cerrado' como se cierra un círculo, en el que el hombre es

---

[3] Nueva Vulgata. Bibliorum Sacrorum Editio. Edición online en http://www.vatican.va/archive/bible/nova_vulgata/documents/nova-vulgata_index_lt.html consultado el 10/8/2010.
[4] Además de dar el mismo epíteto al jardín del Edén y a la amada del *Cantar de los cantares* ('Hortus conclusus'), el sobrenombre también se aplicó a la Virgen María al unir el concepto de jardín cerrado de Cantar de los cantares 4, 12 con el que aparece también inicialmente referido a la amada en Cantar de los cantares 4,7: 'tota pulcra es amica mea et macula non est in te', y aplicar ambos a la madre de Cristo, cuyo vientre sin 'mácula' representa el lugar seguro y cerrado del vientre materno, del que se sale con dolor, al igual que del Paraíso (Matter 1992: 151–77), concepto, por otro lado, bastante freudiano: Freud en *Das Unbehagen in der Kultur* afirma que la vivienda es un sucedáneo del vientre materno, cuya nostalgia persiste en el hombre, que ha perdido la seguridad y el bienestar del mismo (Freud 1962: 38).

uno con la naturaleza y los contrarios se atraen para formar un todo, identificando esta situación con una España idealizada desde el exilio y solo recuperable al fin, tras la muerte. Ramírez Goretti propone como ilustración de este deseo de volver a la naturaleza por medio de la fusión de contrarios en Emilio Prados la segunda parte del poema 'Cantar del dormido en la yerba' (Ramírez Goretti 2008: 841). En este segundo libro de *Jardín cerrado*, la muerte se identifica con ese *hortus conclusus*

> Mas la muerte es jardín
> cerrado, espacio, coto,
> silencio amurallado
> vv.2-4

dándose luego a entender que tras el paso de la vida es cuando se da la fusión total entre el hombre y el mundo:

> El mundo estaba y está
> como el día en que nací
> no sé si conmigo dentro
> o si por dentro de mí
> (Prados 1975: 240, vv.5-8)

La fusión entre el hombre y la naturaleza se percibe a menudo por medio de los sentidos: en el jardín cerrado, la naturaleza se puede percibir con todos los sentidos en detrimento de la vista que había sido sobrevalorada en la modernidad (Ramírez Goretti 2008: 844), lo que sugiere una participación total en ella. Esta idea, patente en *Jardín cerrado* relaciona el *hortus conclusus* con los orígenes malagueños del poeta, que son vistos como lugares sensuales a los que pertenece, con los que se siente uno. El libro completo muestra una sensación de desarraigo que sugiere, como Ramírez Goretti afirma, que además del lugar natal se ha perdido la orientación, la noción de la propia situación en el universo (847-49).

Por su parte, Pilar de Valderrama también considera en el poema 'Huerto cerrado' del libro con el mismo nombre publicado en 1928, el jardín como protección frente al 'viejo mundo' (Merlo 2010: 110). Esta protección limita su libertad, pero la limitación merece la pena, como vemos en los primeros versos:

> Unas tapias altas cerrando un espacio
> pequeño:
> Pequeño tan sólo si se mira a tierra,
> pero ilimitado si se mira al cielo.
> (...)
> Las nubes muy cerca.
> El mundo muy lejos.
> (110, vv.1-4 y 9-10).

La vuelta a la naturaleza y el aislamiento del mundo aporta cierta sensación de control sobre la propia vida y unión espiritual con los seres de la naturaleza como se observa en los versos 18–21.[5] Al final del poema descubrimos el sentido del paraíso, qué es ese huerto cerrado para la poeta:

> Y cuando un extraño, mirando el recinto
> curioso indagara. '¿Será torre o templo?'
> Alguien respondiera: 'Es Huerto Cerrado
> donde se cultiva la Flor de los sueños'.
> (111, vv.30–33).

Para Pilar de Valderrama el paraíso es el lugar donde crecen los sueños, sin que el mundo irrumpa en él y la experiencia demuestre la imposibilidad de cumplirlos. Una vez más, se relaciona el paraíso con la inocencia, la ausencia de experiencia vital y sufrimiento y la fe, pero como veremos, también es el sueño del amor, o bien perdido, o bien aquel amor que nunca fue y que precisamente pervive en ella en forma de sueño.

La visión inocente/ ideal del mundo que se da en el Paraíso tiene ciertas connotaciones platónicas en línea con lo que se afirmaba en la introducción y en el capítulo anterior: si recordamos, al poeta le era dado ver la realidad como era, en lugar de las 'sombras' o reflejos de las mismas, que es lo que podían ver los hombres que no poseían su sensibilidad extraordinaria, los hombres que habían abierto sus ojos al conocimiento mundano. Esa realidad ideal era eterna e inmutable, la esencia de las cosas, la generalización de las mismas, su mito, en la que encajaban las percepciones individuales de dicha realidad. Esta idea tan platónica se relaciona con el Edén en tanto en cuanto el Edén representa la 'realidad ideal' que Cernuda identifica con el deseo y otros poetas con lo eterno sin más, con la atemporalidad. Se verá cómo la idea aparece en abundantes poemas, pero es particularmente significativo en este sentido el libro de Vicente Aleixandre *Sombra del paraíso*, equivalente a sombra de la realidad, percepción temporal de la esencia, refiriéndose al Madrid de posguerra que le toca vivir, apenas una sombra marchita del Paraíso que al sujeto poético le parece que un día fue.

Dadas estas características generales, ahora sí se puede clasificar los referentes a los que el mito del Paraíso representa en cinco categorías.

Los orígenes geográficos

En primer lugar el Paraíso puede tener como referente la patria, la ciudad natal o el hogar familiar vistos desde la lejanía, bien por el exilio, bien por haberse mudado a otra ciudad, como puede ser Madrid o Nueva York. Solita Salinas habla

---

5   De mi propio campo, de mis propias flores
    soy el jardinero.
    ¡Con qué amor las riego!
    (vv. 15–17)

de cómo ambos orígenes, primero la infancia y el mar del Puerto de Santa María y luego la madre España, son creaciones del Paraíso equivalentes en Alberti, y en ambos casos creaciones del Paraíso a posteriori, una vez que ha sido perdido (Salinas 1963: 10).[6] Lo familiar de los orígenes y la sensación de seguridad que el 'conocimiento' da frente al 'desconocimiento', aquello de lo que el poeta no se siente parte, provoca la identificación de lo primero con la seguridad del jardín cerrado; como Freud diría, el anhelo de regresión al vientre materno.

En cuanto al lugar natal, la oposición suele ser pueblo/ ciudad, y como comentábamos al principio de la sección, la experiencia de la ciudad provoca una sensación de alienación en el individuo que le hace añorar el espacio reducido que una vez fue su hogar, frente a la deshumanización y la pérdida de la comunicación que se observa en la metrópoli. Esta angustia se puede observar en los poemas de Lorca en Nueva York: en la abstracción de la ciudad que lleva a cabo el poeta hay constancia de una supremacía de la masa frente al individuo desde los títulos de algunos poemas como 'Paisaje de la multitud que vomita' y 'Paisaje de la multitud que orina', hasta el contenido de los mismos o el hecho de que Lorca hable de colectivos y en contadas ocasiones de individuos cuando habla de la City. Sí que vemos nombres propios en los poemas de Vermont y de la cabaña del Farmer, pero no en los que escribe desde Nueva York. Prefiere hablar de los 'negros' como un todo en 'Norma y Paraíso de los Negros', por ejemplo, en el que el colectivo odia, ama y sueña en plural, todos lo mismo (García Lorca 1998b: 251, vv.1, 5, 9, 25). Tomamos justamente estos verbos como ejemplo de acciones esencialmente humanas e individuales que se hacen extensivas a un colectivo. Frente a esta pérdida de la identidad en la masa de la ciudad, también se da una pérdida de la voz, de la comunicación, que como veremos, se identifica con la caída. Así lo vemos en 'Vuelta de paseo':

> Con el árbol de muñones que no canta
> Y el niño con el blanco rostro de huevo. (vv.5-6)
> Con todo lo que tiene de cansancio sordomudo
> Y mariposa ahogada en el tintero. (vv.9-10)

En estas dos estrofas hay cuatro imágenes y varios rasgos semánticos que sugieren 'no comunicación' en la ciudad: por un lado el árbol 'no canta', no sugiere, no produce. Por otro lado, el 'niño con el blanco rostro de huevo' no tiene facciones ni rasgos, insinúa un niño sin boca, sin expresividad, liso, como un huevo. A esto añadimos la siguiente estrofa que habla de un 'cansancio sordomudo' como rasgo descriptivo de elementos de la ciudad. La referencia a dificultad de comunicación

---

[6] El caso de Alberti, según lo describe Solita Salinas es algo especial, puesto que en él se encuentra la oposición interior de que descubre en la naturaleza de América un nuevo paraíso perdido que incluso le recuerda a su hogar cuando mira el mar americano en *El clavel y la espada*, pero siendo consciente de que 'América no puede ser el Paraíso porque en ella el poeta ha derramado demasiadas lágrimas' (Salinas 1963: 10).

en 'sordomudo' es muy evidente, sin embargo, también lo puede ser para un escritor la 'mariposa ahogada en el tintero' del verso siguiente. El 'tintero' se presenta aquí como causa de muerte en lugar de como instrumento de creación. Mata algo tan alejado de la ciudad como es una mariposa, símbolo del color, la delicadeza, la belleza y, por qué no, de la inspiración poética, y la vuelve negra como la ciudad. Todo esto tendrá que ver con la crisis de la palabra que se da en la modernidad. Frente al infierno de la gran ciudad, aparece el paraíso de la ciudad pequeña en que se crió el poeta, y de la naturaleza. Al regresar a Granada de las Américas, escribe una 'salutación a Granada':

> Pebeteros y aromas del Oriente
> Envuelven tu belleza nacarada
> Y el suspiro del ave en la enramada
> Al compás del sollozo de la fuente.
> (García Lorca 1998b: 521, vv.5-8)

El aire oriental que Lorca atribuye a Granada, con aves y rumor de agua y aromas, hacen pensar en el paraíso musulmán.[7] Como contraste con los poemas anteriores, encontramos el sonido del agua y de los pájaros. Según el Corán, la lengua hablada en el jardín del Edén era la 'lengua de los pájaros' (Corán XVII, 15-16). Según Lévi-Strauss por medio de Jose Ángel Valente, el mito de que los hombres utilizaran un lenguaje animal en el Paraíso tiene que ver con la superación de la diferencia entre naturaleza y cultura, que en el Paraíso se conciben como totalidad (Valente 1996: 233). Dicha unión entre sujeto y naturaleza, o el deseo de tal unión también aparece en el verso 11 del poema: 'que en tu suelo reclame sepultura' mientras que, como se veía en Prados, el Paraíso se percibe por todos los sentidos, en especial por el oído y el olfato, haciendo que el hombre participe más de esa realidad. Valente afirma que el Paraíso 'habla', que en él no hay soledad, sino que es una situación lingüística (Valente 1996: 231), al contrario de lo que sucede en los poemas de *Poeta en Nueva York*, en el que la ciudad ahoga la comunicación.

El origen geográfico adquiere destacadas características paradisíacas en los poemas del exilio, en los que España se ve como un lugar ideal, al que se pertenece y que ha sido arrebatado. Numerosos críticos han estudiado la imagen del Paraíso en los poemas del exilio, entre ellos, Leopoldo de Luis, quien ve la confección de *Sombra del paraíso* de Aleixandre (exiliado interiormente, como normalmente se afirma) como una vía de escape al horror del mundo que ha dejado tras de sí la Guerra Civil (Díez de Revenga 1988: 47). Solita Salinas, Ricardo Gullón y

---

[7] Hay varias obras más o menos recientes que estudian la influencia de la cultura y la literatura árabe y persa en Lorca. Entre ellas, James Valender habla de la presencia del *Ruibayyat* persa en Lorca y también en Cernuda (Valender 1999), y la más reciente, 'Las influencias árabes en la obra de Lorca' de Mona Bastawi, de la universidad de El Cairo (Bastawi 2008).

Emilio Miró han analizado la recurrencia del tema del Paraíso perdido especialmente en las obras del exilio de Alberti (Salinas de Marichal 1963; Gullón 1963; Miró 1984). En una obra reciente, de título bien sugerente para el tema de este capítulo, *El lenguaje bíblico en la poesía de los exilios españoles de 1939* de Mónica Jato, también se destaca la importancia del mito del Paraíso entre los exiliados, aunque centrándose principalmente en Carmen Conde y su *Mujer sin Edén* y en León Felipe y su obra *Ganarás la luz*, emparentando estas obras con *Jardín cerrado* de Emilio Prados y *Sombra del paraíso* de Vicente Aleixandre y remontándose en sus orígenes en Unamuno y en Machado, puesto que según la autora:

> La expulsión del Paraíso constituye uno de los mitos reversibles más rentables de este lenguaje bíblico que venimos describiendo, puesto que representa el descontento con la realidad coetánea, tanto dentro como fuera de las fronteras de España. En última instancia, la pérdida del Paraíso evoca otra pérdida mucho más reciente, la de la patria a manos del régimen franquista (Jato 2004: 175).

Efectivamente, los poetas se exilian de una España que ya no reconocen y a la que ya no pueden volver. La nota predominante de estos discursos es la idealización de la patria y la nostalgia de lo perdido, hasta el punto que, como destaca Jordi Larios, Luis Cernuda rememora y anhela una España imperial en poemas como 'Elegía española', 'El ruiseñor sobre la piedra' y 'Quetzalcoatl' entre otros, utilizando la imaginería de conquistadores y reyes megalómanos que la propaganda del régimen franquista estaba utilizando para construir su nueva nación española (Larios 2009: 139–52), después de haberse autoproclamado pocos años antes 'español sin ganas'(Cernuda 2005: 503, v.67).

El amor

En segundo lugar el Paraíso es representación del amor perfecto en algunos de los poemas. En la obra de Salinas el tema del Edén aparece temprano, identificándose en principio con la poesía como lenguaje del paisaje, al más puro estilo wordsworthiano. Sin embargo, pronto el paisaje paradisíaco se transforma en la amada, que en *La voz a ti debida* pasa a ser, como el propio título del libro indica, única razón de su poesía.[8] La eternidad y la primavera están en esta amada, y su pérdida significa la pérdida del paraíso. La amada como Paraíso o creadora de un paraíso para la voz lírica aparece por primera vez en 'Miedo':

---

[8] Esta representación del amor o la amada como Paraíso ya aparecía en Bécquer, que tanto influyó a los poetas que nos ocupan (Bécquer 2003, rima LVI, 20 en la edición manejada, vv.9–12).

> Di: ¿Podré yo vivir
> En esos otros climas,
> O futuros,
> O luces
> Que estás elaborando,
> Como su zumo el fruto,
> Para mañana tuyo?
> ¿O seré algo
> Que nació para un día
> Tuyo (mi día eterno),
> Para una primavera
> (en mí florida siempre) . . . ?
> (Salinas 1971: 227, vv.19-29)

La amada comienza a ser la constructora de un paisaje, de un espacio primaveral eterno para el yo lírico, y que sin embargo teme perder. El Paraíso, en este caso más bien conceptual, es el instante de su compañía, y poco a poco se va transformando en la mujer en sí, que se convierte en lugar y tiempo, en 'Día sin pecado' (250, v.1), en el que 'aún no se conocían/ la conciencia y la sombra' (vv.12-13), representando a la mujer con los elementos del mundo previo a la caída, capaz incluso de la eternidad:

> El tiempo no tenía
> Sospechas de ser él.
> [...]
> Para vivir, vivir
> Sin más, tú le decías:
> 'Vete.'
> (250, vv.20-21, 27-29)

Si la amada es el Paraíso, en *Largo lamento* lo que aparece es la pérdida de la amada, el fin de ese amor dichoso por circunstancias de la vida, la 'Muerte de un sueño' que coherentemente se simboliza con una vuelta del Edén al campo muerto, al oscurecimiento de todos sus elementos:

> Poco a poco se muere
> Como agoniza el campo en el regazo
> Crepuscular, por orden de la altura.
> Primero, lo que estaba al ras de tierra,
> La hierba, la primer oscurecida;
> Luego, en el árbol, las cimeras hojas,
> Donde la luz, temblando se resiste,
> Y al fin el cielo todo, lo supremo.
> (483-84)

El oscurecimiento de los colores y la ausencia de luz sobre el paisaje que le quita lo paradisíaco del mismo, se oponen a la luz como guía al Paraíso y se insertan en la tradición del gris-otoño como color y momento del anti-paraíso, que se verá en las siguientes secciones.

La idea también aparece en Ernestina de Champourcin: a menudo el amor es eternizante, con lo que comparte características con el Paraíso, pero en algunos poemas, se identifica explícitamente con el Paraíso bíblico. Así ocurre en el poema 'Espera' de *Cántico inútil*. En él, la voz poética se dirige al amor en general, o al deseo de un amor y lo califica de 'secreto paraíso' (Champourcin1991: 153, v.9), que se puede ganar o perder. Dicho Paraíso está franqueado por 'pórticos sin nombre',[9] tendiendo lazos entre la palabra y el paraíso. Además, en el Paraíso del amor, la voz poética está desnuda, como Adán y Eva en el Edén, esperándolo, inocente pero con perspectiva de perder la inocencia cuando llegue el amor: '¡Mi desnudez intacta se vestirá de ti!' (v.12).

Por su parte Prados trata en *Memoria de la poesía* y *Cuerpo perseguido* la idea del amor como elemento unificante con la naturaleza, al más puro estilo romántico y como se acaba de ejemplificar en Salinas. Este concepto idealizado del amor se rompe tras la crisis amorosa que sufre en 1929, que en última instancia le hace desligarse de su generación (Prados 1975: xxxvi). Cernuda muestra el proceso posterior a la pérdida del amor representado como Paraíso en el poema 'Dans ma péniche' (Cernuda 2005: 234). También aparece la amada como paraíso/jardín en los poemas más modernistas de Lucía Sánchez Saornil, los escritos en 1918. Los jardines surgen en estos poemas como escenario de amores o desamores, pero escenario vivo, que se goza o se añora presentándose como una sinécdoque de todo el amor: en 'motivos triunfales', por ejemplo, el jardín rememora un acto sexual en que se ve a la mujer amada como si fuera una de las estatuas del jardín, todo el jardín se carga de sexualidad:

> Eras grave y augusta, eras casi hierática
> y te amé en la escultura de tu cuerpo pagano,
> tu mirada dormida era quieta y extática
> y era, un mármol desnudo, tu blancor soberano.
>
> Un jardín luminoso; una fuente sonora;
> desmayados los cuerpos en la luz violeta;
> un perfume violento exhalaba la flora
> que abrasaba la carne en un ansia secreta.
>
> (. . .)
>
> Tal que un rito pagano, a la luz postrimera,
> como a un dios, en el templo del jardín florecido,
> me ofrendaste el exvoto de tu cuerpo de cera.
> (Sánchez Saornil 1996: 43)

---

[9] Se hablará en breve del tema de las puertas del paraíso.

Los elementos de los versos 5 a 8, coinciden con la descripción del Edén y la conexión con el jardín se da por medio de varios de los sentidos (olfato, vista, oído). La imagen contrasta con la del poema siguiente, 'jardín de seda', el primero de la serie de 'Jardines exóticos', que refleja la melancolía de la pérdida, relacionando el amor con la luz solar que se oculta y muere:

> Llora la luz crepuscular . . .
> polícromo embrujamiento
> hay un suave aletear
> de seda en el pensamiento.
>
> Pájaro loco de amores
> — pájaro sentimental —
> sedas-aguas, sedas-flores;
> ¡toda una pompa nupcial!
>
> Crepúsculo del jardín;
> un melodioso flautín
> da la brisa a su cantar.
>
> Y como una melodía,
> toda de melancolía,
> ¡llora en la luz crepuscular!
> (44)

El jardín vuelve a ser altamente sensual, combinando las percepciones de luz (vista), seda (tacto), melodía (oído), flores (olfato), y sin embargo, la sensación global que se transmite es de tristeza ante el final del día, del amor o pájaro de amores, que se escapa como la luz solar. La melancolía continúa en el siguiente de los jardines exóticos, 'Jardín sombrío'.

> (. . .)
> En el jardín de eucaliptos
> elegantes, todo tiene
> la elegancia silenciosa y
> pensativa de una frente.
>
> ¡Ay! . . . La sombra del jardín . . .
> Entre las hojas de oro,
> anda un son, por un parterre,
> buscando unos madrigales
> para unas manos de nieve.
>
> ¡Ay! . . . La sombra del jardín
> ¡qué pena tan grande tiene! . . .
>
> * * *
>
> En la sombra del jardín,
> una voz dormida cae

> desde una ventana abierta.
> ¡Ay! ... ¿una mujer? ... ¿un clave? ...
>
> (...)
> (58)

En este caso el jardín vuelve a tener elementos edénicos y la melancolía aparece acompañada la sombra, es decir, ausencia de iluminación, conjugada con silencio (v.8), frío de nieve (v.14), muerte de las flores (v.4) y sueño (vv. 18, 21). En la misma línea se representa el amor que se va en las 'Letanías de amor y de dolor', también de 1919, en que la ausencia de la mujer amada se proyecta en el jardín otoñal (62):

> Divino olor de reseda,
> olor de mujer amada...
> triunfa el oro en la arboleda
> y en la senda abandonada.
>
> (...)
>
> Dicen las hojas doradas
> su languidez otoñal,
> y en las sendas olvidadas
> ya no hay voces de cristal.
>
> En el chorro, antes inquieto,
> el agua apenas palpita...
> hay en la fuente el secreto
> de una tristeza infinita.
>
> Octubre, cruel deshojas
> los álamos del jardín,
> y apagas las tardes rojas
> en el lejano confín.
> (...)

Por fin, la identificación completa de la amada ausente con el paisaje ideal del Paraíso aparece en 'Me dejé un día':

> Su recuerdo es un horizonte de mar
> Amplio y azul,
> Y se adorna con el fulgor
> De todas las estrellas
> Y con los perfumes de todos los jardines.
> (82, vv.4-8)

Vemos que la amada no se identifica con un jardín concreto, sino con la 'idea' del jardín o el jardín ideal hecho de recuerdos de todos los jardines, el jardín platónico que logra despojarse de la imperfección de las realidades concretas y ser abstracción, mito.

Ricardo Gullón, basándose en testimonios de Luis Felipe Vivanco sobre la circunstancia de Alberti al escribir *Sobre los ángeles*, relaciona el sentimiento de frustración patente en la obra con un conflicto amoroso, en el poema 'Alma deshabitada', al afirmar que 'Si el alma queda deshabitada es porque 'ángeles' arrojan de ella el amor' (Gullón 1963: 5).

Pilar de Valderrama identifica el beso nunca dado con la fruta prohibida, mostrando cierto deseo hacia el placer que se considera prohibido en el poema 'Este beso' de *Huerto cerrado* (Merlo 2010: 111–12):

> Este beso que tiembla en tu boca
> y en la boca mía,
> tiene un dejo de amarga verdad,
> de dulce mentira,
> es licor de muerte
> y es a un tiempo venero de vida.
> (...)
> Es el árbol que guarda en sus ramas
> la fruta prohibida,
> y cuando a ella se alarga la mano
> una fuerza interior, la retira
> (111, vv.1–6 y 13–16).

La paradoja constante del poema al definir el beso justifica su identificación con el árbol de la ciencia del bien y del mal. El beso es lo deseado y lo prohibido, así como lo es el fruto del árbol de la vida y el del árbol de la ciencia. El amor se idealiza en forma de paraíso al no consumarse ('¡este beso que nunca se dieron| tu boca y la mía!' vv.29–30). Es un paraíso que sigue existiendo mientras exista la posibilidad, pero que hacia el final del poema está a punto de perderse dada la inminencia de la muerte, que eliminaría de un plumazo la posibilidad de este placer idealizado.

Por último, en Cernuda se observa un estrecho vínculo entre amor perfecto, placer y paraíso. Richard Curry aprovecha los dos primeros versos del poema XII de *Donde habite el olvido*, 'No es el amor quien muere | somos nosotros mismos.', para justificar que en Cernuda el amor como idea existe y es perfecto, pero que el problema viene al hacer la idea experiencia, en el momento en que el amor se encarna y cae en la temporalidad, siendo entonces expulsado del Paraíso (Richard 1989: 119–120). Por su parte, Harris ve en *Los placeres prohibidos* la decepción y la desilusión por la caída, la transformación de idea a experiencia del placer erótico (Harris, 1973: 31–34), más que del amor platónico, aunque el placer erótico también es una idea al estilo de las del mito de la caverna de Platón: tanto el amor como el placer están fuera del mundo, son deseo, atemporales y perfectos. Lo único que podemos aspirar a experimentar de ellos es la 'realidad', la sombra del deseo, corrupta y temporal que solo causará insatisfacción y melancolía a aquel que la experimente. La idea aparece en múltiples poemas de *Donde habite el olvido* y de *Los placeres prohibidos*. Por poner un ejemplo, en '¿De qué país?' de *Los placeres prohibidos* encontramos el contraste entre el Paraíso del deseo inocente, y

> El deseo que se corrompe, formando bajo la vida
> la charca de las cosas pálidas
> donde surgen serpientes, nenúfares, insectos, maldades
> (Cernuda 2005: 186, vv.20-22)

Es decir, produciendo un antiparaíso, una proyección del Paraíso en la charca donde aparecen cosas propias de la realidad, no del deseo. La proyección en el estanque también conecta con la idea de las sombras del mito de la caverna y se estudiará a fondo en la sección dedicada a los espejos líquidos.

La inocencia y la conexión con la naturaleza

En tercer lugar, el concepto de la inocencia infantil, la antigua conexión con la naturaleza y en general del tiempo pasado. Este concepto se asocia a los otros dos en el sentido que la infancia (y por tanto la inocencia, una época de despreocupación exenta de desengaños) se desarrolla en la ciudad natal, que precisamente se enlaza en los poemas con dicho estadio de inocencia, previo a la 'apertura de ojos' o la adquisición de conocimiento que supone el inicio de la caída y el dolor según el mito. Igualmente la inocencia infantil es un lugar en el que solo se conoce la perfección de las cosas, la idea, y no se han experimentado, no se han convertido en sombra de sí mismas aún. En el caso del amor y del sexo, para Cernuda la infancia supone el momento en que deseaba sin conocer la realidad, con lo que estaba más cerca de la perfección del amor según la teoría platónica que se exponía en el capítulo anterior. Pero sobre todo, la infancia era un tiempo en que el poeta no era consciente de su propia temporalidad: el Paraíso está fuera de la historia, no hay muerte ni limitación temporal para la vida; la infancia aparece como un tiempo ideal en que no hay conciencia de lo fugaz de la vida (Silver 1965: 59-60). Philip W. Silver, en su obra *Et in Arcadia Ego* sobre la poesía de Cernuda, señala el poema 'Escrito en el agua' de *Ocnos* como manifiesto del anhelo del poeta por lo permanente, una nueva realización del antiguo tópico del *tempus fugit*, que identifica precisamente la infancia con la inocencia y la creencia en lo eterno (57-58). También a *Ocnos* pertenece el poema 'Jardín antiguo', en el que Cernuda expresa la misma idea de la infancia como espacio atemporal y paradisíaco, utilizando ahora un Paraíso más literal: otra vez el jardín, el lugar seguro, con los elementos de la naturaleza colorida y el agua (Cernuda 2005: 568-69). En este caso la infancia representa los sueños y se plasma en el jardín en que soñó sus deseos y que rememora más tarde al verlos frustrados tras la caída, deseando la vuelta al mismo. Quizá podríamos identificar la perfección en este poema con la eternidad de 'Escrito en el agua': según Silver, lo permanente en Cernuda no se refiere a la prolongación ilimitada del tiempo, sino que es una experiencia mística que consiste en el don de representar el mundo de los fenómenos como eterno, apropiándose así de algunas de las cualidades divinas, pero también de las del niño en cuanto a su visión del mundo inocente y atemporal. He aquí la conjunción de las dos melancolías, la estética y la de la infancia, en un texto de título tan sugerente como 'Escrito en el agua' (Silver 1965: 59-60).

Por su parte, Vicente Aleixandre, también representa la infancia-inocencia añorada por me dio del mito del Paraíso, y en el poema 'Primavera en la tierra' de *Sombra del paraíso* describe la nostalgia del 'mundo en que viví en los alegres días juveniles' (Aleixandre 1960: 503, v.72) comenzando el poema con la evocación de aquel Paraíso juvenil, asombrosamente parecido a los ya mencionados y coincidentes con ellos en los elementos básicos: en los versos 12-14 se advierte que el mundo que describe era el de la primera creación, y además era el único existente para el poeta.[10] El mundo recién creado era amarillo, color cálido, y repleto de colores vivos, como continúan explicando los siguientes versos:

> Pájaros de colores,
> con azules y rojas y verdes y amatistas,
> coloreadas alas con plumas como el beso.

El color es signo de un mundo alegre, por oposición al gris otoñal que prevalece cuando los poetas hablan de la pérdida y la nostalgia, como sucede en 'Llagas de amor' de Lorca (v.2 'este paisaje gris que me rodea') o en 'Remordimiento en traje de noche' de Cernuda (v.1 'Un hombre gris avanza por la calle de niebla'), por mencionar algunos.

Uniéndose al paraíso colorido, aparecen flores en el poema de Aleixandre, hay 'Flores pujantes, hálito repentino de una tierra gozosa' (v.23). Además el mundo está lleno de vida y de animales y los árboles cargados de frutos, otro rasgo significativo del paraíso literal que también vemos en los versos 21-22 del poema que nos ocupa: 'los árboles saturados colgaban | densamente cargados de una savia encendida'. La referencia a un mundo pleno de vida mediante la imagen del 'árbol saturado' de frutos, se entrecruza con el posible significado simbólico de un mundo lleno de opciones y oportunidades que ya no existe más — recordemos que *Sombra del paraíso* se escribe entre 1939 y 1943, cuando se han acabado las esperanzas de una victoria republicana en la guerra y la escasez de alimentos y recursos es la nota prevaleciente de la primera posguerra. Esta lectura más bien basada en lo biográfico puede trascenderse con una segunda lectura basada en lo

---

[10] Todo el mundo creado
resonaba con la amarilla gloria
de la luz cambiante.

estético: los frutos del poeta pueden interpretarse como los poemas. La creación que absorbió al poeta en su juventud y dio tantos frutos y de tan variados 'colores', en el momento de la escritura escasea. El poema se siente yermo, sin frutos, a causa de que ahora solo le quedan 'palabras mudas que habla el mundo finando', cómo afirma en 'El poeta', el primer libro de *Sombra del paraíso* (463, v.20). Finalmente, en el paraíso de Aleixandre también hay aguas que corren, 'aguas vivas, espumas del amor en los cuerpos' (502, v.31), con lo que se reflejan todos los elementos de las descripciones tradicionales del *locus amoenus*.

Éstos son solo dos ejemplos de uno de los significados más comunes del Paraíso en los poemas, pero Altolaguirre, Lorca y en general, como afirmaba Silver, los poetas andaluces, tienden a recrear no solo su tierra, sino la inocencia vivida en ella como un Edén atemporal al que obviamente les es imposible volver.

Dios

En cuarto lugar el Edén, el objeto perdido, es en ocasiones el propio Dios que daba esperanza en el futuro, en una vida después de la muerte y así esperanza en la inmortalidad. La muerte de Dios que se produce a partir de la secularización europea y se afianza por medio de la filosofía de Nietzsche deja al hombre, en un primer momento, desamparado, clamando a la nada, sin objetivo y sin futuro, con lo que ha perdido ese lugar de seguridad y de protección que también constituye la idea de un plan divino para cada individuo que no ha de fatigarse por hallar su camino. El 'Dios ha muerto' de *Die Fröhlische Wissenschaft* recorre toda Europa (Nietzsche 1887),[11,12] llegando a España en el auge de la llamada generación del 98 e influenciando profundamente a escritores como Unamuno o Pío Baroja, pero también a modernistas y a la generación de Ortega.[13]

---

[11] Todas las citas de Nietzsche están tomadas del proyecto *Digitale Kritische Gesamtausgabe Werke und Briefe* (eKGWB) que es la versión electrónica de la edición alemana de referencia de las obras de Nietzsche y publicadas online en Nietzsche Source. En esta página se han digitalizado las obras originales de Friedrich Nietzsche a partir de las ediciones críticas de Giorgio Colli y Mazzino Montinari, Nietzsche, Friedrich. 1967. *Werke. Kritische Gesamtausgabe* (Berlin/New York: de Gruyter) y Nietzsche. 1975. *Briefwechsel. Kritische Gesamtausgabe* (Berlin/New York: de Gruyter). Para distinguir las diferentes obras, las referenciaré por su año de publicación original tal y como aparece en la portada de la edición digital, y a falta de números de página, se indicará en nota al pie el capítulo y sección en el que se encuentra la referencia.
[12] 'Drittes Buch' 108, 125; 'Fünftes Buch' 343.
[13] La extensa obra de Gonzalo Sobejano, *Nietzsche en España*, desarrolla ampliamente el influjo que el filósofo tuvo en los literatos españoles hasta los años 70. Aparte de este existen varios trabajos más breves que estudian su incidencia especialmente en Unamuno, Baroja y Juan Ramón (Sobejano 1967; Zima 1988; Devlin 1983; Flores Arroyuelo 2006; Guntert 1998; Larsen 1990; Ilie 1967; Sedwick 1957). Aunque en este trabajo me centre especialmente en las influencias filosóficas europeas, no podemos olvidar que en España había una tradición liberal y anti-clerical que tuvo cierta fuerza política en el siglo XIX, durante el trienio liberal y a

En los del veintisiete, la muerte de Dios representa la muerte de la fe, la pérdida del Verbo y el acceso al conocimiento en sí, causa original de la Caída. Desde el punto de vista de Nietzsche esto simboliza en realidad la libertad del hombre, quien, despojado de la moral, se enfrenta a la vida tal y como es, puesto que, como el propio filósofo prusiano afirma en *Götzen-Dämmerung*, la vida termina donde empieza '*das Reich Gottes*' ('el Reino de Dios') (Nietzsche 1889).[14] Esto no quita para que la vida constituya una realidad dolorosa más o menos soportable gracias a la idea de Dios. En el caso concreto de este grupo de poetas, la pérdida de la idea del Verbo creador-Dios supondrá literariamente la superación de la Poesía pura y el desengaño del entusiasmo creador inicial: el Verbo creador ya no existe porque la Palabra no lleva a la Verdad (no es divina).[15] Aunque el proceso resulte doloroso, la 'Grandeza' según Nietzsche, no consiste en apagar el dolor, sino en absorberlo y transformarlo en creación (1889).[16] A partir de este pensamiento aparece una figura que será recurrente entre los poetas que tratamos: la del poeta maldito, poeta sufriente, que solo tiene consuelo y redención en el arte.

Aunque veremos en el capítulo próximo cómo Lorca y Cernuda hablan de 'cielos vacíos' y de cómo claman a un dios que les ha abandonado, será interesante aquí adelantar algunas de estas ideas centrándonos en cómo la época en que se creía en Dios es vista como un Edén añorado y perdido. Altolaguirre, si bien no parte de un ateísmo convencido (ninguno en realidad lo hace), sí que parte de la duda en Dios en el poema 'Mi fe', escrito desde el exilio, en 1944. En dicho poema, los malos pensamientos son 'una torre' y 'la quieren derribar vientos de duda' (v.5). El poeta describe lo que ocurrirá si logra sortear las dudas y los malos pensamientos que contaminan su fe anterior:

> La sierpe abrazará de nuevo el tronco,
> Hombre y mujer se sentirán desnudos,
> Ángeles guardarán con sus espadas
> Los dinteles de luz y, otra vez fuera,
> Amargo llanto para los mortales.
> (Altolaguirre 2005: 152, vv.25-29)

En definitiva, el Edén volverá a existir si el yo lírico recupera la fe. Siguiendo el hilo del que partimos con Altolaguirre, retrocedemos a un poema de Rosa Chacel de *Sonetos de circunstancias*, 'A Elisabeth'. No es un secreto el conocimiento y la

---

principios del siglo xx, con el movimiento regeneracionista, las revoluciones obreras y las repúblicas.

[14] 'Moral als Widernatur' 4.
[15] A propósito de esto merece la pena citar el artículo de Nigel Dennis 'Lorca y la crisis de la palabra' que ilustra este mismo proceso de pérdida paradójicamente en los primeros poemas del granadino, asumiendo que la crisis de la palabra es algo que siempre ha estado presente (Dennis 1998).
[16] 'Was ich den Alten verdanke'. 5.

admiración por la obra de Nietzsche por parte de Chacel, que incluso da charlas sobre él en el Ateneo (Chacel 1989: 17) y la influencia que tuvo en sus ensayos. A pesar de que los poemas de Chacel no están tan cargados de ideas como sus ensayos, en este encontramos un reconocimiento del tiempo apacible de afirmación en la fe como lugar de bondades que añora: asistimos a la pérdida de fe, Dios y amor, todo como si fuera uno, y todo representado también por elementos literales del jardín. Los primeros versos de las tres primeras estrofas comienzan diciendo

> Era una flor el sí, era una rosa
> [...]
> Era un pájaro el sí, su prodigiosa pluma
> se abría en vuelo inusitado
> [...]
> Era como una tierra que mostraba
> su verde vello al sol...'
> (505, vv.1, 5-6, 9-10)

reuniendo diferentes características de los jardines ya mostrados. Finalmente, la última estrofa aclara el objeto de la pérdida que asumimos como pérdida dado el tiempo pasado en que se describe: 'Era mi fe, mi corazón le amaba...' (v.12).

Más amargas parecen las pérdidas de Dios en Lorca, Cernuda y Alberti. Lorca, poeta de una religiosidad heterodoxa, como acuñaría Eutimio Martín, se debate desde su juventud entre la creencia o necesidad de creer, y la rebelión contra el dios Jehová del Antiguo Testamento y la Iglesia (Martín 1986). En este debate, se ve la desazón por la ausencia de Dios, al menos de un Dios salvador, y por tanto la imposibilidad de regreso al Paraíso, si es que alguna vez existió, desde temprano: en 'Canción para la luna' de *Libro de poemas* se figura un Jehová vinculado a la muerte (vv.32-41) y la consecuente ausencia de Paraíso futuro, llamado a veces 'Reino de Dios' en los últimos versos:

> Y entonces, luna
> Blanca, vendría
> El puro reino
> De la ceniza.
> (ya habréis notado
> que soy nihilista.)
> (García Lorca 1998a: 210, vv.60-65)

En *Sobre los ángeles* de Alberti encontramos varias menciones a la pérdida de la fe y la pérdida del Paraíso. El primer poema de la colección se llama precisamente 'Paraíso perdido', y al respecto afirma el editor, C. B. Morris, que es un tema al que volverá continuamente en la obra (Alberti 2001: 65). Muestra de lo afirmado por Morris aparece en la primera sección del libro, 'Huésped de tinieblas'. En los poemas 6 y 7 de la sección aparece el tema con la particularidad de que el Dios perdido — que representa la ignorancia y la felicidad en ella — es Cristo, un cristo de yeso y clavado a la pared, y el paraíso que se pierde es 'una ciudad', en oposición a lo que se ha dicho hasta ahora al respecto, pero que puede simbolizar la ciudad 'paradisíaca' de la Jerusalén Celeste anunciada en el Apocalipsis. El motivo de la ciudad perdida aparece en los primeros versos de ambos poemas (77), y ambos acaban con la muerte del Dios y la nada:

> No es un hombre, es un boquete
> De humedad, negro,
> Por el que no se ve nada.
>
> Grito.
> ¡Nada!
>
> Un boquete, sin eco.
> (vv.87-92)

Por último Cernuda es probablemente el que más trata el tema de la ausencia de Dios, de la invención de Dios, y del pasado en la fe como un lugar más placentero. Ya desde *Un río, un amor*, el poeta se muestra consciente de la desesperanza y de la imposibilidad del paraíso. Dicho descrédito se refleja en el título original del libro, 'Cielo vacío' (Zubiaur 2002: 71). Aparece en *Ocnos* la fe en Dios como asociada a la infancia en 'La eternidad' (Cernuda 2005: 556), y como parte del pasado en *Donde habite el olvido*, donde el poeta reconoce 'Esperé un dios en mis días | para crear mi vida a su imagen' (202, vv.1-2), en un poema en el que asocia el tiempo de fe en Dios con el amor y la alegría también extinguidos (vv.13-14); y también aparece en *Las nubes* como un ser que, aunque exista, no existe como se esperó de él en su momento, por lo que es algo perdido, ya que la idea de él se ha desvanecido. La decepción y la melancolía por la ausencia de su imagen aparece en el poema 'La visita de Dios', en que el poeta se lamenta al creador (276).

Básicamente Cernuda identifica desde el exilio en 1944 al Dios de su infancia con un paraíso conceptual que aglutina varios de los elementos mencionados ya, y que al contacto con la realidad se ha convertido en un Dios castigador que nada tiene que ver con el deseado. El contraste entre el deseo, la imagen ideal de las cosas, y la realidad, es decir, la aplicación experimental de dicho deseo que lo mancha y lo deshace, marcaría de amargura y desengaño los versos del sevillano, cuya visión, según Harris, refleja que 'El mundo es una amarga contrahechura del jardín escondido de aquellos sueños del futuro que ya ha llegado todo deformado' (Harris 1992: 61). Seguiremos hablando del desengaño y el vacío que deja la ausencia de Dios en los poetas en el capítulo próximo.

La palabra creadora

En quinto lugar, el Edén es la palabra creadora, o más concretamente, la época, si la ha habido, en que el poeta se creyó un dios con un objetivo en el mundo:

crear. Hablábamos de este momento ideal, en que el poeta era capaz de construir paraísos atemporales y que creía posible pervivir en su obra como se describía en el capítulo anterior. La palabra, recordemos, tenía la triple función de transmitir el mundo tal y como solo el poeta podía verlo, ser el fruto de la fusión de mente y naturaleza para construir paraísos personales, y asegurar de este modo la pervivencia del poeta en la palabra. De esta manera, el poema se convertía en paraíso para el poeta en ese tiempo idílico dado que reunía al menos tres de los elementos del Paraíso terrenal: unión con la naturaleza, inocencia y atemporalidad. Como paradigma de este paraíso construido por medio y gracias a la palabra adánica, propongo el descrito por Salinas en *Presagios* de 1924. Allí encontramos la oposición entre el paraíso de la palabra y la realidad del poeta que aspira a dicho paraíso humildemente, expresado por medio de los tópicos propios del Edén literal:

> Estos dulces vocablos con que me estás hablando
> No los entiendo, paisaje,
> No son los míos.
> Te diriges a mí con arboledas
> Suavísimas, con una ría mansa y clara
> Y con trinos de ave.
> Y yo aprendí otra cosa: la encina dura y seca
> En una tierra pobre, sin agua, y a lo lejos
> Como dechado, el águila,
> Y como negra realidad, el negro cuervo.
> (Salinas 1971: 20, vv.1-10)

El lenguaje del paisaje con el que habla al poeta son los árboles, el río y los trinos de pájaro, propios todos ellos el del paisaje edénico, mientras el pasado no poético del yo lírico habla de ausencia de Paraíso y presencia de la muerte, personificada en el 'negro cuervo', agorero universal de desdicha, con lo cual limita la temporalidad del paisaje que le es propio.[17]

En la siguiente sección se hablará de esta caída y pérdida del Paraíso en la desaparición de la posibilidad comunicadora de la palabra.

La Caída

La caída bíblica

Aunque como apuntaba Ricoeur y recogíamos en la introducción el mito de la caída en su forma básica se repite a lo largo de los libros bíblicos (en especial en

---

[17] Fijémonos también que, si en el Edén existe la 'lengua de los pájaros' del paraíso islámico al que hacíamos mención en relación a Lorca, fuera del paraíso, en la pobre realidad del poeta, las aves que aparecen son aves que no 'cantan': el águila y el cuervo, aves más bien amenazadoras.

el Génesis) alternando periodos de relativa felicidad, desobediencia hacia Dios y castigo, el citado aquí y al que nos referiremos principalmente es el mito de la Caída como momento en que Eva y Adán sucumben a la tentación y son expulsados del paraíso. La originalidad del primer pecado, como vemos en las citas bíblicas, es que es fruto de la elección de sabiduría por parte de la mujer en detrimento de la fe en Dios: la falta detonante de la expulsión se origina porque Eva come del fruto del árbol del conocimiento (Logos), ante la promesa de la serpiente de obtener una sabiduría cercana a la sabiduría que posee Dios (Génesis 3. 4-5). Al hacer esto duda de la palabra de Dios que le dijo que moriría si tomaba el fruto de ese árbol (Génesis 2. 17). El engaño, tradicionalmente atribuido a la serpiente, lo lleva a cabo Dios, puesto que el hombre no muere, sino que abre sus ojos al conocimiento, al que antes no tenía acceso puesto que estaba cegado por la fe. El padre Lyonnet, especialista en exégesis católica y teología, explica la pérdida de la fe que tenía Eva en Dios y en su palabra, que de esta manera deja de ser absoluta y verdadera, por la tentación del conocimiento:

> Under the instigation of the serpent, Eve let certain disturbing thoughts occupy her mind: that the word of God which threatened death, was not absolute or unconditional (Gn.3,4), that the precept given by God was not for the benefit of man, but a means by which God would defend his privileges (3,5). Thus she entertained doubts about the word of God, to whom, she began to believe, man was like a rival. (Lyonnet 1970: 6)

La vigencia de este mito en los años veinte, treinta y cuarenta se establece en diferentes aspectos: por un lado, tras la secularización europea iniciada con la Ilustración, la ciencia es el nuevo Dios. El conocimiento ha apartado al hombre de la religión, creando una situación en que el hombre ha 'abierto los ojos' y visto la falacia de la religión. Esta visión, al contrario de la liberación de la moral que se podría esperar según las teorías de Nietzsche, produce en muchos de los poetas frustración y desorientación que les hace añorar la fe que una vez tuvieron.

En segundo lugar y como consecuencia de lo anterior, tras la pérdida de Dios, el hombre se ve abocado a una vida efímera sin esperanza de futuro. Fuera del Edén hay dolor y muerte y ya no queda esperanza en la vida eterna. El terror por la fugacidad del tiempo y la vida, del que ya hemos hablado en la introducción, solo se podrá paliar, como afirma Nietzsche acerca de la 'desgracia sublime' en *Götzen-Dämmerung*, por medio de la creación artística. En ella el poeta logra proyectarse, proyecta su melancolía y quizá logre permanecer en el futuro (Nietzsche 1889).[18]

En tercer lugar, el artista, que se creyó un dios como veíamos en el anterior capítulo, se hace consciente de su error (una vez más, abre los ojos) y, consecuentemente, asume su castigo: la pérdida del momento de felicidad auto-

---

[18] 'Streifzüge eines Unzeitgemässen'. 24.

creada y la nostalgia eterna de la poesía como forma de creación al abrir los ojos y darse cuenta de que la palabra no es real ni es capaz de crear y transmitir realidades.

Las coincidencias situacionales y el deseo de insertar estas circunstancias en un tiempo mítico de crisis y en muchas ocasiones resurgimientos, llevan a hacer del mito de la caída uno de los más populares desde el Romanticismo como ya veíamos con Wordsworth y los románticos (Abrams 1973).

Crisis de la palabra

Recordemos, del capítulo anterior, que el poeta había querido ser Dios creador, crear realidades por medio de palabras, hacerse inmortal de ese modo y transmitir el conocimiento de mundos que solo él podía ver. Ahora bien, estas aspiraciones suelen durar poco, pues en cierto punto se hace consciente de sus limitaciones y, como se ha explicado en la introducción, abre sus ojos a su propia realidad y accede a la conciencia de la imposibilidad de expresar verdades, y mucho menos construirlas, por medio de la palabra. Lo que en el relato del Génesis aparece como conciencia de la propia desnudez, se corresponde con la conciencia de la inutilidad del poeta en la sociedad, ya que su misión no existe. Vicente Aleixandre lo atestigua en su 'Poética' de 1932, como recoge Geist: 'el genio poético escapa a unos estrechos moldes previos [palabras] que el hombre ha creado como signos insuficientes de una fuerza incalificable' (Geist 980: 186–87).

En Emilio Prados vemos tal decepción en el poema 'Tiempos de un verbo oculto', en que la voz poética habla de la apertura de ojos, y la decepción, la llegada de la oscuridad tras comprender la verdad de la inutilidad del verbo (Prados 1975: 34). Asimismo, en Cernuda, el poema 'Retrato del poeta' se aprecia una concepción de la palabra como herramienta superficial, 'refulgente', con la consiguiente pérdida de fe en la misma como vehículo de expresión y en las cosas como objetos expresados por la palabra (Cernuda 2005: 451–52). Por otro lado, la crisis resultará en una incapacidad de la palabra para construir, puesto que no puede transmitir la verdad del poeta completamente al lector. A partir de la crisis de la palabra, el poeta 'abre los ojos' y es consciente de la imposibilidad de expresar la verdad por medio de vocablos, su objetivo se desbarata y pierde la fe en sí mismo y en la poesía, pasando a un estado lúgubre en que las palabras falsean la intención del poeta y el poeta pierde su papel en el mundo. La ausencia de palabras o la futilidad de las mismas aparecen ya en los primeros poemas de Lorca, en *Libro de poemas* como estudia Gareth Walters (Walters 2008: 33). Sin embargo, y teniendo en cuenta lo temprano de los textos, Walters no interpreta la aparición de 'piedras falsas' o la dificultad de hallar palabras que expresen 'la verdad del poeta' como una crisis, sino como un período de aprendizaje.

Si la palabra es creación, el silencio es la anticreación: así aparece en el poema 'Silencio' de Emilio Prados en que según mi lectura, se contrapone el paraíso de la palabra que conlleva la eternidad, con el anti-paraíso del silencio desde el cual, si se puede alcanzar la eternidad, paradójicamente no se puede retener, no se puede crear (Prados 1975: 36, vv.37–40). Otro choque entre la eternidad y el silencio que sugiere la incompatibilidad entre ambos se da en el siguiente poema de Tiempo, 'Telares': 'La proa de lo eterno | se clava en el telar del silencio' (37, vv.7–8). Pero la caída poética no consistirá solo en la pérdida de la expresividad de la palabra, o en el reflejo de una crisis social, sino también en la pérdida de la visión poética de la que el autor como Dios que se creía gozaba antes: la pérdida de la visión de la eternidad. Paul De Man afirma que el lenguaje literario, por su propia naturaleza es una carga, como un motivo de ceguera que impide al lector la visión de lo que realmente se dice. Por tanto el texto nunca llega al lector en su significado original, de manera que la 'visión', 'solo existe para un lector que [. . .] se halla en la posición privilegiada de poder observar la ceguera como un fenómeno en sí, y es, por tanto, capaz de distinguir entre la declaración y el sentido' (De Man 1991: 120). De Man además afirma que la construcción de paraísos por medio de palabras es una falacia desde el principio, una falacia creada por el propio poeta que se niega a admitir su ceguera (128).

La ceguera que de forma natural causa el lenguaje literario conlleva varias consecuencias: por un lado la indisolubilidad de visión y ceguera, ya que para obtener la una hay que ser consciente de la otra. Esto quiere decir que si el poeta tenía una 'visión poética' de la realidad tal y como es, era debido a su conciencia de la ceguera que supone la visión limitada al mundo real. Aún así, nunca será capaz de transmitir dicha visión, lo que él pensaba que era su cometido en la sociedad, puesto que tan pronto como la plasma en un texto es susceptible de ser leído y la inmanencia de la lectura en relación con el texto crea inmediatamente una barrera entre lector-enunciado y significado real (De Man 1991: 117). La imposibilidad de comunicación real se representa a menudo, al igual que la muerte, por medio de pozos ciegos y aguas estancadas, por oposición a los ríos de agua viva y corriente que se observan en el paraíso.[19] Así sucede, por ejemplo, en 'Niña ahogada en el pozo' de *Poeta en Nueva York*, en el que tras la repetición persistente de la letanía 'que no desemboca . . .' al final de cada estrofa que describe la escena de muerte y rescate de la niña ahogada, el poema concluye en los últimos cuatro versos relacionando el agua estancada, el dolor y la incomunicación:

> No, que no desemboca. Agua fija en un punto,
> Respirando con todos sus violines sin cuerdas
> En la escala de las heridas y los edificios deshabitados.
> ¡Agua que no desemboca!
> (García Lorca 1998b: 618, vv.25–28)

---

[19] Por poner un ejemplo de la relación entre agua estancada y muerte, en 'Asesinato' de *Poeta en Nueva York* aparece el verso 'y el mar deja de moverse' como sinónimo del momento de la muerte (García Lorca 1998: 314, v.7)

Los violines sin cuerdas representan aquí la incomunicación, la imposibilidad de clamar, como antes lo era 'el árbol de muñones que no canta' o la 'mariposa ahogada en el tintero' que mencionábamos al hilo de la incomunicación en la ciudad. Existen en Lorca múltiples referencias al agua estancada como representación de muerte, incomunicación y ceguera, en ocasiones de estas dos últimas como casi equivalentes. Ocurre en el famoso 'Romancero sonámbulo', en que la primera estrofa presenta a la muchacha muerta inclinada sobre el pozo y 'las cosas la están mirando | y ella no puede mirarlas' (147, vv.11-12). El primer signo de muerte en el poema es la ceguera de la muchacha, su incapacidad de ver las cosas reflejadas en el pozo. Nigel Dennis, en el ya mencionado artículo sobre la crisis de la palabra poética en *Libro de poemas* aborda la relación entre muerte y crisis de la voz lírica al afirmar que la 'crisis vital' del poeta corre pareja a la crisis de la voz: 'Es como si Lorca, y por extensión el hablante de sus versos, al no encontrar un vehículo adecuado para expresar su 'pensamiento', sintiera deshacerse la sustancia de su propia identidad.' (Dennis 1998: 26). Si se deshace la identidad, el poeta muere junto con su voz, voz ahogada.

Veremos más ejemplos de agua estancada con el sentido de muerte e incomunicación más adelante. Válgannos estos de momento como reflejo poético de la consciencia del poeta de esa 'ceguera' que es producto de la lengua literaria, y las connotaciones de antiparaíso que esta trae consigo.

Crisis personal: la pérdida de la eternidad y la imposibilidad de reconciliación entre realidad y deseo

Finalmente, la imagen de la caída en los poemas podrá ser plasmación o bien ser motivada por crisis personales a que se enfrenta el poeta, y que se unen al cúmulo de circunstancias ya mencionadas para conformar la imagen de un poeta desterrado del paraíso. En el caso de Luis Cernuda se concentran varias circunstancias que dan lugar a la crisis fundamental o la conciencia de la imposibilidad de conciliar el deseo y la realidad. El deseo es la generalización de los muchos paraísos anhelados por el sevillano y que tienen en común los elementos de eternidad (o no consciencia de la temporalidad), amor y placer perfectos. Es la idea pura de las tres cosas antes de ser experimentada, corrupta por la realidad. Es por esto que Silver ubica el paraíso de Cernuda en la infancia, que identifica con 'timelessness, innocence, and a feeling of oneness with the world' (Silver 1965: 56-57). La caída, pues trae como secuela 'time, age, corruption, and the loss of innocence in imperfect love' (61). El contraste entre ambos elementos se da por medio del conocimiento o la conciencia de la ceguera de la inocencia, que propone De Man, ajustándose todo al mismo mito.[20] Así

---

[20] Sin embargo, para Cernuda, no creo, coincidiendo con Zubiaur, que el paraíso de la infancia tal como lo describe en *Ocnos* en un eterno presente, sea más que una construcción, al igual

pues, la poesía serviría a Cernuda para intentar restituir la pérdida del Paraíso que ha entrado en contacto con la experiencia y buscar 'the truth hidden behind appearance, the truth of his own aspirations set against an objective world that denies them' (Harris 1973: 16). Es decir, que aun siendo Cernuda capaz de ver la verdad siendo consciente del obstáculo que supone la realidad del mundo para ello, intenta intelectualizar la experiencia restando distintivos personales a la misma para ser capaz de evitar la 'realidad' y transmitir la verdad, la 'idea' que se corresponde a dicha experiencia (16-17). Finalmente su objetivo no puede ser cumplido, lo que le pone en contacto con su propia temporalidad, la de su poesía y por tanto, la del Paraíso que no es tal, sino que viene siendo 'jardín fugaz, ardiente, | donde el eterno fruto se tendía' (Cernuda 2005: 134, vv.41-42). Precisamente por esto, por la imposibilidad de ser eterno y la conciencia adquirida de esta realidad, clama a Dios en los versos de 'Las ruinas': 'Oh Dios. Tú que nos has hecho — para morir, ¿Por qué nos infundiste — la sed de eternidad que hace al poeta?' (325, vv.45-47).

Por otro lado, Harris también afirma que la crisis en Cernuda se origina a raíz de la conciencia de la imposibilidad de realizar sus ideales de amor homosexual de forma aceptada en la sociedad en la que vivía. Llega a esta conclusión por medio de los escritos de *Ocnos* en los que se identifica el momento de empezar a escribir, y por tanto de empezar a buscar un Paraíso interior plasmado en la escritura con la conciencia de la homosexualidad (Harris 1973: 20-28, 62-64). Algo similar ocurre en Lorca, que también se rebela contra Dios Padre ante la imposibilidad de ser aceptado tal y como es en su sociedad (estado que identifica con la infancia y la ausencia de conciencia de su propia sexualidad o del rechazo que provocaría) (Herrero 2005). Ambos casos junto con algunos otros más o menos similares, se desarrollarán en el capítulo próximo, en el que nos centraremos en la autoimagen que se construyen los poetas decepcionados.

Dolor e imposibilidad de regreso al Edén

Tras la Caída se dan dos circunstancias que provocarán que los poemas expresen cada vez más nostalgia y desazón: la una es que el castigo por elegir el conocimiento sobre la fe es el dolor, no solo de la pérdida de la inocencia sino, según el mito, el impuesto por Dios según Génesis 3. 16-17 ('con dolor parirás

---

que los paraísos que construían con palabras los románticos y que se estudiaban en el capítulo anterior. Esta conclusión se extrae del hecho, también expresado por Silver, de que a menudo Cernuda habla de su falta de raíces y pertenencia a ningún lugar y de su desprecio de España y de que tan pronto como su madre murió, él huyera del hogar familiar, lo que no parece hablar de una infancia protegida y feliz (Zubiaur 2002; Silver 1965: 11-13). Por tanto, en cuanto a la infancia, el paraíso de Cernuda es una construcción en poemas que se desmorona ante la crisis de la palabra, siendo consciente del desajuste entre su deseo, su construcción, y la realidad.

los hijos | con afanes comerás de ella (la tierra) todos los días de tu vida'). Así como el Paraíso y la Caída son mitos que engloban diferentes experiencias intelectualizadas, también será correlato de diferentes dolores reales o parte del papel del poeta. La otra circunstancia es la inviabilidad de volver atrás. Según el mito bíblico, y como representación de la imposibilidad de volver al Paraíso, Dios puso delante del Paraíso dos puertas resguardadas por ángeles, para asegurarse de que el hombre no volvía a pisarlo (Génesis 3. 24: 'Y echó fuera a Adán, y delante del Paraíso puso Querubines, y espada que arrojaba llamas, y andaba alrededor para guardar el camino del árbol de la vida'). En la tradición cristiana, la forma de volver al Edén es siguiendo a Cristo, la luz del mundo, como aparece en el evangelio de Juan: 'Yo soy la luz del mundo; el que me sigue, no anda en tinieblas, mas tendrá la lumbre de la vida' (Juan 8. 12). Dice el mismo evangelio que Cristo es también la puerta de entrada al paraíso: 'Yo soy la puerta. Quien por mí, entrare, será salvo: y entrará, y saldrá, y hallará pastos.' (Juan 10. 9). Ambos elementos, la luz y la puerta, son reiterados en los poemas de los del veintisiete, que, habiendo perdido la fe, o elegido el conocimiento sobre la fe, se encuentran en el estado de desasosiego que se mencionaba antes, por haber perdido no solo el Paraíso, sino también la luz y la puerta, es decir, cualquier oportunidad de volver al mismo. Alberti, por ejemplo, menciona ambos, puerta y luz, en su primer poema de *Sobre los ángeles*, 'Paraíso perdido':

> Muerta en mí la esperanza,
> Ese pórtico verde
> Busco en las negras simas.
> [...]
> ¡Paraíso Perdido!
> Perdido por buscarte
> Yo, sin luz para siempre.
> (Alberti 1972: 318, vv.31-33, 46-48)

La voz poética parece resignarse a no encontrar el camino de vuelta, pero la novedad estriba en el lamento por la pérdida de la 'luz': esa luz-Cristo que ya no encontrará, podría hablar de la reciente pérdida de su fe que Alberti confiesa en *La arboleda perdida* (Alberti 1980). En los apuntes biográficos hechos por el mismo poeta gaditano que suelen preceder a las distintas ediciones de sus obras completas, leemos en el año correspondiente a la escritura de *Sobre los ángeles*: 'Amor. Ira. Cólera. Fracaso. Desconcierto. *Sobre los ángeles*' (Alberti 1972: xii), Desde luego, teniendo en cuenta las sensaciones que desembocan en la escritura del libro, podemos manifestar que *Sobre los ángeles* es producto y quizá reflejo de una caída.

Si consideramos la fe como una feliz cualidad de aquellos que quizá 'no han abierto los ojos' (recordemos que hablamos de Alberti, ateo confeso), la pérdida de la luz y la entrada en la oscuridad se asociarían paradójicamente a la apertura de ojos y la lucidez que trae consigo el dolor. Por eso en los versos 40-42 todavía hay un último intento de recuperar la ignorancia, antes de darse por vencido:

> Ángel muerto, despierta,
> ¿Dónde estás? Ilumina
> Con tu rayo el retorno.

Si Cristo es la luz, por silogismo fácil, Cristo es el 'ángel muerto' del verso al que la voz poética se dirige en un intento desesperado por recuperar la fe. Estando muerto el ángel-Cristo no va a despertar. La desesperanza de los versos deja ver ciertos ecos de Nietzsche al proclamar la muerte de Cristo (como el alemán había proclamado la de Dios en *Die fröhliche Wissenschaft*). No hay Dios, ni Cristo, ni ángel, ni retorno puesto que Cristo representaba la esperanza de la resurrección y la puerta al paraíso. Desaparecida la luz y la esperanza, todo es oscuro para el poeta, 'negras simas', como se indica en los versos 32-34.

De la mano de Lorca en *Poeta en Nueva York*, volvemos a encontrar las puertas del Paraíso como barrera que impiden el regreso al Edén propio, que imposibilitan alcanzar el objetivo. Las vemos primero en el poema 'Panorama ciego de Nueva York', en el que ve las puertas desde el lado terrestre:

> Aquí sólo existe la Tierra.
> La Tierra con sus puertas de siempre
> Que llevan al rubor de los frutos.
> (García Lorca 1998b: 572)

El 'rubor de los frutos' podría interpretarse como los frutos del árbol de la vida mencionados en el Génesis, que siguen colgando de los árboles al otro lado de la puerta. La voz poética parece desear alcanzarlos, como se ve en 'Poema doble del Lago Edem':

> Déjame pasar la puerta
> Donde Eva come hormigas
> Y Adán fecunda peces deslumbrados
> Déjame pasar, hombrecillo de los cuernos,
> Al bosque de los desperezos
> Y los alegrísimos saltos.
> (García Lorca 1998b: 605-06, vv.14-19)

A lo gráfico del título del poema, que nos habla del reflejo de un Edén en el agua creando otro Edén frágil e irreal, se le añade para nuestro interés la presencia de elementos propiamente del Génesis, como Adán, Eva, el 'hombrecillo de los cuernos', posiblemente relacionable con el Demonio, y la puerta. Pero la visión que la voz poética tiene del otro lado es completamente diferente de la bíblica, cosa que se consigue transformando los objetos directos correspondientes a los sintagmas 'Eva come' y 'Adán fecunda' en los versos 15 y 16: la acción más relevante que Eva realiza en el jardín del Edén es efectivamente comer, pero no hormigas, sino una manzana. Por otro lado, Adán, el padre de todos los hombres, fecunda a Eva para cumplir la misión encomendada por Dios: 'Creced y multiplicáos, y henchid la tierra, y sojuzgadla' (Génesis 1. 28), y no a 'peces deslumbrados'. Pero este paraíso alternativo, distorsionado como si hubiera ido a mirarse al callejón del Gato, es alegre y deseable. Lorca decide olvidarse del drama del pecado original y recuerda solo la felicidad en él, felicidad ausente de conocimiento que solo es visible y alcanzable para los 'idiotas' que menciona varias veces en *Poeta en Nueva York*, con el sentido de seres inocentes, bobos, sin discernimiento en un estado adánico previo al mordisco de la manzana y la apertura de ojos. Así lo vemos en 'Paisaje de la Multitud que Orina':

> Será preciso viajar por los ojos de los idiotas,
> Campos libres donde silban las mansas cobras deslumbradas,
> Paisajes llenos de sepulcros que producen fresquísimas manzanas,
> Para que venga la luz desmedida.
> (García Lorca 1998b: 592, vv.38-41)

Los elementos de la cobra — serpiente al fin y al cabo — , la libertad y las manzanas nos devuelven al mito del Paraíso por medio de los mitologemas constitutivos. Esta idea se ve reforzada por los 'sepulcros' del verso 39, ya que es a donde van los muertos: al Paraíso de la vida eterna, aunque también podría referirse al tópico de *et in Arcadia ego*[21] puesto que el sepulcro en medio del Paraíso, con sus manzanas y su luz, recuerda que es un Paraíso perecedero, ya que la voz poética sí que ha abierto los ojos a la muerte, no como los idiotas, que aún son felices ignorándola o dando por hecho que esta los llevará a 'la luz desmedida', es decir, recuperarán la fe. Así se vincularía a las ideas nihilistas de Alberti, negando la posibilidad de llegada de la luz.

La pérdida del Paraíso

Por superficialmente que uno se acerque a la literatura europea de los últimos 200 años, resultará sorprendente la frecuencia con que aparece la imagen del Paraíso perdido, siempre con sus significados de pérdida y nostalgia. William Wordsworth habla del Paraíso perdido de los campos de Cumbria donde creció desde la turbulencia de la gran ciudad en *The Prelude* (Book VIII, vv.70-97), mientras Giacomo Leopardi trata del tiempo de la juventud y el amor como de un Paraíso en su canto XVI ('La vita solitaria' vv.38-48), por mencionar dos famosos ejemplos del Romanticismo europeo que sabemos que entraron en

---

[21] Este epitafio latino se re-populariza a partir del cuadro de Nicolás Poussin con el mismo nombre, pintado entre 1637 y 1638. El cuadro presenta una escena pastoril de inocente alegría con un féretro en el medio que los pastores rodean. Típicamente se ha interpretado como un *memento mori*, dando el sentido de que, incluso en los lugares más bellos se encuentra la muerte.

contacto con los del veintisiete.[22] Más adelante y ya en el siglo XX, Marcel Proust, por proponer otro gigante de la literatura europea, abordaría el tema del recuerdo en su gran obra *A la recherche du temps perdu*, cuyos tres primeros libros tradujo Pedro Salinas, que ha sido interpretada a menudo como obra sobre la nostalgia, debido a la constante evocación del recuerdo que se lleva a cabo en la narración.[23]

Hablar de la pérdida y la nostalgia forma parte de la construcción de la imagen pública del poeta contemporáneo: pocos poetas que se puedan llamar así no aparecerán con un halo de melancolía y tristeza. Desde los tiempos de los románticos, la imagen del poeta ha sido la del tipo atormentado por la pérdida de algo (o de todo). Signo de esto es la expansión a finales del siglo XX del término acuñado por Verlaine 'poeta maldito' que de forma implícita o explícita se han apropiado muchos después de los tiempos de los simbolistas franceses y del que se hablará en el capítulo siguiente.

La nostalgia

En 1915 Sigmund Freud escribió su famoso artículo *Trauer und Melancholie* ('Duelo y melancolía') dando una explicación psicosomática para ambas experiencias, relacionándolas con su origen y distinguiéndolas entre sí. Transcribo parte de la descripción de la melancolía:

> se singulariza en lo anímico por una desazón profundamente dolida, una cancelación del interés por el mundo exterior, la pérdida de la capacidad de amar, la inhibición de toda productividad y una rebaja en el sentimiento de sí que se exterioriza en autorreproches y autodenigraciones y se extrema hasta una delirante expectativa de castigo. (Freud 1915: 2).

Las teorías de Freud eran generalmente aceptadas en la época y muy tenidas en cuenta en ámbitos intelectuales y literarios. Bousoño habla de cómo las imágenes continuadas que se hallan en casi todos los poemas de *Sombra del paraíso* de Aleixandre parecen imágenes oníricas, proponiendo que éstas están en parte

---

[22] Aparte de los poetas ingleses, sabemos por el propio Cernuda que leyó a Leopardi, puesto que así lo afirma en 'Historial de un libro' (Cernuda 1994: 643). Aunque en este discurso narre cómo leía los poemas del italiano en el invierno de 1936 a 1937, como afirma Ladrón de Guevara en su estudio sobre la influencia leopardiana en *La realidad y el deseo*, 'Esto no quiere decir que Cernuda no hubiera leído con anterioridad a Leopardi, pero sí que en aquella época era lectura habitual, lo cual no es de extrañar, ya que en plena Guerra Civil y tras la muerte del amigo ('La muerte trágica de Lorca no se apartaba de mi mente'), el pesimismo y el nacionalismo de Leopardi encontraba en el ánimo de Cernuda un campo más abonado y predispuesto de lo que ya lo estuviese durante los años de la Residencia de Estudiantes.' (Ladrón de Guevara 1987: 678).

[23] Más en concreto, identificando 'El tiempo perdido' de la infancia y el amor con el jardín del Edén encontramos el reciente libro de Stephen Gilbert Brown *The Gardens of Desire: Marcel Proust and the Fugitive Sublime* (Brown 2004).

basadas en la obra de Freud, la cual daría una pista para su interpretación (Bousoño 1956: 170–72). Federico Bonaddio confirma la influencia de Freud al hablar de las relaciones entre la obra de Lorca y de Dalí, diciendo que 'The cultural climate, the lectures at the Residencia de Estudiantes and new translations of Freud all have roles to play in an understanding of influences' (Bonaddio 2007: 88). La influencia de las traducciones de Freud es especialmente perceptible en las obras de corte más surrealista de los poetas, sobre todo la teoría de la paranoia, que Dalí utilizaría para crear su 'método paranoico-crítico'.[24]

La coetaneidad de las generaciones neorrománticas y la doctrina de Freud — recordemos que publica *Die Traumdeutung* en 1898 — provoca un transvase mutuo de ideas e imágenes entre literatos y científicos de la psicología, de modo que, así como muchas imágenes oníricas del surrealismo reconocen sus raíces freudianas, la definición de melancolía que da se adapta exactamente a la imagen arquetípica de los poetas desde el Romanticismo, siempre con ese aura de tristeza, bohemia y soledad; de ahí que la imagen del Paraíso perdido parezca un reflejo exacto de la definición freudiana de melancolía, a la vez que corresponde dicha melancolía a la imagen arquetípica y auto-proyectada del poeta post-romántico. Veíamos que según la explicación de Freud que transcribía más arriba, la melancolía tiene como origen una pérdida. Hemos visto también que hay diferentes cosas que pierden los poetas, pero que las principales son tres: la patria (bien en el exilio o bien al abandonar la tierra natal), la inocencia y la poesía, o al menos el ideal de poesía como lo concibieron en algún momento de su juventud, puro y perfecto. Todas estas pérdidas se reflejan en un discurso melancólico, muy en línea con la imagen del poeta que se viene dando desde el Romanticismo. Hay otros elementos interesantes para nuestro objetivo en la descripción de Freud: en primer lugar, la 'cancelación del interés por el mundo exterior' que nos lleva al encerramiento del poeta en el ya mencionado *Hortus conclusus*, uno de cuyos mayores atractivos era la seguridad,

---

[24] Según explica Fiona Bradley en su obra *Surrealismo*, la paranoia es una 'enfermedad mental que hace que el paciente interprete erróneamente la información visual, que comience a "ver cosas"' (Bradley 1999: 39) y hace al paciente relacionar una imagen con otra con la que aparentemente no tiene conexión alguna, de forma irracional. Dalí recrea esta enfermedad conscientemente para la aplicación de su 'método paranoico-crítico' que consiste en 'la malinterpretación creativa del mundo visual' (Bradley 1999: 39). Estas 'malinterpretaciones' también aparecen en los poemas de algunos de la generación del 27, especialmente en *Poeta en Nueva York* de Lorca, *Un río, un amor* de Cernuda, *Sobre los ángeles* de Alberti y *Sombra del paraíso* de Aleixandre influidos indirectamente por Freud por medio del surrealismo. Recordemos que, hablando del mito de la Caída, en el Génesis se utiliza la metáfora de 'abrir los ojos' al conocimiento, la misma metáfora que utilizan los surrealistas para acceder al subconsciente en *Un Chien andalou*, dejando de lado el conocimiento racional y la conciencia que habían adquirido Adán y Eva. Así pues, el surrealismo sería un grado más en la caída, la entrada en un nivel superior al del conocimiento consciente, que ha de dejar de lado el logos que desterró a los hombres del Paraíso.

la ausencia de dolor y de peligro que imperaba en él. En segundo lugar, un sentimiento de autorreproche en el 'enfermo de melancolía' y la expectativa de castigo. Ambas observaciones son excepcionalmente valiosas en el propósito de explicar la plasmación de la melancolía mediante el mito del jardín del Edén, puesto que bien sabemos que la pérdida del Edén es un castigo debido al mal comportamiento humano, y en la versión poética de la pérdida también hay cierto grado de autorreproche.

Por tanto, la representación del Edén y la actitud de nostalgia que la envuelve, parecen estar influidos por las teorías freudianas que habían ayudado a crear un modelo de poeta/voz poética — como se verá más a fondo en el próximo capítulo — en que su melancolía responde a esos síntomas freudianos. Volviendo a centrarnos en los poemas que nos interesan y en la manifestación de la melancolía, anuncio que encontraremos los síntomas dispersados en las representaciones. Así como al principio veíamos los elementos comunes a la mayor parte de representaciones del Edén, existen una serie de tópicos comunes a la hora de representar su pérdida y el Paraíso como objeto ya perdido: el color azul, el gris, el otoño y el agua estancada (en lugar de agua que corre, como aparece en el Paraíso bíblico).[25] En las próximas secciones nos dedicaremos a analizar el último de estos tópicos, profundizando en la construcción de la figura del poeta melancólico y en la aparición de los síntomas freudianos en los poemas.

Agua que corre y agua estancada

El agua, que está presente desde la imagen del Edén de la Biblia, puede ser de dos formas: aguas corrientes, riachuelos rápidos, reflejo de vida, o aguas estancadas en la imagen del Paraíso perdido como evocación melancólica e imposible. Las aguas estancadas aparecen como símbolo de muerte, quizás debido a la imagen clásica de la laguna Estigia. La contradicción estriba en que las aguas rápidas, que fueron por lo general símbolo de vida en el Paraíso premoderno, simbolizarán entre los modernistas y los del veintisiete el paso del tiempo y de la vida y la imposibilidad de volver atrás.[26] Así aparecen en *Las Islas Invitadas* de Altolaguirre, por ejemplo en los versos

---

[25] El azul, color fetiche de los modernistas es un color melancolía: Juan Ramón Jiménez reivindica en *Diario de un poeta recién casado* el sentimiento 'azul' en español (Jiménez 2009: 199-200). Herencia del Modernismo, el azul ligado al Edén y a la nostalgia aparecerán a menudo en los poemas del 27. En *Marinero en tierra* de Alberti, por ejemplo, aparece como el color que tiñe los océanos de su Cádiz-paraíso, añorado desde su retiro en la sierra madrileña (Alberti 1972: 60, vv.1-4).
[26] A pesar de lo dicho, en las *Coplas* de Jorge Manrique, las aguas corrientes también aparecen como transcurso del tiempo que nos lleva inexorablemente hacia la muerte.

No sé qué cárcel me espera
[...]
ni a qué sueño dará el río
de mi vida cuando me muera
(Altolaguirre 1973: 76)

o en 'Acuarela' de Champourcin, en que el paisaje del río discurre paralelo a la descripción de la melancolía del poeta (Champourcin 1991: 53-54). Pérez Parejo interpreta la presencia del agua en los paraísos de los del veintisiete como símbolo unido a, al menos tres valores: el paso del tiempo, el murmullo-lenguaje, y el valor del espejo (Pérez Parejo 2002: 370). Es interesante la aparición de los dos últimos valores, puesto que están íntimamente relacionados con la melancolía de la que estamos hablando. En una sección anterior ha aparecido ya brevemente el valor auditivo del Paraíso en general, como oposición al silencio-incomunicación patentes en la ciudad. El valor sonoro del río, que Pérez Parejo califica de lingüístico, aparece de este modo en Aleixandre: 'oyendo estoy a la espuma como garganta quejarse' (Aleixandre 1960: 476, v.36). Paradójicamente, mientras la naturaleza habla la palabra antes creadora del poeta ahora se vuelve silenciosa como agua estancada, lo que hace notar Aleixandre en 'El moribundo' de *Nacimiento último*: 'Oídme. Todos, todos pusieron su delicado oído. | Oídme. Y se oyó puro, cristalino, el silencio.' (592, vv.29-30) y representa cierta desunión entre el poeta y la naturaleza. El silencio adquiere cualidades de lago, puro y cristalino, sin movimiento, como un espejo, y es la señal de que el yo lírico, el 'moribundo' ha muerto finalmente. Fijémonos que la parte del poema en la que se describe los recuerdos de la vida del moribundo se llama 'Palabra', y la que narra la muerte se llama 'Silencio', progreso bien significativo del auge y caída de la palabra.

El agua quieta como silencio y muerte aparece también en 'Cuerpo en pena' de Luis Cernuda (2005: 144, vv.1-4). El anti-paraíso tras la caída comprende aguas estancadas, que es donde flota el ahogado (según el primer verso el ahogado avanza lentamente. Si el agua fuera agua viva, el ahogado sería llevado por la corriente a gran velocidad). En la visión del ahogado al que imaginamos boca abajo en el agua, viendo todo deforme y con el agua amortiguando los sonidos, aparece el silencio ligado a la muerte ('Quita su apariencia a la vida'), así como la ausencia de color de los árboles y de las llanuras. La muerte y el silencio alejan al ahogado de un paisaje vivo, similar a un Edén, en la naturaleza, frente al que sus sentidos se han bloqueado.

La descripción del cementerio de la Isla de San Miguel de Pilar de Valderrama comienza con el canto primero subtitulado 'La laguna muerta' y un paisaje que ya resultará familiar al aunar aguas estancadas, muerte y silencio:

Sosegado el ambiente.
Verdosa el agua, enturbiada y quieta;
quieta ante el infinito

del gran arcano de las vidas muertas.
Silencio en derredor...
En el mar verde, en las vecinas sierras;
fuera todo es silencio,
dentro el murmullo de las almas nuestras.
Escuchamos su voz indescriptible
que suena lejos y que se oye cerca.
(Merlo 2010: 115, vv.1-10).

Además el agua está muerta, verdosa y enturbiada, putrefacta. El silencio del agua, 'quieta ante el infinito', contrasta con lo único que se oye, que es lo único vivo: 'el murmullo de las almas nuestras'. Llama la atención la elección de la laguna muerta para iniciar la descripción de un cementerio, que al fin y al cabo es un jardín vallado pero lleno de cadáveres ya sin vida: un paraíso muerto.

Como último ejemplo de la relación entre muerte, silencio y aguas estancadas, propongo el ya mencionado 'Poema doble del lago Eden' de *Poeta en Nueva York* de Lorca. El título de por sí ya es significativo, dada la combinación de dos conceptos que se trabajan en este capítulo: edén y lago. En la segunda estrofa, el poeta comienza su lamento por no poder volver a expresarse:

¡Ay voz antigua de mi amor!
¡Ay voz de mi verdad!
¡Ay voz de mi abierto costado,
cuando todas las rosas manaban de mi lengua
(García Lorca 1998b: 605, vv.5-9).

El lamento por la 'voz' perdida — dando por hecho que es la voz poética a la que se refiere — se combina con la imagen del lago frente al que llora, según el verso 36, lamentando la dificultad de expresar la 'verdad': 'Quiero llorar diciendo mi nombre, | rosa, niño y abeto a la orilla de este lago'. Es destacable la relación de los versos citados con el mito de la laguna Estigia: según Hesíodo Estigia era una de las oceánidas premiada por Zeus por luchar a su lado en la Titanomaquia.[27] Uno de los premios que le otorgó fue hacer su nombre sagrado, de modo que si alguien juraba por el nombre de Estigia y fallaba su juramento, se quedaba nueve años sin voz. La relación entre este mito y los versos de Lorca estriba en la conexión entre la voz perdida y el lago-laguna del título, identificable con Estigia, pero el tema va más allá: en la Edad Media se cristianizó el mito de la Laguna Estigia, aquella que separaba el mundo de los vivos y el de los muertos en la mitología griega, y aparece ya cristianizada en obras como *Paradise Lost* de Milton, o en el cuadro de Joaquín Patinir, 'El paso de la laguna Estigia' (1520-1524) del museo del Prado; en ambos la laguna representa la elección entre el bien y el mal, estando situada entre el infierno y el paraíso. En el poema de

---

[27] Así aparece en la *Teogonía* en los versos 360-401 (Hesíodo 1986). Luego Homero retoma la historia en su *Odisea*.

Lorca, el lago separa el tiempo edénico de la infancia en que tenía una voz y el tiempo actual de la pérdida, unida al doble sentido del nombre del lago, 'Eden', que además está asociado a la muerte en su estado de agua estancada, 'que no desemboca. Agua fija en un punto' (García Lorca 1998b: 276, v.25) que representa a menudo la muerte en Lorca.

Pero según Paul Ilie, el 'Poema doble del lago Eden' también se puede leer teniendo en cuenta el tercer valor del agua estancada que anota Pérez Parejo, el del espejo y el reflejo (Ilie 1986: 770). Ilie afirma tal cosa fijándose en el verso 35 del poema que define a la voz poética como 'un pulso herido que ronda las cosas del otro lado' e interpretándolo como una visión del poeta a través del espejo o desde el otro lado del espejo, teniendo en cuenta también la imagen del 'poema doble', que bien puede ser un poema reflejado en un lago, el Eden. Esta visión del lago-agua estancada como espejo perecedero y terrenal del Paraíso eterno aparecerá en más poemas y poetas, como veremos a continuación.

Espejos líquidos

El tercer valor que le da Pérez Parejo al agua en el paraíso de Guillén y que es extensible a la mayoría de poetas que estudiamos en este trabajo, es la idea del agua como espejo, que surge en el mismo Génesis, cuando en el relato de la creación aparecen las siguientes palabras:

> Y dijo también Dios: Sea hecho el firmamento en medio de las aguas: y divida aguas de las aguas. Y hizo Dios el firmamento, y dividió las aguas que estaban debajo de aquellas que estaban sobre el firmament. Y fue hecho así. (Génesis 1. 6-7)

Esta curiosa disposición del cielo como frontera entre aguas y aguas da la idea de un equilibrio entre un mundo sobrecelestial y otro infracelestial. El jardín del Edén se encontraría en la parte de abajo del firmamento, por lo que sería Paraíso terrenal, opuesto a lo celestial. Más tarde, con Platón y su mito de la caverna, volverá la idea del mundo como un reflejo de otro mundo, el de las ideas, añadiendo el concepto del mundo terrenal como efímero e imperfecto reflejo de otro perfecto (celestial), parangonable a la idea del Génesis de que Dios hizo al hombre a su imagen, pero mortal (terrenal, efímero), a diferencia de él (celestial, eterno).

La idea del Edén como reflejo del Paraíso celestial continúa en la tradición literaria, con hitos como el poema *Paradise Lost* de Milton, publicado en 1667. Así lo vemos en los pensamientos de Lucifer tras su caída, en los versos 205-08 del libro IV: 'A Heaven on Earth for blissful Paradise' (Milton 1968: 103). Lucifer lamenta la pérdida de su cielo y se admira de la similitud entre este y el Edén, aunque recordemos que, a pesar de que el Árbol de la vida está en el Edén, si el hombre no come de él no será inmortal, a diferencia de los habitantes del Reino de los cielos. El uso del agua estanca como reflejo del cielo en el Edén aparece algunos versos más adelante en la misma obra:

> Down the slope hills, disperst, or in a Lake,
> That to the fringed Bank with Myrtle crownd,
> Her chrystal mirror holds, unite thir streams.
> (vv. 261–63)

A pesar de que la obra de Milton tuvo cierta repercusión en la España 'ilustrada' del siglo XVIII, dicha repercusión acaba en el 'new romanticism' de la España de 1835, según el estudio de Allison Peers (Peers 1926: 169; Pegenaute 2007: 321–34). Sin embargo ya se ha hablado aquí del interés de los escritores del veintisiete en la literatura extranjera, y algún despertar del 'olvido' en que afirma Peers que se sumió *Paradise Lost* debió darse en la España de mitad de los años veinte para que, por un lado se publicara el artículo de Allison Peers, 'Milton in Spain', de 1926, y que por otro lado se publicara una nueva traducción de la obra por parte de Juan Mateos en 1924.[28] Así las cosas, aunque no podemos señalar *Paradise Lost* como antecedente único de las referencias al agua como espejo de un paraíso celestial en los del veintisiete, sí que me parece importante considerarla como posible influencia, ya que la obra gozó y goza de tanta popularidad y ha sido objeto de estudio por parte de la crítica durante mucho tiempo, incluyendo la crítica literaria romántica británica con la que sí que tuvo contacto directo Cernuda entre otros, como señala Abrams en su recorrido por la misma (Abrams 1971: 250–56).

Volviendo al mundo hispánico, ciertamente la idea del agua como espejo del paraíso celestial, y por tanto equivalente del paraíso terrestre, no puede dejar de traer a colación el poema de Juan Ramón Jiménez, 'Nocturno soñado' en *Nostaljia del mar*. Dicho poema se abre y se cierra con alusiones muy certeras al paralelismo entre cielo y tierra (Jiménez 1971: 161–62, vv.1–3, 17–19). Aunque el poema empieza comparando la tierra con el mar, también se incluye en esta obertura la similitud (de reflejo) entre el mar y el cielo. En los últimos versos además, aparece el paralelismo mortalidad-reflejo del Paraíso y vida eterna-cielo. En el extremo opuesto en cuanto a géneros literarios, Huidobro escribe en fechas parecidas 'El espejo de agua' (1916), y en el poema con el mismo nombre se indica 'Mi espejo, más profundo que el orbe | donde todos los cisnes se ahogaron' (vv.3–4). En esta ocasión el espejo de agua implica cierto redescubrimiento personal vinculado al paso del tiempo: el cisne, símbolo del modernismo literario hispanoamericano, se ahoga en la imagen de la voz poética, y muere. El espejo muestra al poeta su equivalente en el poema, su voz poética, profunda y nueva.

---

[28] También es digna de tener en cuenta la influencia que tuvo Milton en Wordsworth (Abrams 1973) y la consabida influencia de este último en los del 27.

Siguiendo la trayectoria, llegamos a los primeros poemas del veintisiete, en los que observamos algo parecido: En *Marinero en tierra* que Alberti escribió en 1924 por ejemplo, se añora el mar como Paraíso perdido, y el mar, en ocasiones, se representa como un jardín, comparable con el jardín del Edén: en 'Pregón submarino' Alberti suspira por su novia y por el mar, y los une a los dos en la imagen de una curiosa huerta submarina:

> ¡Tan bien como yo estaría
> en una huerta del mar,
> contigo, hortelana mía!'.[29]
> (Alberti 1984: 121, vv.1-3)

También la 'Sirenilla cristiana' cultiva en un jardín submarino: '¡De los naranjos del mar!'. Por último dice querer hacerse pez, otra vez suspirando por su novia y por el mar:

> ¡Novia mía, labradora
> de los huertos submarinos!
> Yo nunca te podré ver
> jardinera en tus jardines
> albos del amanecer!
> (Alberti 1984: 120, vv.7-11)

En la cronología que precede a las obras completas editadas por la hija del poeta, Alberti afirma que empieza *Marinero en tierra* 'con nostalgia del mar' (Alberti 1972: xi), lo cual se puede ver fácilmente en estos versos. La idea de caducidad aparece vinculada a la de nostalgia, la de lugar añorado por medio del verso 'yo nunca te podré ver': el mar es el jardín del Edén, terrestre y perdido.

Por su parte, Emilio Prados aúna las ideas de agua como reflejo de los cielos, jardín y melancolía, en el poema 'Atardecer' de *Tiempo* de 1923-1925. La primera estrofa confunde cielo y agua en el paso del sol: 'Mientras la tarde destejía el agua, | el sol iba nadando por el cielo' (Prados 1975: 33, vv.1-2). La nota de melancolía se introduce en la pérdida de la luz en ambos, agua y cielo; el atardecer, como el otoño, son momento de decadencia, que confirma el uso del pretérito indefinido del resto de los verbos del poema, indicando acciones pasadas que no han de volver. La imposibilidad del retorno junto a la imagen del jardín (v.4-5, 'en el jardín calado | de mi instinto correcto') sugieren el tópico del Paraíso perdido. La oposición agua-mortalidad cielo-eternidad vuelve a aparecer en el libro *El misterio del agua* de 1926-1927. En el poema 'Ausencias' encontramos los siguientes versos:

---

[29] Recordemos que, como decíamos, al jardín del Edén se le ha llamado '*hortus*' tradicionalmente.

> El cielo se bajó al mar
> Para limpiarse de estrellas.
> Empezó a nadar el tiempo
> Con la noche por el mar . . .
> (216, vv.2-5)

El tiempo nada en el mar, es allí donde transcurre, por oposición al cielo, aunque sea un agua estanca (de serlo). También por estas fechas escribe Prados 'El tránsito del cisne' en el libro *Memoria de poesía*, en el que se evoca la eternidad del cielo:

> Que no sé si es el agua
> O soy y estás en mi memoria
> O vendrás o estuviste
> Como la luz o como el cielo
> (250, vv.19-22)

El presente en este poema parece pertenecer a la memoria y al agua: en el agua se pierden las cosas, es necesaria la memoria. Sin embargo la luz y el cielo se corresponden con los tiempos de futuro e indefinido (vendrás, estuviste), un fue y un será, lo contrario de una pérdida, una eternidad. El juego de reflejos sobre el agua sigue en 'Cambio' de *Vuelta* en el que aparece el tema de la falsa imagen, el 'espejo falso' del deseo y lo eterno, y el 'espejo auténtico' del agua, en el que aparece los elementos del Edén bíblico del 'engaño' y la 'manzana inexacta' y que acaba siendo la 'soledad pura' de la voz poética (103-05).

Pero de todo el grupo de poetas, aquel que más trabaja el tema de los espejos líquidos, frágiles, es Lorca. Arango afirma que los espejos son algo así como una obsesión en el granadino (Arango 1995: 162). Si bien no me atrevo a aventurar el que llegue al extremo de la obsesión, lo cierto es que desde muy temprano en la obra del autor encontramos una cierta recurrencia del espejo en dos sentidos: como reflejo del cielo y como autoreproducción. Nos interesa en esta sección el papel del espejo en las *Suites*, en cuyos poemas se mezclan diferentes referencias al Paraíso perdido (objeto, como de costumbre, de la melancolía del poeta) y los espejos. En el poema 'Initium' de la sección llamada 'La suite del espejo', identificamos a Adán, Eva, la serpiente y la manzana:

> Adán y Eva.
> La serpiente
> partió el espejo
> en mil pedazos,
> y la manzana
> fue la piedra.
> (1998a: 400)

El breve poema es una imagen extendida que además de presentarnos los mitologemas más relevantes del mito cristiano de la caída, representa por medio de la metáfora de la ruptura del espejo la pérdida definitiva del Paraíso terrenal (reflejo del celestial). La manzana, el elemento que otorga la sabiduría y que da discernimiento a Eva es la que rompe aquel espejo/ Paraíso, aquel lugar de inocencia que mencionábamos en las primeras páginas del capítulo; inocencia y juventud, pasadas definitivamente, que no han de volver y por las que se siente nostalgia. En Lorca, la nostalgia por el tiempo pasado tiene un especial significado, dado que el miedo a la muerte es una constante en la obra del autor. Este miedo cerval ha sido confirmado por él mismo en diversas cartas desde el inicio de su carrera poética. En 1918 escribió una carta a Adriano del Valle en la que por primera vez aparecía la obsesión por la muerte y el olvido y su angustia por lo inexorable del tiempo que lleva a la muerte y por el deseo de quedarse en el Edén de la infancia (García Lorca 1983: 17). En él, el poeta habla del Edén como un 'rubio jardín', esforzándose por continuar con las costumbres de niño para resistirse así al paso del tiempo. La idea de un Edén de inmortalidad aparece en 'Tierra', también en la 'Suite de los espejos' de Lorca:

> Andamos
> sobre un espejo,
> sin azogue,
> sobre un cristal
> sin nubes.
> Si los lirios nacieran
> al revés,
> si las rosas nacieran
> al revés,
> si todas las raíces
> miraran las estrellas,
> y el muerto no cerrara
> sus ojos,
> seríamos como cisnes.
> (García Lorca 1998a: 396)

La tierra, el espejo sobre el que andamos, no tiene azogue, ya no refleja el cielo. En el poema se plantea la vida en el cielo, en la parte que debería estar reflejándose. De ese modo, las flores nacen al revés, raíces para arriba y flores para abajo, puesto que habla del Edén de encima del cielo, simétrico al que debería ser su espejo. Ese Paraíso no terrenal incluye entre sus cualidades que el muerto no cierre sus ojos, es decir, la inmortalidad.

La simbología del espejo continúa en la obra de Lorca, pero de entre todos los ejemplos, hay dos que conciernen especialmente a este capítulo: 'Adán' de *Primeras canciones* y el ya mencionado varias veces 'Poema doble del lago Eden' de *Poeta en Nueva York*. En Adán, todo el soneto se estructura de acuerdo a una simetría entre lo bueno y lo malo, la inocencia y la pérdida de la misma, el dentro y el fuera del paraíso. Los cuartetos y los tercetos se oponen entre sí, simbolizando el súbito conocimiento del bien y el mal tras morder la manzana, y así pues si el primer cuarteto habla de dolor de parto y sufrimiento con palabras como 'sangre', 'gime', 'cristales', 'herida' . . ., el segundo habla de luz y frescor. Algo similar sucede en las dos últimas estrofas que aquí reproduzco:

> Adán sueña en la fiebre de la arcilla
> Un niño que se acerca galopando
> Por el doble latir de su mejilla.
>
> Pero otro Adán oscuro está soñando
> Neutra la luna de piedra sin semilla
> Donde el niño de luz se irá quemando.
> (García Lorca 1998b: 433, vv.9-14)

Christopher Soufas interpreta a Adán como 'tragically incapable of realizing his designs because of a self-destructive ambivalence that nullifies his will to creativity' (Soufas 2007: 207-08). En el primer terceto encontramos un Adán creativo y quizá creador, frente a uno estéril y destructivo en el segundo. Las referencias de Soufas a la creatividad del poeta asociarían el poema con la tradición de la crisis de la palabra y el sufrimiento y la nostalgia que ello produce, tal y como se explicaba en la introducción. Además, está bastante claro que uno de los adanes — según mi lectura el Adán que aún está dentro del Paraíso — se relaciona con la vida, y dada la mención a la arcilla, también con la creación, y el otro con la no-vida, lo perecedero. Hay una oposición pues, entre el antes y el después del 'Adán creador', que he de leer como un trasunto del poeta, no en concreto de Lorca, sino del poeta en general, aquel que creyó en la palabra y que tras la caída, como Adán, sufre y se plantea la esterilidad.

En el 'Poema doble del lago Edén', según Delgado Morales, la oposición no es tanto entre dos adanes, sino entre Adán y Eva, puesto que 'The name Adam seems to connote for Lorca a pristine state of being, while Eve is associated with decrepitude' (Delgado Morales y Poust 2001: 104), el paralelismo es igual: un adán 'fecunda peces deslumbrados' (García Lorca 1998b: 605, v.16), es decir, es creativo, creador, fértil, relacionado con la vida, mientras Eva 'come hormigas' (v.15), esto es mata, se relaciona con la 'no-vida'. En este poema, además, aparece la imagen del espejo de agua desde el propio título, ya que el poema es doble, y el nombre del lago habla por sí solo: Edén.

Vicente Aleixandre también utilizará la imagen del espejo relacionándola con el Edén terrenal en su famoso libro *Sombra del paraíso*. Carlos Bousoño le da una particular interpretación a los reflejos-espejos del mundo en la obra de Aleixandre al afirmar que 'Es el amor una fuerza que nos lleva a la generosa identificación con el objeto amado. Si ese objeto es el mundo, tenderemos a vernos reflejados en él, y viceversa, a verle a él reflejado en nosotros' (Bousoño 1960: 21).

Es una perspectiva interesante, pero que a la vez deja de lado el tema de la melancolía. Estando de acuerdo con la presencia del amor en multitud de poemas de Aleixandre, especialmente en el más optimista *Ámbito*,[30] no podemos olvidar que llega un momento en el que lo que se canta es la pérdida de dicho amor, no solo su presencia. Así ocurre en 'Mar del paraíso', donde se canta lo efímero del amor, como vemos en los primeros tres versos:

> Heme aquí frente a ti, mar, todavía…
> con el polvo de la tierra en mis hombros,
> impregnado todavía del efímero deseo apagado del hombre
> (Aleixandre 1960: 516, vv.1-3).

El mar sí es eterno en el caso de Aleixandre, frente a la tierra y el amor, que son lo efímeros; así se aprecia en los versos 4 y 5 'Heme aquí, luz eterna, | vasto mar sin cansancio'. Pero no es solo que el amor se considere efímero, sino que lo efímero se destaca como parte constituyente del amor que se acaba identificando con la muerte, como en los versos 32-33: 'Y mis oídos confundían el contacto heridor del labio crudo | del hacha en las encinas'; el beso y el hacha son uno solo, el destino del amor a morir lo convierte en la metáfora en instrumento de muerte en sí. Más adelante, el componente de fugacidad del mismo se refuerza al equipararlo con un pez resbaladizo (vv.35-41). Finalmente, más adelante, ese amor fugaz e inalcanzable ('no apresé nunca esa forma huidiza de un pez en su hermosura' v.38) se torna precisamente Paraíso nunca alcanzado y mortal representado en el amor en lugar de en el mar, como comprobamos en la última estrofa:

> Las barcas que a lo lejos
> Confundían sus velas con las crujientes alas
> De las gaviotas o dejaban espuma como suspiros leves,
> […]
> y si las ví pasar, mis manos menudas se alzaron
> y gimieron de dicha a su secreta presencia,
> ante el azul telón que mis ojos adivinaron,
> viaje hacia un mundo prometido, entrevisto…
> (517, vv.41-43, 46-49)

Fijémonos en que hay cierta identificación entre el amor huidizo y el mar eterno que lleva, como a las barcas, al 'azul telón que mis ojos adivinaron' y el 'mundo prometido, entrevisto', algo más allá del mar que finalmente sí que podemos adivinar como cielo; el cielo más allá, el cielo eternidad, 'última expresión de un amor que no acaba' según el v.516. Frente al mar y el cielo (o quizá frente a la síntesis de ambos), se encuentra la representación del Paraíso en el cuerpo del amante en el poema 'Muerte en el paraíso'. Aquí, el cuerpo del amante que llama a la voz poética se considera 'selva de amor' (v.2), y la boca y la sangre del

---

[30] La explicación que da Bousoño de esa identificación con el objeto amado, se da por ejemplo en 'Retrato' (Aleixandre 1960: 66-67, vv.1-2, 14-16).

amado son vistos como arroyos con 'cristalino arrullo' (v.7), pero este Paraíso es efímero, es espejo del cielo, como el mar lo era en los poetas anteriores. Este Paraíso muere en los versos 35–36: '¡Oh dura noche fría! El cuerpo de mi amante, | tendido, parpadeaba, titilaba en mis brazos.' Y así como el Paraíso era espejo, el Paraíso del amante también es espejo en el poema 'Adolescencia':

> Vinieras y te fueras dulcemente,
> [. . .]
> — El pie breve,
> la luz vencida alegre —
> Muchacho que sería yo mirando
> Aguas bajo la corriente,
> Y en el espejo tu pasaje
> Fluir, desvanecerse.
> (vv.1, 5–10)

El poeta solo puede ver pasar el cuerpo amado en el reflejo, en su paraíso terrenal; no puede perseguirlo.

El espejo y el agua, dos vertientes de una misma realidad, representan pues, el reflejo efímero de la realidad eterna que a partir del Romanticismo se identifica con el Paraíso. El miedo a la muerte y deseo de permanencia imprime una marca melancólica en la pose del poeta maldito que se compadece de sí mismo, dios efímero que comió del fruto de la sabiduría y no del de la vida eterna. Es además interesante observar, como se hará a continuación, cómo, si el agua es espejo y representación perecedera del Paraíso celestial, el color del agua, azul, representa la nostalgia por la condición de Paraíso perecedero y perdido.

Representaciones de lo perdido

Si no es de extrañar la temprana aparición del nihilismo, tampoco lo es la irrupción de jardines de pesadilla dando forma a un Paraíso perdido porque ya no se cree — o se pretende no creer en él. Emergen a menudo en los poemas simbolistas, como desengaño del lugar bello que pretendían crear: si como decía Manuel Alvar, el jardín es 'trasunto de una intimidad que aspira a crear', el reverso de la moneda viene tras el desengaño y la falta de fe en dicha creación. El jardín seguirá siendo trasunto de la intimidad del poeta pero esta vez es una intimidad desesperanzada. Así lo vemos, por ejemplo, en 'jardín' de Antonio Machado, del poemario *Soledades, galerías y otros poemas* (Machado 1982: 110–11), en el que se presenta el jardín visto tras la pérdida de la inocencia: la edad adulta, como sombra de lo que fue después de abrir los ojos ridiculizando sus elementos. Machado relata la súbita conciencia de que su paraíso es falso, de juguete, no existe.

El desengaño y el consecuente nihilismo que impregna muchos de los poemas y la visión de varios de los poetas, se identifican con el mundo que observa Eva tras abrir los ojos al mundo después de comer la manzana. La pérdida de la inocencia supone la visión del mundo tal y como es, sin esperanza, y por tanto la conciencia se materializa en la representación de mundos distópicos, 'anti-paraísos' o paraísos no paradisíacos, que es lo que descubre Eva: paraísos en los que existe el bien y el mal y los hombres van desnudos y Dios engaña, y por tanto, no-paraísos. Debemos reconocer que estos 'anti-paraísos' en ocasiones aparecen como reacción nihilista a la ausencia de libertad (dada por el conocimiento) que supone el jardín, sus reglas, sus muros y la inocencia imperantes. Una muestra del Paraíso como lugar que restringe libertades aparece en el poema de Cernuda 'Dans ma péniche':

> Oh amantes,
> encadenados entre los manzanos del edén
> [...]
> dejando allí caer, ignorantes como niños,
> la libertad, la perla de los días
> (Cernuda 2005: 234).

Retomando la pérdida del Paraíso como pérdida de la esperanza, un poema de *Pleamar* de Alberti, representa la situación exactamente con la imagen bíblica. El poema se llama, claro, 'Puertas cerradas', y desde este elemento mezcla la caída del hombre, su expulsión del Paraíso, y la caída de Lucifer; así lo vemos en el séptimo verso de la composición: 'no son ángeles ya, son pobres hombres' (Alberti 1972: 620, v.7). Fuera del Paraíso se abre un mundo seco, agresivo y de dolor, que Alberti recrea seleccionando palabras como 'seco filo', 'cuchilla', 'triste', 'sangre', 'penosamente', 'gritar', 'desgañitarte', 'lloros'...; la salida del Paraíso consiste en dejar atrás todo lo suave, dulce y bueno, dejar atrás 'los cielos del jardín' (v.25), y, he aquí el abrir los ojos, el cambio de perspectiva según el cual uno de los peligros del otro lado de la puerta es que te nombren: el hombre da identidad a las cosas — lo cual inicialmente es algo bueno — pero al abrir los ojos es capaz de ver el mal en el proceso de identificación, y teme el peligro de ser nombrado, es decir, de que le definan. Así se explica la amenaza en los versos es la siguiente:

> Aquí van a llamarte por tu nombre,
> Van a reconocerte inviernos labios,
> Nieves gargantas, amarillos lenguas,
> Paralizados yelos paladares.
> Van a nombrarte entumecidas sílabas.
> (vv.14–18)

El hecho de ser nombrado se relaciona, como uno de los efectos de la caída, con la muerte. La salida del Edén implica de manera metafórica la muerte, puesto que se deja dentro el árbol de la vida. En lugar del árbol de la vida, en los siguientes versos, aparecen unas 'aristoloquias' moribundas:

> ¿De quién, de quién estos vestidos huecos,
> Esas mangas sin brazos, esas prendas

> Ausentes del respiro de una casa,
> Y ese desescombrado aullar difunto
> por las aristoloquias moribundas?
> Sin pronunciarlo, han dicho ya tu nombre.
> (vv.26-31)

En el poema también encontramos la mención al vestido, prendas 'ausentes del respiro de una casa', ropas de los desheredados que acaban de perder su hogar. Tengamos en cuenta que Adán y Eva solo se visten al abrir sus ojos, al darse cuenta de que estaban desnudos tras adquirir el conocimiento de la manzana, con lo que las prendas son vistas como algo negativo y por ello se nombran como 'vestidos huecos': hay ropa, pero el ser de dentro casi no está. Lorca también usa el elemento del vestido como signo del despertar y de la pérdida de la inocencia en '1910 (intermedio)': 'hay un dolor de huecos por el aire sin gente|y en mis ojos criaturas vestidas ¡sin desnudo!' (García Lorca 1998b: 565). El vestido también va asociado al dolor y al vacío que se inician tras la expulsión del paraíso. Fijémonos en que también en estos versos se habla de la ausencia de gente (aunque no de criaturas, lo que parece indicar que las mismas han perdido su humanidad de algún modo) y de un 'hueco'. En el caso de Alberti, la única salida al dolor es, por supuesto, el mar que vuelve a ser Paraíso como en la sección anterior, aunque Paraíso efímero:

> ¿Quién más que el mar, quién más que la mar alta
> puede poner caballo a la desdicha
> y una daga de sal entre tus dientes?
> (vv.38-40)

En cuanto a Aleixandre, la reacción frente a la pérdida del Paraíso es diferente. Él no se autocompadece como Cernuda, él grita contra el mundo terreno al que ha caído tras ser expulsado del Paraíso. Dice Duque Amusco que 'Recurriendo a un lenguaje mítico-religioso, el poeta sienta su protesta por la expulsión del Paraíso, que supone la caída del hombre en el tiempo y el comienzo para él de la privación y la orfandad amorosa' (Duque Amusco 1994: 7). Su reacción no es añorar el Edén-infancia o una época anterior de menor conciencia, sino aclamar con rebeldía a la serpiente y parodiar la Creación y la Pasión de Cristo descontextualizando elementos que tienen su origen en ambos momentos sagrados. Así por ejemplo, en el poema 'Boca y serpiente' invoca a la serpiente traidora del Génesis con las palabras que Cristo utiliza en el Evangelio para dirigirse a Dios Padre: 'Pitón horrible, séme, que yo me sea en ti'. Podemos confrontar este verso con las palabras de Cristo en la última cena: '¿No creéis que yo estoy en el Padre y el Padre en mí' (Juan 14. 11). La serpiente es precisamente la representación del Demonio, el Anticristo, desde que tentara a la mujer con la manzana, y Dios la maldice en el Génesis (Génesis 3. 14-15). Por ello la provocación es aún mayor.

Todavía se refiere en estos términos una vez más en *Pasión de la Tierra*, poniendo en boca de la serpiente palabras de Dios Padre en el poema 'El mundo está bien hecho': "Muere, muere', musita la fría, la gran serpiente larga que se asoma por el ojo divino y encuentra que el mundo está bien hecho' (Aleixandre 1960: 205). La famosa frase de la creación, 'Y vio Dios, que era bueno' (Génesis 1. 10) que repite después de crear cada una de las cosas del mundo, es recreada por la serpiente que toma el puesto de Dios al enjuiciar desde el símbolo del ojo divino. Queda así patente la identificación en ambos poemas Dios Padre-Demonio, puesto que la serpiente, según el Apocalipsis, es la animalización del Demonio: 'Y fue lanzado fuera aquel grande dragón, aquella antigua serpiente, que se llama diablo y Satanás, que engaña a todo el mundo: y fue arrojado en tierra, y sus Ángeles fuéron [sic] lanzados con él' (Apocalipsis 12. 9). Quizá ahí estriba la clave de la identificación Dios-serpiente. Para Aleixandre tampoco hay Dios, como afirma en 'El crimen o imposible' de *Los placeres prohibidos*: 'Del cielo no desciende aquel inmenso brazo prometido, aquel celeste resultado que consentiría a la tierra un equilibrio caliente sobre su coyuntura nueva' (180). Como para los otros, el estado de inocencia edénica resulta un engaño y el despertar de la conciencia le ha arrojado a un mundo lleno de sufrimientos como adivinamos en 'Vida' de *Pasión de la tierra*:

> Esta sombra o tristeza masticada que pasa doliendo no oculta las palabras,
>   por más que los ojos no miren lastimados.
> Doledme.
> [. . .]
> Mas bien soy el columpio redivivo que matasteis anteayer.
> Soy lo que soy. Mi nombre escondido.
> (149–50)

La tristeza existe aunque los ojos no se abran o no miren, pero la novedad en estas líneas es que dada la ausencia de Dios y Cristo, el único Dios-Cristo es la voz poética, que como Cristo resucita al tercer día ('soy el columpio redivivo que matasteis anteayer') y como Dios en el Génesis, es el que es y tiene un nombre escondido. Sin Dios ni Cristo, solo están él y la serpiente. Esta también aparece algunas veces en *Poeta en Nueva York*: entre otros está el ya mencionado caso de la cobra en 'Paisaje de la multitud que orina', que en ese mundo ideal de los ojos de los idiotas se vuelven 'mansa' y 'deslumbrada'.

Conclusión

Comenzaba el capítulo hablando de la expulsión del Paraíso común a toda la sociedad moderna, no solo por su hacinamiento en ciudades que los poetas perciben en ocasiones como distópicas, sino también por la falta de fe y esperanza generalizadas (Silver 1965: 31). Y lo hacía así para mostrar cómo, aunque en los poemas pueda parecer que la crisis que origina la Caída es algo exclusivo y personal de un ser solitario y permanentemente anhelante, es en realidad un hecho histórico y social que marca una tendencia en todas las artes y a partir de la cual los poetas crean sus propias caídas. Y si Prieto de Paula afirma que todos los tiempos son de crisis, y que la poesía moderna española procede de la crisis romántica — históricamente ubicable en la decepción posterior a la revolución francesa — (Prieto de Paula 2002: 56), he de decir que sí, que literariamente así sucede, pero que en España a falta de revolución social equivalente, la crisis literaria halla su epicentro en la crisis social del 98 primero, y del período políticamente turbulento entre la Primera Guerra Mundial y la Guerra Civil después. El efecto de las crisis en la sensibilidad del poeta se representa por medio de la caída, que supone el paso de la inmortalidad a la mortalidad, de la inocencia a la conciencia, el 'abrir los ojos', la adquisición de sabiduría y el cambio existencial que este paso produce, confinando al yo lírico a un espacio de dolor y a una situación de no-retorno.

También responde a un propósito la variedad de poetas citados en este capítulo, piedra angular del trabajo, puesto que el momento de la caída marca un antes y un después en la conciencia poética: he sacrificado la exhaustividad por la variedad para mostrar un panorama amplio que, aunque por las restricciones de extensión del trabajo podría pecar de superficial, persigue el fin de ilustrar la idea de que la construcción del Paraíso y la construcción de la Caída son mitos comunes a más de una generación de autores no solo hispanohablantes, lo que hace complicado de creer la exclusividad experiencial que cada poeta se atribuye a la hora de relatar sus crisis. Siguiendo a Zubiaur y en último término a Goethe y La Montaigne, más bien parecería que los poetas reconstruyen su experiencia de crisis personal a través de su prisma cultural para hacerlo encajar en un mito que define toda una época, sintiéndose así parte de ella (Zubiaur 2002: 249–70).

Esta idea enlaza con el capítulo que sigue: la construcción de la experiencia y la de los anhelos, sueños y miedos llevan a la construcción de todo un personaje, de una identidad poética completa en el papel escrito. Tras la Caída, este personaje que canaliza los sentimientos y deseos del poeta y se inserta en el mito para alcanzar la empatía social, será un personaje sufriente. En el próximo capítulo se analizará cómo funciona dicho personaje, de qué experiencia se puede haber nutrido y cómo intenta alcanzar la redención.

Antes de continuar, volvamos la vista a la caída de los poetas. La pérdida de la inocencia y el acceso al dolor como equivalente a la adquisición del conocimiento parece suponer un distanciamiento con Nietzsche y su optimismo racional que afirma que la virtud es el conocimiento y que todos los pecados vienen de la ignorancia, siendo el hombre feliz el virtuoso (Nietzsche 1887).[31] Para Nietzsche el conocimiento felicidad verdadera, a diferencia del feliz engaño de la ignorancia.

---

[31] 'Erstes Buch'. 12.

Para los del veintisiete, el hombre feliz es el ignorante, el que conserva su fe como el Cándido de Voltaire, aquel que no ha salido de los muros de su castillo para enfrentarse al mundo y vive sin cuestionarse. Pero la felicidad verdadera de Nietzsche tiene en cuenta el dolor de acceso al conocimiento: en *Menschliches, Allzumenschliches*, Nietzsche reivindica en ciertos casos el poder del dolor para llenar al hombre más que las sensaciones placenteras moderadas, de modo que se recrea en él (Nietzsche 1886).[32] Esto, unido la capacidad de lo dionisíaco de extraer placer incluso del dolor, de la que habla en *Die Geburt der Tragödie* y en *Götzen-Dämmerung* podrían contestar la pregunta que ha de surgir necesariamente tras haber discutido la crisis de la palabra: ¿Por qué habría el poeta de seguir escribiendo si la palabra no tiene valor, o no tiene el valor que él deseó? La poesía sería primero el lugar en que regodearse en el dolor y a la vez la forma de utilizarlo para un fin mejor. Después, la poesía, estando también basada en lo dionisíaco, podría tener el mismo efecto que según Nietzsche tienen la música y la tragedia griega, logrando así cierto poder redentor. Esta reutilización del dolor da también ciertas pistas para comprender la identificación del poeta con el Cristo sufriente de la que se hablará a continuación.

---

[32] 'Der Mensch mit sich allein'. 606.

CAPÍTULO 3

~

Cristo-Prometeo: malditismo, dolor, revolución y redención

Poetas malditos

Absolus par l'imagination, absolus dans l'expression, absolus comme les Reys Netos des meilleurs siècles.
Mais maudits!
(Verlaine 1900: 1)

Dejábamos en el capítulo anterior al poeta siendo expulsado de su particular jardín del Edén, y hallándose cara a cara con el desengaño que suponía redescubrirse como ser no creador, como simple malabarista de palabras que no son la realidad que él pretendía que fuera. Desengaño parcial, al fin y al cabo, puesto que existe desde el principio algo de contradicción interna, cierta ansia de construir palacios con ladrillos de aire, sabedores en el fondo del fracaso del experimento.

Este desengaño da pie a los poetas para adoptar una pose: la del poeta maldito y sufriente que busca la redención de la poesía y la sociedad, y que experimenta una catarsis (y redención) por medio del sufrimiento creador, parangonable a aquellos que Adán y Eva habrían de padecer al salir del Paraíso, y que se destinan a crear (Génesis 3. 16).[1] Porque si el poeta sabe que no se puede llegar a la verdad por medio de la palabra, esto no significa que abandone la palabra ni la creación poética. Como Ducis Roth afirma refiriéndose a Vicente Aleixandre, 'paradójicamente, el poeta se convierte así en aquel que, a la vez que detenta la palabra, se obliga al silencio o a la advertencia sobre la vacuidad del propio discurso' (Ducis Roth 2002). Esta paradoja crea cierto sufrimiento creador en el poeta, que puede ver la futilidad de su obra.

---

[1] Según la Biblia, Eva sufrirá en sus partos y Adán sufrirá intentando extraer fruto de la tierra, lo que en ambos casos se puede considerar creación. Podemos comparar estos sufrimientos con los que causa el Daimón a Cernuda o el Duende a Lorca: impulsos creadores que llevan al dolor y a la muerte (Valender 1999: 123–24).

Condenados a ser poetas

Decía que la pose que adopta es la de poeta maldito. Aunque esta 'maldición' del poeta parece estar documentada por primera vez en *Consultations du Doctor-Noir: Stello ou la première Consultation* escrito por Alfred de Vigny entre 1830 y 1832, fue Verlaine quien inmortalizó el término 'Poeta maldito' en su ensayo de 1888, *Les Poètes maudits* en el que comentaba la vida y obra de seis poetas simbolistas franceses. La causa para llamarlos malditos en principio, era su anonimato en la sociedad a pesar de ser grandes poetas. Sin embargo, el término tenía y tiene muchas más connotaciones que hacen pensar en un tipo muy concreto de poeta. El mismo Verlaine, bajo su seudónimo de *Pauvre Lelian*, se autodefine como maldito por la melancolía (Verlaine 1991: 125), y se lamenta de su imposibilidad de elección en la poesía: está condenado a escribir (129). Este será una de los rasgos principales del poeta maldito: a pesar de haber padecido el fracaso de la palabra, el poeta no tiene más remedio que seguir utilizándola como instrumento de creación.

Daimón

En el caso de Cernuda, se habla de un *Daimón* o 'viento demoníaco' como lo llama en 'A un poeta muerto. F.G.L.' que le empuja a continuar creando a su pesar, hasta la muerte (Cernuda 2005: 257, vv.71–72).[2] El origen inmediato del término se encuentra en Goethe, quien en el libro *Dichtung und Wahrheit* habla de la esencia 'demoníaca' como algo que se encuentra en la naturaleza y se manifiesta en forma de contradicciones (Zubiaur 2002: 83 y 252). Pronto el término se adopta en España, como destaca la profesora Ribao Pereira en la obra *Don Álvaro o la fuerza del sino*:

> Más interesante resulta, sin embargo, la configuración demoníaca de los héroes románticos. Personajes que tras luchar contra su destino aciago son verdaderamente poseídos por fuerzas irracionales que les impelen a la destrucción involuntaria de cuanto aman y a la suya propia. Quizás el caso más conocido sea el Don Álvaro de Rivas, quien fuera de sí y con sonrisa diabólica se despeña en medio del fragor de una tormenta... (Ribao Pereira 2000: 165)

---

[2] En el diálogo de Platón *Apología de Sócrates*, aparece precisamente el Daimón como todo lo contrario: como un espíritu o una voz que 'trata de apartarme de aquello que quiero hacer pero nunca me incita a obrar'. Dicha voz sería algo así como una conciencia que le ha apartado de peligros (Blanco Mayor 2001: 20). Shakespeare vuelve a utilizar el término al recrear la época romana en el acto II escena 3 de *Antony and Cleopatra* con el significado de espíritu que guarda al hombre (Shakespeare 1734: 28). La de Cernuda sería una recreación personal del término, a caballo entre estas dos y especialmente tendiendo hacia la definición de Goethe y dotándolo de un nuevo significado.

Según indica la profesora más adelante en el mismo artículo, la intención de esta pose romántica es 'la expresión plástica y efectista de la escisión en que vive sumido el protagonista, y un llamamiento a la complicidad del público, que se predispone afectivamente a favor de esa víctima del aciago destino que conduce al abismo.' (173). Esta misma actitud con un objetivo similar, según mi lectura, se encontrará en los autores del veintisiete, en especial Cernuda, que adopta literalmente la palabra.

Recordemos que Cernuda tiene como eje de su poesía precisamente la contradicción, la oposición entre la realidad y el deseo, entre lo biográfico y lo mítico, lo efímero y lo eterno (1994a: 602–603). El poeta es consciente de la inutilidad de su esfuerzo, como aparece en 'Gloria del poeta':

> Porque me cansa la vana tarea de las palabras,
> como al niño las dulces piedrecillas
> que arroja a un lago para ver estremecerse su calma
> (2005: 231, vv.71–73)

y de que la poesía le absorbe y le esclaviza, como explica en 'Historial de un libro' (1994a: 625) pero, al fin y al cabo, la poesía acaba siendo lo único que le consuela del dolor de la vida como aparece en *Ocnos* en 'La poesía' (2005: 553), aunque las palabras llegan a ser calificadas de 'crueles' en 'Los muros, nada más' de *Primeras poesías*.[3] Este adjetivo es considerado por Brian Hughes 'predicativo', entendido como atributo inseparable de 'palabras' que para el poeta las califica a todas (en lugar de ser determinativo y designar a un grupo de ellas). Afirma Hughes que el origen de la crueldad es la obligación del poeta de forcejear con ellas en su búsqueda de una expresión adecuada de la experiencia intentando romper los límites impuestos por el lenguaje (Hughes 1982: 326).

Estas consideraciones, extensibles en cierta medida al resto de poetas que aquí se estudian, concuerdan bien con el acercamiento a la filosofía de Nietzsche en el capítulo anterior. Además de lo allí dicho en cuanto a las consideraciones del filósofo sobre la grandeza de absorber y recrearse en el dolor y lo dionisíaco en la poesía como modo de extraer placer incluso del dolor, en *Zur Genealogie der Moral* habla de los seres creadores y especialmente los 'dadores de nombres' como seres llenos de poder, representantes de la 'moral de los señores' (1887b)[4] frente a los cristianos que ostentan una 'moral de los esclavos' enemiga de la naturaleza (1886).[5] La supremacía que se otorga al poeta en un contexto social en que el cristianismo oprimía a los artistas que se estudian en este capítulo, no tanto como artistas sino como homosexuales, pudo parecer una reacción válida

---

[3] Sobre la doble percepción del 'don de la palabra' como bendición y condena en el poeta del siglo XX, véase también Walters 2008.
[4] 'Erste Abhandlung: "Gut und Böse", "Gut und Schlecht"'. 11.
[5] 'Das Religiöse Leben'. 114.

en algunos poemas (como en el ya mencionado 'A un poeta muerto. F.G.L.') para distanciarse de una sociedad opresora y discriminadora.

Voluntad de permanecer

Otra razón para la inevitabilidad de la escritura es la que se inspira en De la Montaigne al hacer de la obra poética y de la palabra la única forma de perpetuar 'el trazo de una vida que, sin este discurso fútil y sin embargo inagotable, no hubiese dejado ningún vestigio' (Zubiaur 2002: 248). Esta cita que Zubiaur aplica a Cernuda para justificar la construcción poética de una identidad y la identificación entre vida y obra como creaciones, responde a un miedo del que ya se ha hablado en el primer capítulo: el miedo a desaparecer y al paso del tiempo (De Man 1991: 219). A pesar de que la palabra sea caduca, lo único que el poeta puede hacer para lograr permanecer en generaciones futuras de alguna forma es escribir: Philip Martin-Clark usa las tesis de Luce Irigaray para abordar divinidad y género en Cernuda, comenzando por la tesis principal de que para vivir, es necesario desear y para desear es necesario un objetivo, siendo el objetivo más legítimo 'preservar y desarrollar vida, seguir siendo eternamente' (Martin-Clark 2000: 34). Siendo este el objetivo más arraigado del hombre, el poeta poco puede hacer para dejar de crear. Ya se ha hablado en capítulos anteriores sobre el uso del mito para permanecer, sin embargo me gustaría resaltar aquí la figura de Lucía Sánchez Saornil, quien en los últimos años de su vida desarrolla un sentimiento de escepticismo que se refleja en los poemas, llegando a generar textos relacionables con los que sus contemporáneos escribieron en los años 20, 30 y 40. Entre los sentimientos destacables que aparecen descritos en su poesía se encuentra el deseo de permanencia en poemas como 'Tiempo catalogado' (Sánchez Saornil 1996: 165). En él la motivación de la enfermedad es manifiesta en el último verso, 'la hora de su vida consumada', también con ecos evangélicos en lo referente a la importancia de las horas (los pasajes de la pasión y los anuncios de la misma están plagados de alusiones a horas: 'viene la hora, en que sea glorificado el Hijo del Hombre' (Juan 12. 23), 'Padre, sálvame de esta hora' (Juan 12. 27), 'Y cuando fue hora de sexta, se cubrió de tinieblas toda la tierra' (Marcos 15. 33), 'Y a la hora de nona exclamó Jesús'(Marcos 15. 34). El resto del poema presenta los tópicos habituales del paso del tiempo: 'relojes y almanaques' (v.1), 'las hojas caen' (v.9) o referencias a unidades de tiempo (días, minuto, instante...), unidos a una sensación de 'angustia mortal de desesperos' (v.8). En general en todos los poetas de la época se encuentra esta obsesión por el paso del tiempo, aún sin encontrarse en situación de salud delicada como Sánchez Saornil (por poner dos ejemplos, los poemas 'Miedo' de 1933 e 'Instante', de Champourcin 1991: 11, 56–57).

Rechazo de la sociedad

La siguiente condición para erigirse en maldito la constituye el rechazo de la sociedad, con lo que en buena parte de los casos el poeta acaba rechazando también a la sociedad de su tiempo y viviendo al margen de esta (Mira 2004: 116). Esta actitud va normalmente asociada a la bohemia, y a la necesidad casi enfermiza de la poesía que ya se ha descrito, circunstancias ambas de corte muy romántico[6] y que según Márquez Fernández, basándose en Hinterhäuser, se repiten en el *fin de Siècle* (2010: 187–89). Así define su presunto malditismo Armando Buscarini, un bohemio del fin de siglo español:

> El poeta no obstante está decidido a sufrirlo todo y a morirse de hambre, que para eso es poeta y sólo da uno cada generación de vez en cuando, sépanlo todo el coro de grillos afónicos que me rodean [. . .]; que me llaman vago por la rara condición de tener talento como si no hicieran falta horas enteras para pulir el mago artificio de los versos. (Buscarini en Phillips 1986: 412).

La actitud rebelde hacia la crítica y la gente asentada, la defensa de su mundo y su don, y la entrega incondicional e irremediable a la poesía son los elementos fundamentales del maldito tradicional. También Cernuda define su malditismo de poeta en 'Palabras antes de una lectura': 'El poeta es casi siempre un revolucionario [. . .] un revolucionario que como casi todos los hombres carece de libertad, pero que a diferencia de estos no puede aceptar esa privación y choca innumerables veces contra los muros de su prisión' (Cernuda 1994a: 603). Todos llevan hacia cierto '*pathos* de la distancia' del artista romántico que clasifica al creador como un ser extraordinario.[7]

Dadas estas actitudes en las que se enmarca al maldito y las condiciones de construcción de la propia identidad que llevan a cabo los poetas y a las que se hacía referencia en la conclusión al anterior capítulo, podemos entender que se diga que nuestros poetas tienen 'pose' de malditos, puesto que no encajan en la marginalidad social y desconocimiento del público que sufren los auténticos malditos. Pero es sin embargo el malditismo una actitud de autoindulgencia conveniente en muchas maneras: el malditismo presupone la combinación de la habilidad literaria del poeta y su desgracia por el rechazo del público que inmediatamente siente curiosidad por él. El maldito además se separa de la gente corriente, es especial en su forma de vida y en su don, y como sucede con la una de las versiones del maldito, el dandi, da al poeta un cierto aire de superioridad

---

[6] Ya se ha mencionado cómo Sebold habla del sentimiento de rechazo que experimentan los autores románticos, quedando aislados de la sociedad y que metaforizan en lenguaje pseudorreligioso, identificando a los héroes de sus obras con Cristo y el Anticristo. (Sebold 2010: 93–94).
[7] Así aparece también en García Velasco la actitud del poeta romántico (2004: 269–70). Todo nos lleva a la coincidencia de actitudes desde el Romanticismo hasta el 27.

de aquel que ha vuelto del Paraíso y le es difícil vivir en el mundo real (Mira 2004: 117). Además, como se verá a continuación, el malditismo es una tradición entre los poetas desde el Romanticismo, en la que se integran en ocasiones algunos del veintisiete, de modo que ofrecen la imagen que probablemente parte de la sociedad esperaría de ellos como poetas.

Romanticismo y malditismo

Ya se ha mencionado en capítulos anteriores cómo Silver restituye el según él no muy relevante Romanticismo español (comparado con el de otros países europeos) encarnándolo en Cernuda, y por extensión en gran parte de la generación del veintisiete (Silver 1996: 16–17, 159). Siguiendo y confirmando las afirmaciones de Silver diré que los poetas en torno al veintisiete siguen un patrón evolutivo similar en algunos sentidos al de los románticos. Jean-René Aymes propone dos etapas en la creación romántica, centrándose en lo descrito acerca de los románticos por Schlegel y por Donoso Cortés, descripciones, por cierto, muy contradictorias. La primera generación romántica a la que se refiere sería la descrita por Schlegel y se trata de un Romanticismo sublime, 'traductor de una noble preocupación espiritual y admirador del periodo medieval en que triunfaron una fe religiosa activa y el espíritu caballeresco' (Aymes 1998: 29). Este correspondería, al primer periodo de excitación literaria de los del veintisiete con la poesía pura y el creacionismo, a la etapa de juventud de un grupo de poetas aún llenos de ideales, en la que retoman tradiciones anteriores, modernistas, principalmente. Es decir, correspondería a la actitud descrita en el capítulo uno de la presente tesis.

La segunda fase o generación romántica (aunque en el caso de los del veintisiete será llevada a cabo por los mismos individuos que la primera fase), la describe el conservador Donoso Cortés en el Romanticismo español, afirmando que 'los malditos románticos [...] adoran una musa que no es más que un fantasma asesino, se abandonan a un pesimismo excesivo, se complacen en la inmoralidad y se solazan escribiendo incestos y desmanes' (Donoso Cortés en Aymes 1998: 30). Esta realidad, la más cercana al malditismo literario, podemos relacionarla con los del veintisiete fuera del Edén: la caída, la crisis que les sume en el pesimismo reflejado en la melancolía y que, por otro lado, aparta la razón y hace que el poeta se debata en un intento desesperado por la catarsis en la expresión total y libre de su alma en la escritura.

Vemos dos partes diferenciadas en esta segunda fase, ambas imitadas por los del veintisiete. Por un lado, está el tema del pesimismo. Esta es parte de la 'actitud maldita'. Los poetas se dedican a trabajar en una palabra que saben vacía, aunque paradójicamente, se mantiene la idea del poeta distanciado de la sociedad como ungido en una misión especial, creyéndose 'espíritus sensibles y elegidos' (Sebold 1983: 182). Sebold también recoge esta dicotomía en el artículo que ya se ha mencionado en varias ocasiones 'Nuevos Cristos en el Drama romántico español', al afirmar que 'la metáfora bíblica más apta para caracterizar a un *yo* romántico noble, revolucionario y redentor, un *yo* no obstante desamparado por sus prógimos y su padre eterno, un *yo* apartado del catolicismo y muchas veces egoísta (...) se logra revalorizando la figura de Cristo' (Sebold 2010: 94). En este fragmento caracteriza al *yo* romántico como 'noble, revolucionario y redentor' pero a la vez 'desamparado, apartado y egoísta'. Lo que Sebold describe como simultáneo, yo lo considero sucesivo, pero en cualquier lugar coincidimos en la conveniencia de la figura de Cristo como metáfora para expresar el conflicto de la personalidad del *yo* romántico, y del *yo* del veintisiete, como se verá en las siguientes páginas.La disyuntiva mencionada y la incomprensión de la sociedad conservadora, les lleva, como afirma Sebold de los románticos españoles, al '"fastidio universal" y la desesperación de verse cogido entre el vacío macrocósmico y el vacío microcósmico' (Sebold 1983: 182).

Por otro lado, Donoso Cortés menciona la inmoralidad de los románticos que se solazan en 'incestos y desmanes'. El maldito que se sabe aparte de la sociedad, deja a menudo de lado los tabús sociales y destapa en sus escritos prácticas y deseos sexuales. Alberto Mira afirma que realmente el poeta malditista tiene una moral más laxa en sus prácticas habituales. Según el crítico, 'El malditista reivindica Sodoma como reivindica el pecado' (Mira 2004: 116). Sin embargo creo que el problema de la sociedad con el malditista, y en especial el del veintisiete, no es tanto su hábito 'pecaminoso' como el de expresar sus 'pecados', de no esconderse, de que la vida inmoral y escandalosa sea parte de su imagen de poeta: los malditos hablan, se muestran como tales, lo cual crea un rechazo en la sociedad, por lo que su situación se convierte en un círculo vicioso. De este modo, el origen del malditismo estriba en una segunda fase del Romanticismo en que la decepción del poeta ante la crisis de la palabra le otorga la pose de frustración e irrevocabilidad y el 'abandono' de tabús sociales y racionales, que le lleva a la expresión completa de su yo y al rechazo social. A partir de aquí la vida de excesos del poeta se convertirá en muchos casos en casi un imperativo estético, una entrada en el 'club' de la poesía: bien sea por medio de la experiencia o por medio de la imaginación, se describirá el *plus ultra* de la condición humana, la vida llevada a extremos moralmente reprobables: es una de las formas de 'construirse como poeta', un proceso que hace ver que se rompe con todas las formas de socialización y sin embargo está muy socializado. Veamos brevemente los fundamentos teóricos de este círculo vicioso que llevo anunciando varias páginas.

Nietzsche y la subversión de valores

Desde que en 1872 publicara *Die Geburt der Tragödie*... hasta 1888, año de edición de *Ecce Homo*, Friedrich Nietzsche escribió una serie de libros que prometían subvertir la moral cristiana y burguesa establecida y que finalmente sentaron las bases de la filosofía postmoderna. Como ya se ha mencionado, semejante revolución no pasó desapercibida a los escritores que tratamos. De esta revolución, quizá los dos postulados más importantes fueron la negación de la existencia de Dios (o la reivindicación de Dios como invención humana) y, por ende, la crítica de la moral cristiana como conjunto de valores creados por el hombre y mantenidos por la sociedad de forma obsoleta. Entre la crítica de la moral se incluye una censura a la concepción del cuerpo y de la sexualidad como algo 'pecaminoso' en *Also Sprach Zarathustra* (la propia idea de pecado se ve puesta en cuestión y eliminada del mundo nietzscheano) y la emergencia de ciertos valores individualistas procedentes del rechazo de la moral de los esclavos.

A pesar de las contradicciones internas de los poetas que tratamos y de la convergencia de muy diferentes filosofías en su base ideológica y poética, hemos de reconocer una gran inspiración nietzscheana en cuanto a los puntos expuestos, que como veremos se relaciona directamente con la identificación con Cristo.

El Dios celestial ha muerto. Viva el dios terrenal

A pesar de que el proceso de secularización europea estaba muy avanzado en los años veinte, es importante tener en cuenta que esta fue un fenómeno de corte principalmente filosófico que no se reconoció como tal hasta más tarde, cuando pudo verse con perspectiva. En realidad en España solo tuvieron contacto con este movimiento los intelectuales del momento, mientras que parte de la sociedad continuaba profundamente sumida en la devoción católica. El choque entre catolicismo tradicional y nihilismo se vive en algunos de los poetas como una experiencia desoladora, como sucede en Lorca, mientras que en otros como Cernuda se asume como algo necesario. Emilio Prados, por su parte, oscila entre la religión y la irreligión en una tensión de contrarios que sería propia de él al menos hasta 1929 (Prados 1975: xxii–xxx), pero es significativo que su poemario *El misterio del agua*, escrito entre 1926 y 1927 sea criticado por hundirse 'en un erotismo seudorreligioso sin Dios' (xxxii), e igualmente llamativo resulta que justo antes hubiera escrito — que no publicado — 'nadador sin cielo'.

Uno de los grandes hombres que colaboraron en difundir la idea del cielo sin Dios moderno fue Gide, con el cual Cernuda ha expresado su deuda literaria (Cernuda 1994a: 628). En un artículo de 1954, el poeta sevillano escribe sobre una teoría gideana que él parecía compartir: Dios no es el inicio de la humanidad, sino su fin, pues 'el esfuerzo de los hombres se orienta hacia la creación de Dios y de ahí que el término de la humanidad sería el comienzo de Dios' (Barón 1994: 130). La idea, claro, no es original de Gide ni de Cernuda. En el capítulo 'Von den Hinterweltlern' ('De los ultraterrenales') de *Also Sprach Zarathustra*, encontramos la siguiente lamentación: 'Ach, ihr Brüder, dieser Gott, den ich schuf, war Menschen-Werk und — Wahnsinn, gleich allen Göttern!'[8] (Nietzsche 1883).[9] Esta es una de las premisas de las que parten tanto Nietzsche como Gide como Unamuno para negar la moral establecida y que seguirán Cernuda y Lorca. Por el momento, Cernuda sigue un camino muy similar: en 'Apología pro vita sua' aparecen los siguientes versos:

> Para morir el hombre de Dios no necesita
> mas Dios para vivir necesita del hombre.
> Cuando yo muera, ¿el polvo dirá sus alabanzas?
> Quien su verdad declare, ¿será el polvo?'[10]
> (Cernuda 2005: 349).

Algo parecido aparece en *Invocaciones* de 1935 (Cernuda 2005: 227). En fin, Dios aparece a menudo retratado como un ser cruel y deleznable que ha sido construido por el hombre como elemento represor.

Lorca parte de una religiosidad más establecida, aunque desde su juventud se mostró como un heterodoxo dejando traslucir un nihilismo incipiente en sus poemas juveniles (los inéditos y *Libro de poemas*). No obstante, la negación de Dios tiene cierto transfondo diferente del de Cernuda. En el primer Lorca, el que examinan Eutimio Martín y Javier Herrero, hay una reacción muy fuerte en contra del Jehová del Antiguo Testamento como Dios represor del instinto y alejado de la naturaleza y de los hombres; la diferencia estribaría en que Dios es reconocido como un ente pero es objeto de odio para el poeta. El rechazo llevará a la caricaturización de Jehová como un viejo dictador barbudo que encontramos en *Libro de poemas* y en las *Poesía inédita de juventud* al que parece hacer responsable de la represión a la que el poeta se ve sometido por su homosexualidad, como explicaré en breve (Gibson así lo insinúa de forma bastante asertiva en *Lorca y el mundo gay* al decir que Lorca 'odiaba al Dios de las prohibiciones — sólo una deidad repugnante sería capaz de crear el deseo sexual y luego condenarlo como pecaminoso — ' Gibson 2010: 106); así aparece en 'Canción para la luna' de 1920 (García Lorca 1998a: 209, vv.14-41). En este poema Jehová representa la muerte de la naturaleza, la imposición de la norma general y la prohibición de caminos divergentes (en los primeros versos la voz poética denuncia cómo Jehová dirige hacia 'una senda, ¡siempre la misma!'). Al principio del poema, el diminutivo 'cabecitas' tiene el doble efecto de hacer pensar en cabezas pequeñas, es decir, de animales, — con lo que definitivamente Jehová se manifiesta como enemigo de la naturaleza — y de causar empatía en el lector

---

[8] Traducción propia: '¡Ah hermanos, ese Dios que creé era obra y locura humana, al igual que todos los dioses!'
[9] Erste Teil. 'Die Reden Zarathustra's': 'Von den Hinterweltlern'.
[10] Estos versos son también citados por Gabriel Insausti y por Ibón Zubiaur para justificar la concepción cernudiana de un Dios hecho a semejanza del hombre y la tergiversación de los papeles de creador y criatura que aparecen en la Biblia (Insausti 2006: 112; Zubiaur 2002: 229).

debido al tono afectivo del diminutivo. La distancia que se establece entre Dios y la luna es también distancia con la naturaleza: la luna controla las mareas, la fertilidad, es símbolo de lo femenino en esta primera etapa poética de Lorca y se opone a la muerte (en estos poemas tempranos: todos sabemos que más adelante en la trayectoria de Lorca será precisamente símbolo de la muerte).[11]

Esta representación de Dios alejado de la naturaleza y el instinto también la hace Nietzsche y opone por extensión, moral y naturaleza. Lo instintivo se representa en el filósofo alemán por medio de Dioniso o 'lo dionisíaco' que opone la estética y lo irracional a la ética y la lógica y la individualidad representadas en lo 'apolíneo'. Lorca por su parte propone como opuesto al Dios represor las deidades clásicas, a Lucifer y a Cristo. Cristo es el opuesto a Jehová, Dios en la tierra que se deja guiar por el instinto, la versión humana de Dios, la versión en comunión con la naturaleza, que la domina y la acompaña mientras que Jehová se propone como un dios lejano y cruel, inhibidor del instinto, racional, ajeno a toda naturaleza, y represor de la humanidad representada en Cristo.[12] La dicotomía aparece muy explícita en la 'Oda al Santísimo Sacramento' en la que la ternura se opone a la tortura en los versos 6–22: 'Dios en mantillas, Cristo diminuto y eterno' (1998b: 195, v.22) es 'punzado por tu Padre con agujas de lumbre.'(v.6).

Paradójicamente Cristo aparece como el impulsor de una religión filantrópica y naturalista cercana a la que representa la cabra-Satán/ Urano/ Venus que describe Sahuquillo (Sahuquillo 2007: 151): aquel que huyó del lado de Jehová y se quedó en la tierra, en la naturaleza. Aparece en el poema 'El macho cabrío', del que interesa sobre todo la relación entre naturaleza y homosexualidad y la representación de la misma mediante el macho cabrío, figura tradicional cristiana de Lucifer (Sahuquillo 2007: 133–46). A su vez, Lucifer según su etimología original de 'portador de la luz' se ha equiparado también a Cristo (véase Martín 1986; Sahuquillo 2007). Lorca admira y se identifica con ambos en los poemas 'Oración' y 'El macho cabrío', por ejemplo como seres anti-Jehová, seres instintivos y naturales (García Lorca 1994: 267, vv.89, 94–98; 1998a: 289, vv.1–12).[13] También Cernuda se identifica con Lucifer en varios poemas. Véase

---

[11] Valender destaca la aparición de 'cielos vacíos de Dios' en Lorca y en Cernuda como punto en común entre los dos autores con una de sus fuentes en los Ruibayyat de Omar Khayyam (Valender 1999).

[12] Precisamente por dejarse guiar por el instinto se presenta como irracional 'loco' en el diálogo inédito de la juvenilia entre Jehová y el ángel: (Martín 1986: 233).

    JEHOVÁ: ¿Cargaste de cadenas al Cristo?
    ÁNGEL: sí.
    JEHOVÁ: Ten mucho cuidado con él. Un loco así nos puede dar un disgusto el día menos pensado.

[13] La ambigüedad de Lucifer y su atractivo como figura con la que identificarse para el poeta también procede del romanticismo, como afirma Mario Praz en Jiménez León: 'dado el carácter rebelde e inadaptado del romántico, no es de extrañar que entre las figuras, mitos y referencias

'La gloria del poeta' de *Invocaciones* (Cernuda 2005: 230, v.1) o 'Noche del hombre y su demonio (366, vv.17-18). En ellos, lo que salva al hombre frente al Demonio es la creación poética (vv.43-49).

Jehová representa las imposiciones de la sociedad y de la razón, que se opone al instinto, a lo natural y sin reglas. El poeta se vuelve, pues, un 'ángel caído', que se ha rebelado contra el poder opresor de Jehová y que permite la actuación por instinto, 'pecaminosa' según el Dios cruel del cielo.

Separación del poeta y la sociedad

Si en Nietzsche, como hemos visto, también en Lorca y en Cernuda, Dios es una invención del hombre y un mecanismo de represión que impone su moral, la sociedad será la receptora de dicha moral injusta, seguidora de un dios muerto y así se representará en los poemas.[14] Para estudiar cómo los poetas podían percibir la represión de la moral cristiana debemos tener en cuenta algo que se ha ido perfilando desde el principio de este capítulo: los poetas que se están integrando aquí son poetas homosexuales: Lorca, Cernuda, Prados y Aleixandre, además de Ana María Sagi y Lucía Sánchez Saornil, son todo intelectuales que han tenido que lidiar con el 'estigma' de la homosexualidad en una sociedad mayoritariamente homófoba. En esta, y tratándose de poetas, el mayor problema al que se enfrentaron fue el de la expresión: de acuerdo con la moral social que consideraba la homosexualidad una perversión, el poeta tenía la opción de reprimir cualquier mención al género de sus amores, como ocurre en la mayoría de los casos, o la de enfrentarse al desprecio de una mayoría intransigente.[15] Albert Mira explica las consecuencias de ser homosexual y expresarlo en aquella sociedad:

> La homofobia estaba en el aire que respiraban los poetas y sus intentos de expresarse como homosexuales tuvieron como efecto el hacerla más visible. Hacer de la homosexualidad una posición defendible, identificarse con la opresión de los homosexuales en general conducía a la ironía, al insulto, a la ridiculización o al castigo. (Mira 2004: 243).

---

bíblicas de que se echa mano una de las más destacadas sea precisamente el diablo' (Jiménez León 2010: 120).

[14] Hay, sin embargo, diferencias entre la visión de Dios en Nietzsche y en Lorca y Cernuda. Mientras que en Nietzsche es también la forma de contener la *Tiranía de los esclavos*, en Lorca y Cernuda se ve simplemente como represor de su identidad y de su persona, sin mucha más proyección social.

[15] A este respecto destaca Walter Dobrian el hecho de que solo en uno de los *Sonetos* de Lorca dedicados a Rafael Rapún se menciona el género del amante. Ciplijauskaité viene a confirmar esto haciéndolo extensivo a Prados, Cernuda y Aleixandre. (Dobrian 2005: 221; Ciplijauskaité 1991).

Uno de los orígenes de esta represión en la sociedad de los años 20 y 30 estaba en la normativa católica: en el catecismo para niños del padre Claret editado en Barcelona en su 14ª edición en 1860 encontramos entre los 'Pecados que claman venganza delante de Dios' el 'pecado de sodomía' descrito en la Biblia en Génesis 18. 20 y 19. 13 (Claret 1863: 304–05, 307).[16] El tipo de rechazo que la moral cristiana provocaba hacia los homosexuales no era exclusivo de los católicos conservadores sino que era común a toda la sociedad: Mira destaca la concepción por parte de ciertos sectores de la ciencia (él cita a Gregorio Marañón) de la homosexualidad como una patología y en general se veía como una 'degeneración', siendo común la homofobia hacia el personaje creado del homosexual entre intelectuales, republicanos, demócratas, marxistas y partidarios de la laicización de España (Graham y Labanyi 1995: 122).

Expongo el caso de Lorca como ejemplo de esto, pues a pesar de ser una persona popular y sociable (Binding 1985: 7), o precisamente por la necesidad de rodearse de gente, vivió aterrorizado ante la idea de que se descubriera su orientación sexual (Mira 1999: 310). Así de dramáticas imaginaba las consecuencias de expresar su 'auténtico yo':

> Se hundiría todo. Sería dejar ciegos a mis hijos y luego, ¿qué hago con el público? ¿Qué hago con el público si quito las barandas al puente? Vendría la máscara a devorarme. Yo vi una vez a un hombre devorado por la máscara. Los jóvenes más fuertes de la ciudad, con picas ensangrentadas, le hundían por el trasero grandes bolas de periódicos abandonados. (García Lorca 2005: 51)

La referencia a la sexualidad se explicita en el castigo que infligirían los jóvenes, que deja ver la causa del castigo al que sería condenado.[17] El terror se mantuvo hasta 1929, más o menos, en que empiezan a aparecer referencias a su sexualidad en los poemas. En las cartas previas a este momento, el poeta se queja precisamente de la imposibilidad de ser él mismo (García Lorca 1983: 29) y de su incapacidad para identificarse con nadie, sintiéndose como si no perteneciera nada (1997: 140–42, 153).

Además de Binding y Mira, hay otros críticos que resaltan la relevancia de la discriminación sexual en la obra poética de Lorca. Si en *Lorca: Heterodoxo y mártir* de Eutimio Martín y en 'El Padre contra el Hijo: la visión cristiana de Lorca' de Javier Herrero se analizaban las obras juveniles en las que se

---

[16] El catecismo de Claret fue, según la historiadora Ana Yetano 'decisivo en la formación y difusión de una cultura religiosa popular de vigencia permanente durante varias generaciones a lo largo del XIX y del XX, tanto en Catalunya como en el conjunto de España' (Yetano 2002: 197), con lo que seguía vigente en la época en que los poetas estudiados se educaron.

[17] Mucho se ha dicho sobre el simbolismo de la máscara en Lorca. Manuel Antonio Arango la analiza como símbolo de falsedad y ambigüedad (Arango 1998: 357): la máscara, la gente hipócrita, sería la que atacara al poeta sincero.

perjudicaba a un Dios severo y represor del instinto como veíamos antes (Martín 1986; Herrero 2005), Walter Dobrian explica en relación a los *Sonetos del amor oscuro* (1935) que parte de la angustia que reflejan se debe a 'el efecto producido en las relaciones eróticas de los dos hombres [Lorca y Rapún] por el acoso de una sociedad intolerante', ofreciendo como ejemplos de dicho acoso algunas experiencias más del poeta narradas en los libros de Gibson y examinando su proyección en los sonetos 'El amor duerme en el pecho del poeta' y '¡Ay voz secreta del amor oscuro!' (Dobrian 2005: 463-65). Por su parte, Ciplijauskaité utiliza también algunas citas epistolares de Lorca (la mención, por ejemplo a 'la abrumadora tragedia de la fisiología') y referencias del granadino a Paul Crevel y a Verlaine en las que se vislumbra el conflicto del poeta con la sociedad como base para estudiar el lenguaje con el que la acaba expresando y al que volveremos más adelante (Ciplijauskaité 1991: 35). De todo esto extraemos, como seguiremos comprobando, que la discriminación por la sexualidad fue para Lorca motivo de aislamiento, si no total al menos interior, y de conflicto expresivo, por lo que hubo de recurrir al mito y al lenguaje surrealista llegado el momento, en un intento por expresar y no expresar, puesto que es en el poema, según Mira, donde se negocia la expresión y la orientación de los poetas (Mira 2004: 226).

Por el contrario, Luis Cernuda fue una persona introvertida desde la infancia, etapa en la que se le discriminó por su afeminamiento (Mira 1999: 167). Philip Silver destaca el hecho de que en los textos que hablan de su infancia, el único protagonista sea él en feliz comunión con la naturaleza que le rodeaba (Silver 1965: 4). Mira habla de una crisis en el joven Cernuda posiblemente provocada por la hostilidad que los demás en el colegio mostraban hacia él (166) y Delgado habla de la introversión infantil de Cernuda como un mecanismo de defensa (Delgado 1975: 20), iniciándose así un círculo vicioso que desemboca en el aislamiento del poeta, como lo describe Rodríguez Sacristán apoyándose en el texto de *Ocnos* y en Octavio Paz:

> Como clave de las relaciones entre homosexualidad y soledad en Luis Cernuda se puede decir que ambas están hechas de la misma materia: desenraizamiento, pérdida, separación, vacío, angustia y evolución hacia el aislamiento y la autoexclusión solitaria del mundo en que vive. (Rodríguez Sacristán 2002: 143).

Rodríguez Sacristán pone en el mismo montón homosexualidad y soledad, como causa y efecto o quizá, la soledad como defensa de su intimidad. Los elementos que enumera serán en general importantes en la obra del poeta sevillano, ya que todos ellos forman parte del mito del sufriente del que hablamos en esta sección, representado en Cristo, como veremos.

La reconciliación consigo mismo se produciría, como el propio Cernuda atestigua, a partir de la lectura de Gide (Cernuda 1994a: 628). Pero aunque su lectura le ayudara a reconciliarse consigo mismo, a entenderse y a resolver conflictos internos, la relación con sus coetáneos nunca mejoró, como insiste el poeta en diversas ocasiones: en el poema 'La familia' de *Como quien espera el alba*, por empezar con el círculo más cercano, ya se identifica el hogar visto desde la perspectiva de los años con la moral cristiana y con la represión que esta implicaba.[18] Antes, en 'A un poeta muerto, (F.G.L.)' señalaba lo reaccionario del español, en los versos 13-15 y aludía al desprecio por los que, como él, son superiores a la media (vv.16-20). Reconocemos ya la huella de Nietzsche en lo que resultará como la autoproclamación del poeta como ser creador, superior, opuesto al populacho con su moral de esclavos.

El distanciamiento entre el poeta y la sociedad se hace evidente en el ya citado poema 'La gloria del poeta', en el que habla de 'los hombres' como algo completamente ajeno, en tercera persona (vv.24-26), enfatizando su soledad al no poder identificarse con ellos: 'Ésos son, hermano mío | los seres con quienes muero a solas' (vv.53-54). La soledad, en 'Himno a la tristeza', se hace extensiva a todos los poetas como casta superior, aparte:

> Viven y mueren a solas los poetas,
> restituyendo en claras lágrimas
> la polvorienta agua salobre
> (vv.49-51).

Seguiremos acercándonos a este sentimiento más adelante.

La autoexclusión del resto del mundo se reflejará en la persona de Luis Cernuda, no solo en su poesía, sino también en la forma de vestir y de comportarse que el propio escritor sevillano describe como capaz de alejar a los hombres y que él mismo califica de dandismo en el relato breve 'El indolente':

> Mas recuerdo ahora que cierto amigo pretendió una vez convencer a quien esto escribe, y casi le convenció, de que él se acicalaba y adornaba no para atraer sino para alejar a la gente de su lado. Había notado [...] que si bien la mujer elegante atrae, el hombre elegante repele. Según dicha teoría el dandismo no sería sino una forma entre otras de aspirar a la soledad ascética del yermo. Al menos los más escépticos deberán reconocer que de todas las formas que ha revestido esa vieja aspiración humana de la soledad, ésta del dandismo aparece así como la más refinada de todas. (Cernuda 1994b: 272)

La voluntad manifiesta de alejar a la gente por medio de su aspecto elegante, que el mismo Cernuda portaba, hablan de un aislamiento voluntario como el que se ha estado defendiendo hasta ahora, relacionado con el rechazo observado en la

---

[18] Después, cuando creció tu cuerpo a par del alma,
con dios y con moral te proveyeron,
recibiendo deleite tras de azuzarte a veces
para tu fuerza tierna doblegar a sus leyes
(Cernuda 2005: 335, vv.43-46)

sociedad hacia el propio homosexual con fundamento en la moral cristiana tan criticada por Nietzsche y que parece efectivo a raíz de lo que dicen de él críticos contemporáneos suyos como Max Aub, quien en su libro *Poesía española contemporánea* lo describe en los siguientes términos 'Frío y ajeno, desligado de la vida, displicente [. . .] es un solitario altivo que nos hace el favor de decirnos su cansancio tajante y displicentemente y con el mayor arte del arte menor' (Aub 1969: 127).

Algo similar a lo relatado aquí sobre Lorca y Cernuda en cuanto a la expresión de su sexualidad debió suceder a Aleixandre — del que sabemos que se esforzó en ocultar su homosexualidad por respeto a su hermana, según afirma en diversas entrevistas su amigo Vicente Molina Foix —[19] y Emilio Prados, aunque hay mucho menos escrito sobre ellos. Entre las obras más destacadas que los incluyen encontramos *De Sodoma a Chueca* de Albert Mira, y *Federico García Lorca and the Culture of Male Homosexuality* de Ángel Sahuquillo, aunque ambas se limitan a la relación que Prados tuvo con Lorca y a Prados y Aleixandre como parte de un grupo literario homófilo en el que que se reconocían entre sí y que utilizaba cierto lenguaje en clave para hablar de sus amores haciéndose guiños los unos a los otros (Sahuquillo 2007: 20–21; Mira 2004: 232–20; Ciplijauskaité 1992: 60–64). También se trata sobre las cartas de Emilio Prados a Lorca, en las que salía a relucir la pasión frustrada por el granadino.

El caso de las lesbianas que comparten generación con los del veintisiete (y que por tanto incluyo en este libro como parte de la misma generación) es algo diferente, puesto que no se produce discriminación por su homosexualidad sino por su condición de mujer. Parece que pocos podían adivinar que una mujer fuera homosexual, lo cual se puede desprender de la anécdota que narra Núria Capdevila-Argüelles acerca de Lucía Sánchez Saornil, a la que Cansinos Asséns quería emparejar con un muchacho y la creía completamente deseosa de casarse con él (Capdevila-Argüelles 2009: 153–155). A Ana María Martínez Sagi sí que la examina Gregorio Marañón en calidad de médico para comprobar si se encontraba en un 'estado intersexual', diagnosticándole una deformación de los ovarios y la vagina (169). Sin embargo, la condición de mujer sí que les trae problemas a la hora de ser consideradas como intelectuales de valía, reflejándose estas contrariedades en algunos poemas, como sucede en 'el madrigal de tus sortijas' de Sánchez Saornil, que Núria Capdevila-Argüelles interpreta como una reivindicación de la capacidad de la mujer para crear versos y las dificultades que les supone su condición femenina representada en los abalorios (pulseras,

---

[19] El escritor se refiere a la homosexualidad de Vicente Aleixandre a propósito del papel destacado que el Nobel español adquiere en su novela *El abrecartas*. En todas las declaraciones destaca la discreción de Aleixandre en cuanto a su orientación sexual, fruto de las imposiciones sociales, algo propio de aquella época. También afirma que el poeta opinaba que algún día tendría que salir a la luz toda su verdad (Ramón 2007; García Yebra 2007; Molina Foix 2007).

anillos . . .) (160–61). La maldición de ser mujer también ha extendido su sombra sobre la reputación de Ernestina de Champourcin quien según Miguel Ángel Ascunce debería 'ocupar un de los lugares más adelantados del frente artístico y cultural del siglo XX' (Ascunce 1991: xi), y que sin embargo ha sido olvidada por la crítica en parte a causa de su condición femenina (xii). Igual sucede, por supuesto, con Ana María Martínez Sagi, de la que apenas se supo nada hasta que Juan Manuel de Prada la sacó del anonimato en su novela *Las esquinas del aire* en 2000, o con Rosa Chacel, aunque esta y Elisabeth Mulder adquirieron algo más de fama gracias a su obra en prosa.

Pero hay aún otra razón para el alejamiento del poeta y la sociedad también relacionado con la moral cristiana que es común a los poetas estudiados en el capítulo y tiene que ver con la expresión poética. Habla Friedrich Nietzsche en *Also Sprach Zarathustra* de liberación del instinto y expresión de la sexualidad como oposición a la moral que se presenta como antinatural y resentida con los instintos (Nietzsche 1883).[20] Ya se ha discutido más arriba sobre la oposición de Dios a la naturaleza y también de la oposición de Dios y la moral a la homosexualidad. Todas estas premisas se unen al también mencionado conflicto de expresión del auténtico 'yo' de los poetas y llevarán a la adopción de un lenguaje que deja al margen la lógica, identificada con la moral, y trae al frente el instinto, lo subconsciente para la expresión de lo tabú. Me refiero a la utilización del lenguaje surrealista para hablar de lo erótico como una forma de expresar y no expresar, una especie de código que a pesar de su carácter jeroglífico, o quizá debido a este, seguiría alejando al poeta de la sociedad de su tiempo.

Ciplijauskaité señala la influencia de Freud, en boga durante el tiempo de las vanguardias, como el motor que haga surgir el deseo reprimido con fuerza en la literatura y el arte en España (Ciplijauskaité 1991: 31). Atendiendo a lo dicho ya sobre Nietzsche y su defensa de lo dionisíaco como expresión de lo instintivo, y lo no dicho aún sobre la necesidad de desligar el propósito reproductor de la sexualidad y volverla a ver como algo trágico que aparece en *Götzen-Dämmerung*, podremos destacar además de la influencia de Freud, la del filósofo alemán detrás de esta tendencia expresiva.

Debemos también considerar a la hora de tomar la expresión de la sexualidad como elemento que aleja al poeta de la sociedad, el nuevo lector que se constituye en el surrealismo y que también examina brevemente Ciplijauskaité cuando afirma que el poeta busca que el lector se cuestione sus propios hábitos creando un distanciamiento en lugar de la empatía que se buscaba en el Romanticismo (32). A pesar de que el crítico se refiere siempre a la generación del veintisiete en su artículo, dada la polémica que hay en torno a la existencia de surrealismo o no en este grupo poético, aunque este tema se tratará más en profundidad en

---

[20] Erste Teil: 'Die Reden Zarathustra's': 'von den Fliegen des Marktes'.

el próximo capítulo, debo detenerme brevemente para hacer ciertas aclaraciones. Desde mi punto de vista, especialmente en Lorca, Prados, Cernuda y Aleixandre, aunque sin dejar de lado algunos poemas de Sagi, o imágenes de Champourcin — no quisiera aquí abarcar al amplio elenco de escritores que van apareciendo por estas páginas — el surrealismo es un lenguaje, un modo, como diría Paul Ilie (Ilie 1968), pero como los propios poetas afirman, no sería en sentido ortodoxo la forma de vida y arte que proponen los franceses liderados por Breton.

Desde el principio he discurrido sobre la relación existente entre los poetas del veintisiete y el Romanticismo; pues bien, precisamente Ciplijauskaité opone el distanciamiento que aparece entre poeta y lector en el surrealismo a la empatía que especialmente se busca en el Romanticismo. Entre las muchas contradicciones de este grupo está la de, por un lado, expresarse en un lenguaje surrealista que sin duda busca un impacto en el lector y que finalmente, por la incomprensión y el choque naturales, podría alejarlo y, por otro, la búsqueda de cierta empatía por parte de la sociedad que rechaza al poeta. Incluso en Cernuda, quien muestra el más evidente rechazo a la sociedad en resarcimiento de lo que ha recibido de ella, llega a expresar por boca del Demonio, el alter ego del poeta en 'Noche del hombre y su demonio', el deseo reprimido de haber sido aceptado (Cernuda 2005: 368). A pesar de que el desprecio no desaparece, existe una conciencia de que en la integración habría cierto tipo de felicidad, según se observa en el párrafo siguiente, en el que por cierto, hay una referencia irónica al evangelio al proponerse el poeta como 'sal de la tierra', atributo que aparece en los evangelios como propio de los seguidores de Cristo (Mateo 5, 13). He aquí la ambigüedad: a la vez que se utiliza el lenguaje surrealista en una especie de clave para expresar deseo y erotismo, de modo que 'el que tenga oídos para oir, que oiga', se utilizan mitemas referentes a la historia de la Pasión y la identificación del yo lírico con Cristo buscando la empatía de unos lectores que tienen como ídolo a dicho personaje, y su historia como arquetipo de la historia del sufriente.

Volviendo al tema del lenguaje surrealista, afirma Ciplijauskaité que 'A todo este grupo, el surrealismo le atrae no solo por su faceta estética/artística: lo adoptan como un modo de resolver su problema personal, su alienación en un mundo que no admite que se sea "diferente."' (Ciplijauskaité 1991: 34). Así se observan pasajes que dicen sin decir, que contienen gran carga erótica sin llegar a ser explícitos. Propongo algunos ejemplos:

La obra de poesía surrealista más emblemática en Lorca es sin duda *Poeta en Nueva York*. En la 'Oda a Walt Whitman' de este libro encontramos entre otros párrafos 'poco ortodoxos' uno refiriéndose a la sexualidad del poeta americano en los versos 35–39:

> Gemías igual que un pájaro
> con el sexo atravesado por una aguja,
> enemigo del sátiro,

enemigo de la vid
y amante de los cuerpos bajo la burda tela
(García Lorca 1998b: 645)

Además se refiere varias veces al deseo sexual del poeta en los versos siguientes:

Soñabas con ser río y dormir como un río
con aquel camarada que pondría en tu pecho
un pequeño dolor de ignorante leopardo
(vv.42-44)

En el poema Lorca diferencia entre Whitman, hombre de deseo puro hacia el hombre, hacia el cuerpo de hombre, como vemos en los versos 73-76 y 'los maricas', hombres afeminados y ostentosos, dando la impresión a primera vista de que ataca a los homosexuales al final del poema:[21]

Tú buscabas un desnudo que fuera como un río,
toro y sueño que junte la rueda con el alga,
padre de tu agonía, camelia de tu muerte,
y gimiera en las llamas de tu ecuador oculto

Hablando ya en primera persona, en los *Sonetos del amor oscuro*, escritos motivado por la angustia de la ausencia inmotivada del amante del poeta como explica Walter Dobrian y también cargados de erotismo, encontramos algunas estrofas significativas como la que sigue: 'Pero yo te sufrí. Rasgué mis venas, | tigre y paloma, sobre tu cintura | en duelo de mordiscos y azucenas' (Dobrian 2005; Lorca 1998b: 404, vv.9-11).

Díaz-Diocáretz e Iris Zavala destacan por su parte la presencia 'oblicua' del homoerotismo en la poesía surrealista de Vicente Aleixandre (Díaz-Diocáretz y Zavala 1993: 195). Como también hace Ciplijauskaité, las dos autoras destacan el hecho de que en Aleixandre, el lenguaje surrealista sirve para decir y para encubrir a la vez (193). Proponen como ejemplo 'Tormento de amor' de *Mundo a solas*, en que el poeta oculta el sujeto de la furia amatoria, insinuando a través de la ocultación un sujeto prohibido. Más evidentes parecen los versos de 'El más bello amor' en el que casi nada queda oculto bajo el enigmático velo del surrealismo:

Te penetro callando mientras grito o desgarro,
Mientras mis alaridos hacen música o sueño,
Porque beso murallas, las que nunca tendrán ojos,
Y beso esa yema fácil sensible como la pluma.
(Aleixandre 1960: 244)

---

[21] He escogido este poema por las referencias al erotismo homosexual, pero quizá más eróticos eran aún algunos romances del *Romancero gitano*: aunque de carácter heterosexual, aún poco 'ortodoxos'. Pienso, por ejemplo en el 'Romance de Tamar y Amnón' en que aparece el tema del deseo sexual, el incesto y la violación.

En Cernuda, aparecen con cierta frecuencia imágenes del deseo. En el cuarto poema de *Donde habite el olvido*, el mar se transfigura en un amante que ama a impulsos y acaricia, culminando en los dos últimos versos 'sobre espaldas oscuras | las olas van gozando' (Cernuda 2005: 205). Más adelante, aparecen cuerpos desnudos en busca del placer que se identifica con el Edén (208); y sobre todo, encontramos referencias homoeróticas muy explícitas al hablar de Lorca en 'A un poeta muerto (F.G.L)' entre los versos 40 y 48, donde se mencionan los

> radiantes mancebos
> que vivo tanto amaste
> [...]
> Desnudos cuerpos bellos que se llevan
> tras de sí los deseos.

De forma excepcional, aparece el género del objeto de deseo, 'los radiantes mancebos' y una admiración del cuerpo bello masculino que fue común a ambos poetas. El que el objeto de deseo sean los 'mancebos' nos devuelve al tema de los *poètes maudits* y la transgresión: en el retrato de Lorca como poeta se le describe como cruzando todo tipo de barreras morales y sociales mediante la expresión explícita de tabús sexuales.[22]

Aunque mucho más explícito, en el libro de Sagi *Amor perdido* que parece que dedicó a Elisabeth Mulder, y en el que como veremos se repiten muchas de las características vistas en los poetas homosexuales, sí que aparecen los pechos en el poema de título tan significativo como 'En la cruz':

> Sobre tu seno erguido
> sobre tus muslos tensos:
> mi cuerpo solo huído
> lejos de mí cayendo...
> (Sagi 1969: 161)

Los versos, cargados de erotismo, como ocurría en los ya vistos en otros autores, van ligados a la simbología crística para representar el sufrimiento ante la ausencia de la persona amada, que se casará poco después con un hombre. Por último sugiero un poema de Sánchez Saornil en el que también se muestra voluptuosidad y erotismo, 'Crepúsculo sensual', donde se habla de la fusión del espíritu con la carne en la experimentación del placer (Sánchez Saornil 1996: 67–68). La acción se desarrolla en un jardín que ya de por sí incita al sexo: 'el jardín se abría pomposo, | más verde, más carnal' (vv.5–6). El escenario

---

[22] A este respecto es muy interesante la sección sobre 'Perversions' en el libro de Martin-Clark, *Art, Gender and Sexuality*, en que habla sobre la sexualidad como perversión, es decir, como necesidad no biológica, en cuatro de los últimos poemas del sevillano: 'Sombra de mí', 'Vereda del cuco', 'Contigo' y 'Para ti, para nadie' (Martin-Clark 2000: 93–101).

predispone al amor y hacen aparición las rosas húmedas que acarician suavemente las manos de la voz poética. La pasión aparece con el crepúsculo sangriento, que hace que los senderos se aparezcan como 'venas henchidas, | que se abrían delante de mis ojos' (vv.28-29), para llegar al clímax:

> Las rosas,
> Palpitaron entre mis dedos abiertos;
> Y fue una palpitación
> De carne tibia,
> Carne estremecida y fragante.
>
> — Glorioso contacto
> que rompió el dique
> de los deseos abocados. —
> (vv.33-39)

En el artículo de Ciplijauskaité aparecen multitud de coincidencias en imaginería a la hora de presentar la sexualidad frustrada en los poetas. En este caso, más que incidir en ello nos interesa constatar simplemente la presencia de erotismo y temas contrarios a la moral de la sociedad española de la época, que parecen distanciarles de la misma, así como afianzar a los poetas como malditos. La tendencia contraria, la búsqueda de empatía, se tratará en la sección siguiente.

Identificación con Cristo

Después de lo que se ha dicho en este capítulo parecería paradójico hablar de que los poetas se identifiquen con Cristo en manera alguna, a no ser que se considerara a Cristo, como veíamos en Lorca, un ser separado de Dios que representa exactamente lo contrario: si Dios representa la moral, Cristo es el rebelde, aquel que va contra la moral del Padre, el que en los evangelios desafía las leyes de Jehová curando en sábado, comiendo con pecadores y plantando cara a los fariseos llamándolos 'sepulcros blanqueados'. Es, según mi lectura, por oponerse a la moral del Padre y presentarse como dios terrenal, cercano y en comunión con la naturaleza, representación de lo instintivo. Además, la tragedia de su historia conmueve a la sociedad: es una historia de dolor muy dentro del dolor que provoca la pasión tal y como lo describe Nietzsche y del sufrimiento que según el alemán lleva a la libertad, pero además es un rebelde admirado por la sociedad, por encima de ella. Estas y otras razones expresivas que se estudiarán a continuación, harán que los del veintisiete lleguen a identificarse con este personaje en sus obras.

El mito cristiano

La primera de las razones es que la historia de Cristo es un mito y que, como se decía en la introducción, los mitos tienen una función cohesionadora al proporcionar una experiencia común al grupo. De este modo la lectura del poema en que el poeta se identifica con Cristo se llena de referentes compartidos que aportan nuevos significados al mismo en la sociedad católica española.

Además, el mito tiene un componente moral: Francisco Ayala afirma que se necesita un tipo de literatura ejemplar para cumplir la función que hasta hace poco cumplía la Biblia, la cual, por medio de historias míticas de patriarcas o por medio de parábolas (al final cumplen el mismo efecto) ha actuado durante siglos como literatura-guía de masas (Ayala 1956: 137). Al introducirse en el mito religioso, se insertan en la moral cristiana, cancelando su 'pecado' y obteniendo la redención.[23]

Núria Capdevila-Argüelles hace notar la reivindicación de la figura de Cristo entre los autores homosexuales de principios del siglo XX, resaltando su presencia en el soneto de Lucía Sánchez Saornil 'Soñar, soñar siempre' y en los *Sonetos del amor oscuro* de Lorca, y lo justifica en el paralelismo entre el amor profundo y estéril de Cristo por la humanidad y el amor homosexual también estéril y no por ello mejos legítimo (Capdevila-Argüelles 2008: 178–79).

Prometeo: versión romántica de Cristo

La segunda razón es que desde el Romanticismo el poeta ya se había identificado con una deidad semejante a Cristo para obtener parte de los efectos que acabamos de describir (la inserción en una trayectoria mítica compartida por el conocimiento enciclopédico de una sociedad, cuya figura principal aglutina los valores que el poeta cree que le representan). La figura de Prometeo encarna la 'liberación' de convenciones sociales por parte del poeta y su actitud de rebeldía. Tollinchi explica la relación que se establece entre el poeta romántico y el dios griego basándose en dos características del personaje del mito antiguo que a su vez se relacionarán con las dos fases en que se ha dividido el Romanticismo y con la evolución artística en los del veintisiete. Por un lado, Tollinchi habla del prometeo 'inmortal, creador del hombre [. . .] encarnación de la inventiva y del espíritu del hombre y de las infinitas posibilidades inherentes en éste' (Tollinchi 1989: 229). El poeta de antes de la caída coincidiría con este Prometeo creador e inmortal a través de su creación, que le mantiene vivo, inserto en una tradición

---

[23] Ayala añade que a pesar de la enseñanza moral del texto literario, no se debe leer solo como eso, sino que hay diferentes niveles de lectura, pudiendo ser un poema a la vez romántico, irónico y moral, por ejemplo, y medio de comunicación de masas (Ayala 1956: 129) lo cual admitiría la paradoja del intento de redención de los poetas acoplándose a las normas de la moral que rechazan.

creadora eterna. El poeta de la imaginación que, viendo la infinitud de posibilidades que le corresponden, su 'moral de señor', intenta superar a Dios como Adán y Eva, como los constructores de la torre de Babel y como el propio Prometeo, intentando superar a Zeus al engañarle en el reparto de un buey entre los dioses y los hombres según la historia de Hesíodo. Pero Prometeo también es el 'luchador en contra de los límites impuestos por Zeus y el Hado' (229), y el Romanticismo acentuará el carácter rebelde del personaje interpretándolo como aquel que se revuelve contra los límites impuestos por un Dios injusto, como la mortalidad o la reserva para sí mismo del don de la creación. Así sucede en el poema 'Prometheus' de Goethe, en los versos 40–49 (de la versión de 1789), en el que el distanciamiento con el Dios cruel vuelve a surgir como parte de la actitud prometeica que adoptan tras la caída. La rebeldía ante el castigo les lleva a esto, y a poner en entredicho el poder creador de Dios frente al suyo propio, como se ve en los últimos ocho versos del poema, en el que la voz poética, Prometeo, echa en cara a Zeus que él sí que crea: crea hombres a su imagen.

La segunda expresión, también mundialmente famosa, de la rebeldía de Prometeo en la literatura romántica es la obra de Shelley *Prometheus Unbound*. En este drama se recrea de algún modo el clásico de Esquilo, con diferencias que el propio Shelley especifica en el prólogo, como la oposición a presentar 'A catastrophe so feeble that of reconciling the Champion with the Oppresor of mankind' (Shelley 1820: viii). Para Shelley, Prometeo después de liberado sigue siendo el héroe que a pesar de ir en contra del Olimpo se erige como único ser de intenciones puras y decisión resuelta, con dones propios del poeta. Siguiendo el perfil de este Prometeo rebelde que reescribe el Romanticismo, Esquerrà Nonell propone a Luis Cernuda como poeta prometeico en los siguientes términos: 'Su individualismo a ultranza, su rebeldía y su repudio por las instituciones sociales, su condición de exiliado, su homoerotismo; en una palabra, su orgullo y esperanza en la creación humana, le equiparan a un Prometeo liberado y fatalmente revolucionario' (Esquerrà Nonell 2005: 270).

Pero hay otro Prometeo que no es el fuerte y el valiente. Hay un Prometeo con el que también se identifica el poeta, en el personaje de poeta maldito que desarrolla. Es el Prometeo del dolor, el que está encadenado, aislado del mundo y sufre la tortura diaria de que se le coman las entrañas.

Sabemos por estudiosos como Kerényi o Sir James George Frazer que las características de ciertas deidades pasan de una cultura a otra, siendo la religión cristiana en muchos casos heredera de figuras principales o atributos de figuras principales en otras religiones (Jung y Kerényi 1985; Frazer 1954). En el caso de Prometeo y Cristo, las correspondencias han sido más intensamente estudiadas a partir de la obra de Shelley *Prometheus Unbound*, que como hemos visto incide en las diferencias entre el Padre y el Hijo, como ocurría en los poemas lorquianos, no sin fundamento bíblico: la 'Nueva Alianza' que trae Cristo elimina la 'Vieja Alianza' establecida por Jehová con el pueblo judío en duros términos. Todos los aspectos de Prometeo vistos hasta ahora, rebeldía, reacción contra la moral establecida, protección de los hombres y semidios castigado y solo, ser sufriente por causa de la humanidad, encajan en la figura de Cristo y hacen de él el perfecto sucesor en una sociedad que aún es profundamente católica. Creo que es evidente en este punto la paradoja que se plantea en cuanto a la actitud del poeta identificándose con Cristo: se reconoce en Cristo como ser rebelde alejado de la sociedad y la moral que le rodea como ya se ha descrito, pero también como ser digno de compasión, ser que sufre y que quiere mostrar su sufrimiento a la sociedad que es causa del mismo, ser que intenta lograr la redención al mostrar su sufrimiento. Aristóteles, en el 300 antes de Cristo, propuso el *pathos* como uno de los tres elementos fundamentales de la retórica para convencer. Según el filósofo, el *pathos* era una técnica de convencimiento según la cual se vinculaba emocionalmente al público en el discurso para conseguir su empatía hacia el punto de vista del hablante. Normalmente ese vínculo emocional se lograba mediante el uso de una metáfora o una historia (en los casos que proponemos, la historia de la pasión de Cristo). En cualquier caso Aristóteles también tenía en cuenta los diversos efectos que el texto podía crear en el lector-receptor, para modificando el texto, controlar dichos efectos (Johnson 1988). Los poetas que presentamos tenían que convencer a un público, implicarlo en su causa, hacerle cuestionarse su propia actitud; un público que discriminaba al homosexual en nombre de la moral cristiana, es decir, en nombre de Cristo. Al identificarse con Cristo, el poeta obliga a reconsiderar su actitud y facilita la comprensión del dolor, la soledad y el miedo provocados precisamente por ser Cristo arquetipo de todo ello en la sociedad. Estimando la tradición cristiana de expresión del dolor, la adecuación de Cristo es en teoría más satisfactoria que la de Prometeo.

Cristianismo y dolor

El cristianismo desde su origen ha estado vinculado a la categoría del sufriente en varios sentidos: como hombre purificado digno de ser imitado (Pasión de Cristo y mártires), como hombre castigado en el Antiguo Testamento o como objeto de la piedad divina. Afirma Perkins que dicho vínculo entre el cristianismo y la categoría artística del sufriente tiene que ver con las preocupaciones culturales del helenismo tardío: 'In the late hellenistic period and the early Roman empire, the suffering body became a focus of significant cultural concern and this gave rise to the creation of a new subjectivity — the self as sufferer ...' (Perkins 1995: 7). Perkins considera que la categoría del sufriente es una construcción social que en el Imperio romano, de pronto, comienza a imponerse por alguna razón, ya que antes no se representaba; sin embargo, incluidas hoy en día en el cristianismo, pero procedentes de épocas precristianas, encontramos numerosas prácticas discursivas en la Biblia que abordan el tema del sufriente y que lo vinculan a la religión desde sus inicios más remotos.

En primer lugar encontramos el sufriente castigado por Dios. En el Antiguo Testamento Dios utiliza la fuerza para ejercer el poder de forma extrínseca sobre los hombres, torturándolos en muchos casos. Elaine Scarry recuerda cómo el primero de los castigos físicos que Dios ejerce sobre los hombres se da en la expulsión de Adán y Eva del Paraíso, en los versículos del Génesis 3, 16-17 (Scarry 1985: 181-212). Esta es la leyenda cristiana sobre la llegada del dolor al mundo, equivalente a aquella de la caja de Pandora del mundo helénico. Tras la llegada del dolor al mundo, encontramos a Dios y al Demonio probando la resistencia humana en el libro de Job, en el que hay una expresión muy vívida del dolor, relacionando además dolor físico y psicológico (Job 2, 7-13); y más adelante vuelve a aparecer el dolor físico como castigo infringido por Dios en los Salmos del Rey David (Salmos 38, 1-7).

Con el Nuevo Testamento y la pasión de Cristo el dolor toma un nuevo sentido: ya no es castigo, sino camino al cielo, como en las bienaventuranzas (Mateo 5, 4-10). Los primeros cristianos crearon un discurso del dolor que está presente en los evangelios y tuvo efectos muy tangibles en las culturas occidentales como elemento positivo de purificación. Acerca de cómo este nuevo discurso del dolor pudo afectar la cultura occidental, Perkins establece: 'Every representation reflects some cultural 'interest', and therefore, discourses in a society never float free. They are informed by, and they help to constitute the society's particular preoccupations and intentions' (Perkins 1995: 2). En ese sentido, la prepresentación del dolor, dolor físico y sufrimiento en general en contexto religioso ha 'elevado' el dolor, le ha dado un estatus, una especie de 'nobleza'. Los dolores y sufrimientos cristianos son garantía de salvación, según la Biblia (Mateo 4, 5). Desde el siglo II después de Cristo se dan muchas representaciones de la categoría del sufriente ('self-sufferer') inspirados precisamente en las imágenes del Cristo sufriente, que representan a Jesús de pie detrás de su tumba, con las heridas de la pasión y muerte (Speake 1994: 93). Los ejemplos de esta categoría de representaciones se dan casi exclusivamente en las recreaciones de mártires cristianos, sufriendo por Dios.

Jesucristo, modelo a seguir para todos los mártires posteriores y para todos los cristianos, trajo consigo un nuevo concepto, una nueva idea acerca del sufrimiento: el dolor purifica. A partir de esta idea comenzaron las penitencias físicas por la salvación del alma. Según la teología cristiana, el cuerpo es la parte terrena del hombre, por lo que hay que controlarla y castigarla para el engrandecimiento y el cuidado del espíritu. El cuerpo es motor de pasiones y por tanto de pecado, así su dolor purifica. Cristo puso su ejemplo condenando su cuerpo, su parte terrestre, y salvando a la humanidad mediante el sufrimiento físico. Así lo establece San Pablo en su carta a los hebreos, colaborando al inicio de esta visión del sufriente y de toda la literatura en torno (Hebreos 2. 10; 17-8).

A partir del ejemplo de Cristo, se crea la idea en la Iglesia de la necesidad de compasión hacia los que sufren, especialmente pobres y enfermos, (Perkins 1995:

8 y bienaventuranzas evangélicas) y la necesidad también del sufrimiento como forma de redención. Cristo salva a los hombres con su sufrimiento y los hombres se salvan a sí mismos por el mismo medio. Un ejemplo claro de cómo este discurso afectó a la sociedad hasta llegar a nuestros días se encuentra en las procesiones andaluzas de Semana Santa, que tanto Lorca como Cernuda vivieron tan de cerca; en ellas se encuentran 'penitentes' torturándose de formas varias: caminando de rodillas, azotándose con látigos, cargando cruces ... Todo por conseguir el perdón de los pecados.

En Lorca y Cernuda encontramos las dos vertientes de dolor cristiano, fruto de su educación infantil católica tradicional. Mientras en algunos poemas, especialmente de Cernuda, el poeta se siente castigado por Dios o por los hombres (por ejemplo en 'Las ruinas' Cernuda 2005: 60), en otros existe el estigma social de la homosexualidad por el que, según mi opinión, puede que inconscientemente expresen dolor para ser purificados y redimidos a ojos de la sociedad.

Los poetas en el Huerto de los Olivos

La oración del huerto es en la mayoría de los evangelios el comienzo del relato de la pasión de Cristo, tras la última cena. El lugar ha pasado al conocimiento colectivo de la cultura occidental como lugar de sufrimiento espiritual y antesala del sufrimiento físico: Getsemaní es símbolo de miedo, de soledad, en la que prevalece la faceta humana del semidiós Cristo. Si veíamos la antipatía que causaba la distancia de Dios-Jehová y su lejanía de lo humano, no observaremos como contradicción que los poetas se sientan mucho más cercanos a la imagen del Cristo más humano. Como explica Kevin Madigan, esta imagen de Cristo había sido percibida en el cristianismo tradicional como vergonzosa, ya que eliminaba de la figura del Hijo de Dios las cualidades divinas de omnipotencia, omnisciencia e impasibilidad, mientras que resulta una escena profundamente conmovedora y potente para el lector moderno (Madigan 1995: 157). La humanidad de Cristo se da en varios sentidos que se analizarán a continuación, quizá pudiendo resaltar el miedo al sufrimiento, la solicitud hecha a Dios de que 'pase de mí este cáliz' (Mateo 26, 39), puesto que opone la voluntad del Padre a la del Hijo, siendo el elemento opositor el miedo y el sufrimiento. Una referencia explícita a este pasaje del evangelio la hallamos en Sánchez Saornil, cuando en 'Círculo Cerrado' vaticina a la persona encerrada en sí misma, que habrá de pasar penurias: 'y apurarás tu vaso hasta las heces' (Sánchez Saornil 1996: 164, v.9), insertando una frase típicamente bíblica en un contexto diferente, uno de los modos de inserción del mito del que se hablaba en la introducción, precisamente con el objetivo de ilustrar y hacer reconocible el sufrimiento a los lectores. La misma representación lleva a cabo Champourcin, jugando con la metaforización original de tener que apurar 'el cáliz hasta sus heces' con el significado de pasar el sufrimiento hasta el final y dirigiéndose al amante para hablarle del sufrimiento que acompaña al amor: 'Sé que hay heces de agonía | en ese zumo divino' (Champourcin 1991: 33, vv.3-4).

También es especialmente simbólica porque constituye la primera vez que Jehová desoye la solicitud del Hijo y se presenta como ausente, insensible al sufrimiento, lo cual queda confirmado en el grito proferido por Jesús desde la cruz '¿Dios mío, Dios mío, por qué me has desamparado?' (Marcos 15, 34). Veremos cómo el abandono, el miedo y el sufrimiento van apareciendo en los poemas escogidos, destacando la faceta más humana de los poetas, que si antes se equiparaban a pequeños dioses, ante el sufrimiento se tornan humanísimos. No creo que sea una casualidad que el único poema de Nerval que aparece traducido por Cernuda en sus obras completas sea el de 'Cristo en el Monte Olivete', que precisamente identifica a Cristo en agonía con a los poetas en los versos uno a cuatro (Cernuda 2005: 761). Los versos unen a Cristo y los poetas en el dolor y en la separación de Dios-Padre que lo abandona, lo cual además muestran los tres últimos versos, que reflejan una vez más la idea nietzscheana de la ausencia de Dios en los cielos.

Aunque también utilizo como comparación algún otro momento de la Pasión de Cristo, precisamente el del Huerto de los olivos reúne en sí los tres elementos temáticos principales que analizaré en los poemas en relación a Cristo: el miedo, la soledad y el dolor, lugares comunes en todos los poemas.

Dicho esto, comencemos observando el paisaje del fragmento bíblico, que juega un papel fundamental en la expresión de los mencionados sentimientos tanto en los evangelios como en los poemas. Al más típico estilo romántico, los poetas utilizarán la oscuridad y el frío en la descripción del paisaje para representar el miedo del yo lírico.

En *Poema del cante jondo* la relevancia del paisaje cobra un sentido especial en cuanto a la representación del yo-lírico como Cristo, puesto que en este libro se opera una fusión entre los paisajes de Andalucía y de Jerusalén por medio de sus elementos comunes como pueden ser los olivos, los personajes bíblicos o la escena mediterránea.[24] La bisemia de los poemas lleva a menudo a la fusión de ambos escenarios en las procesiones de Semana Santa en las que, aunque el escenario real sean las calles andaluzas, se portan imágenes figurando escenas de la Pasión, cuyo escenario es Jerusalén. Esto ocurre de forma muy especial en la sección 'Poema de la Saeta', en el que el paisaje se constituye como elemento cohesionador entre el sufrimiento en Andalucía y el sufrimiento en Getsemaní. La congruencia se da por medio de los olivos, árboles paradigmáticos en ambos casos, símbolos de vida y paz en culturas anteriores (Griega y semítica, por ejemplo, Ferber 1999: 144), que son el elemento común entre las dos regiones

---

[24] Ya antes Gabriel Miró había materializado una fusión semejante entre el paisaje español y el escenario de la pasión en su obra *Figuras de la pasión del Señor* (1916-1917) (Suárez Granada 1984: 31).

mediterráneas. El monte de los olivos se llama Getsemaní en Mateo y Marcos; este nombre parece proceder del hebreo 'Gath', prensa o lagar, y 'semen', aceite, refiriéndose a un huerto más allá del torrente Cedrón que estuvo lleno de olivos antes de la llegada de la destrucción de Jerusalén a manos de Tito (Green et al. 1992: 265–68). En el evangelio de Juan lo que aparece es la descripción de la localización del jardín o huerto (Juan 18. 1). Así de algún modo coinciden los cuatro evangelios en ubicar la 'agonía' en un huerto de olivos. El 'Poema de la Siguiriya Gitana' comienza también en un 'Paisaje' con olivos; no hay más que mirar los cuatro primeros versos:

> El campo
> de olivos
> se abre y se cierra
> como un abanico.

Y también el 'Poema de la Soleá' comienza situando el drama en una tierra seca con olivos de noche (vv.1–6). En ambos casos el escenario de olivos precede a la tragedia, de lo que podemos colegir que hay cierta identificación entre las escenas.[25] Mediante la adecuación de la historia de Cristo al drama de los gitanos granadinos, Lorca está utilizando el arquetipo de Cristo como símbolo del dolor y universalizándolo, a la vez que él mismo se identifica con los gitanos y con el propio Cristo. No es Lorca el único que utiliza el mismo escenario de esta manera: Emilio Prados, que en la época de la Residencia estuvo muy influenciado por el poeta granadino, escribe entre 1923 y 1925 los poemas de *Tiempo* que repiten muchos títulos del poemario de Lorca de 1921: 'Silencio', 'Noche', o 'Encuentro', más otros títulos y poemas que recuerdan el ambiente y la esencia de *Poema del cante jondo*, como 'Negación' (más adelante veremos la relación entre este poema y 'Sorpresa' de 'Poema de la Soleá'), 'Letanía de la noche', 'Tránsito', 'Atardecer' o 'Tiempos de un verbo oculto'. Por supuesto que los títulos de los poemas no serían significativos si no se emplearan formas y elementos que recuerdan a *Poema del cante jondo*, como ocurre en 'Calma'. Reproduzco la primera estrofa a modo de ejemplo:

---

[25] Aunque por razones distintas, cabe destacar el hecho de que Rosa Chacel también utiliza el olivar como premonitor de tragedia: en el poema 19 de *A la orilla de un pozo*, dedicado al escritor Nikos Kazantzakis. En el primer verso, leemos 'Yo me encontré el olivo y el acanto' (Miró 1999: 203), para luego pasar a las piedras dormidas del segundo ('hallé dormidas/las piedras de tu frente desprendidas') y acabar desvelando el sufrimiento 'de tus horas amargas con quebranto' (v.8). Sin duda, en una primera lectura, el olivo y el acanto se pueden identificar con el origen griego del destinatario del poema pero, teniendo en cuenta la polisemia y la fusión de paisajes de la que se está hablando, no parece descabellado pensar en un eco de la oración del huerto. Además, acanto, aparte de ser la hoja representada en los capiteles corintios, procede de la palabra griega para 'espina', con la consabida connotación de sufrimiento que implica.

> Cielo gris.
> Suelo rojo.
> De un olivo a otro
> Vuela el tordo.
> (Prados 1975: 30)

La reproducción del paisaje andaluz, la recurrencia de los olivos (también aparecen en el poema siguiente, 'pentagrama'), los versos de cuatro y seis sílabas y las menciones recurrentes a elementos bíblicos (Cristo, la samaritana, el verbo, el jardín . . .), hacen estos versos dignos de interés aunque no posean el aire trágico de *Poema del cante jondo*. Martínez Sagi también identifica el olivo con el sufrimiento, como aparece en el poema 'Mis cuatro árboles' de *País de la ausencia*. El primero de los árboles es el olivo, del que dice

> Te quiero
> Olivo
> Por tu copa gris-plata de humo tenue
> Y tu tronco angustiado y dolorido.
> (Sagi 1969: 75)

El gris y la bruma/humo, se relacionarán con la melancolía en Cernuda. La misma autora dedica en *Jalones entre la niebla* un poema al olivo, del que dice, ahora sí, explícitamente:

> Árbol del Gólgota. Grave
> Dulzura del peregrino.
> Tortura acerba plasmada.
> Patriarca malherido.
> [. . .]
> te vas bajando hacia el mar
> con mi corazón cautivo.
> (251, vv.13-16, 19-20)

La cita nos da más pistas del origen de la relación entre el sufrimiento y el árbol, que aquí vuelve a aparecer, con una diferencia esta vez: la implicación en los últimos versos de la voz lírica que califica su corazón de 'cautivo', ¿quizá al modo de Lorca, es decir, 'sin abrir'?

El pasaje del Gólgota en los poemas será relevante no solo por el paisaje y la carga que este conlleva, sino por las acciones que allí se lleven a cabo, que serán las que más aparezcan en los poemas de Cernuda en los que el escenario es más bien neutro. Las partes que se estudiarán de la pasión en las siguientes secciones serán el miedo materializado en la hematohidrosis de Cristo orando y en elementos contextuales, la soledad que produce el sueño de los apóstoles, las negaciones de Pedro y la lejanía de Dios que no escucha sus plegarias, y el dolor físico y moral que atraviesa toda la pasión.

Miedo

El miedo, como elemento fundamental del poema de Cernuda 'Decidme anoche' ha sido destacado por Capote Benot en su estudio sobre la poesía de Cernuda (Capote Benot 1976). Afirma que este poema añade un nuevo factor a 'Remordimiento en traje de noche', poema que comienza el libro *Un río, un amor* en el que se encuentra 'Decidme anoche': 'Tan sólo un nuevo factor se incorpora en éste: el miedo' (100). Es cierto que el miedo es algo visible a lo largo de todo el poema. En el primer verso de 'Decidme Anoche' ya menciona el 'miedo invisible'; justo a continuación habla de 'niebla' en el verso tres, 'vida misteriosa' en el cinco o 'ensueño de amenazas erizado de nieve' del verso 35, que confirman la presencia de tensión y peligro.

Miedo y tensión ante el peligro son también dos de los más destacables rasgos del pasaje bíblico de la oración en Getsemaní: según los evangelios, Cristo va a dicho jardín en su última noche a esperar a los traidores que lo condenarán a muerte. Sabe que ese día morirá de forma dolorosa, y su naturaleza humana (y el miedo y sufrimiento que conlleva) se perciben perfectamente en el vocabulario y la atmósfera creada en los pasajes bíblicos (Lucas 22. 39–44, Marcos 14. 32–4). En ambos evangelios el sufrimiento de Cristo se manifiesta con referencias explícitas como 'comenzó á atemorizarse, y a angustiarse' (Mateo 14. 33) o metáforas casi surrealistas como la de Lucas de 'fue su sudor, como gotas de sangre que corría hasta la tierra' (Lucas 22. 44). En 'Decidme Anoche' hallamos el mismo sentimiento que, como en las obras románticas y góticas, se expresa por medio de los fenómenos atmosféricos. En la primera línea del poema, las ideas de frío y miedo se yuxtaponen mediante el denominador común de 'la niebla':

> La presencia del frío junto al miedo invisible
> Hiela a gotas oscuras la sangre entre la niebla,
> entre la niebla viva, hacia la niebla vaga
> por un espacio ciego de rígidas espinas.

La niebla se repite tres veces en los dos versos centrales, destacando las connotaciones de frío y miedo que comporta. El 'miedo invisible' es similar a aquel de Cristo enfrentándose a la muerte que se le avecina.[26] Los usos semánticos

---

[26] A pesar de no ser parte de este capítulo merece la pena destacar una serie de poemas de Ernestina de Champourcin escritos en 1937 e inspirados en su trabajo como enfermera durante la guerra civil, 'Sangre en la tierra'. En los dedicados al centinela y al 'Ciego herido' se da una identificación de los personajes con Cristo, idealizando su sacrificio por el país con imágenes similares a las evangélicas y a las propuestas de Lorca y Cernuda (Chacel 1991: 11–13), especialmente la soledad, la oscuridad, el frío y la niebla que amenazan y son premonición de desgracias. Además aparecen las gotas de sangre:

> Cerca de ti un gemido
> gotea su amargura y en medio del rocío
> va sembrando el dolor su simiente de lirios. (vv.13–15)

para la expresión de esto son muy similares en los tres textos que planteo. En la narración de la oración en el huerto Lucas habla de gotas de sangre que ruedan por el suelo. Dichas gotas también aparecen en el segundo verso de decidme anoche, son las gotas oscuras de sangre, y por ultimo, aparecen en Lorca, en la sección 'Paisaje' del 'Poema de la Siguiriya'. Veamos la coincidencia:

> a) Fue su sudor, como gotas de sangre que corría hasta la tierra (Lucas 22. 44)
> b) Hiela a gotas oscuras la sangre entre la niebla. (Cernuda)
> c) Hay un cielo hundido
> Y una lluvia oscura
> De luceros fríos ... (Lorca).

Todas las representaciones hablan de gotas oscuras y frías. Incluso el pasaje de Lucas incluye para el lector actual el frío de manera indirecta, puesto que es un lugar común el 'sudor frío' cuando se tiene miedo. En el fragmento de Cernuda la referencia bíblica parece más clara, pero en contexto es difícil negar que Lorca tuviera en cuenta las gotas de sangre de Lucas para expresar el miedo, uniendo la referencia a la técnica romántica de expresión del estado de ánimo por medio del paisaje y el clima.[27] Al uso de estos elementos para expresar miedo se une Aleixandre, quien en el primer poema de *Ámbito*, 'Cerrada', perteneciente a la parte 'Noche inicial', presenta un campo de noche y solitario (vv.1-4), frío y estrellas caídas en los versos 5-6 y 15-18:

> La sombra a plomo ciñe,
> fría, sobre tu seno
> [...]
> Hay estrellas fallidas.
> Pulidos goznes. Hielos
> flotan a la deriva
> en lo alto. Fríos lentos.
> (Aleixandre 1960: 51)

y más adelante, las muestras que confirman el dolor que se teme:

> Flagelación. Corales
> De sangre o luz o fuego
> Bajo el cendal se auguran,
> Vetean, ceden luego.
> (52, vv.21-24)

En el poema 'El ciego herido' apreciamos el sabor evangélico desde el primer verso, 'La noche se hizo carne en tus hojos heridos' que recrea el inicio del evangelio de Juan transformado. Además se hace énfasis en el 'martirio' del personaje (v.10), rodeado de los mismos elementos que en 'El centinela'.

[27] Como los evangelios son textos tan emblemáticos, es esperable que las palabras exactas del evangelio de Lucas sean parte del imaginario colectivo, habiéndose repetido tantas veces que ya han pasado a ser paradigma de la expresión del sufrimiento.

Fijémonos que como en el resto de los ejemplos, el sufrimiento, el peligro se presiente (se 'augura' en palabras de Aleixandre), pero no se acaba de materializar. La sangre, el frío y la oscuridad se unen en estos versos a la 'flagelación', como acto ya directamente relacionado con Cristo.

Recuperando *Poema del cante jondo* encontramos a lo largo de todo el libro esta atmósfera especial que anuncia mediante el clima y el léxico asociado al frío y la oscuridad el dolor que está por llegar. Además, 'miedo' y 'dolor', que podrían ser considerados simples sentimientos humanos sin mayor necesidad de identificación con la Biblia, se exponen en una secuencia y modo que sigue la de la Pasión de Cristo. Las referencias a las procesiones ('Poema de la Saeta', 'Encuentro' etc.), a la cruz y a elementos de la pasión como el monte Calvario en el 'Poema de la Soleá' no dejan de recordárnoslo:

> Sobre el monte pelado
> un calvario.
> Agua clara
> y olivos centenarios.
> (García Lorca 1998a: 307)

Este fragmento incide en la fusión de escenarios entre Jerusalén y Andalucía: el Calvario o monte de la Calavera es el lugar donde crucificaron a Cristo, en Jerusalén (Lucas 23. 33), pero los versos acaban situándolo en Andalucía (vv.28–29: '¡Oh pueblo perdido | en la Andalucía del llanto!'). Poco a poco los pesares 'humanos' del miedo y el dolor van tomando forma concreta, actualizándose en la figura de Cristo, representante de dichos sentimientos, como mencionaba al principio. *Poema del cante jondo* está actualizando el arquetipo de Jescristo en su lado humano como modelo de miedo y rechazo. A esto colabora el conjunto del libro-Poema, que se encuentra completamente inmerso en una tradición cristiano-católica (no literaria) por el momento de composición y los temas que trata: Gibson afirma que el libro se compuso en su mayoría a la vuelta de una visita a la Semana Santa sevillana que hicieron en 1921 Francisco García Lorca, Manuel de Falla y Federico García Lorca.

De nuevo en el 'Poema de la Siguiriya Gitana' y situándonos en el fragmento sobre la lluvia de luceros que nos ocupaba, podemos ver que los adjetivos son muy negativos, premonitorios de desgracia. La 'lluvia oscura de luceros fríos' tiene, a parte de las similitudes con los otros fragmentos, el elemento 'oscuridad'. Esta también aparece en las narraciones de la pasión, pues el día de la muerte de Cristo, la oscuridad se desplomó sobre Jerusalén, haciéndose de noche a las tres de la tarde, la hora de su muerte (Mateo 27. 45; Marcos 15. 33; Lucas 23. 44). Toda la atmósfera del miedo justifica y contextualiza el dolor que está por llegar. Se usa en todos los textos como una técnica dramática para preludiar la auténtica tragedia, y es interesante comprobar que en los tres textos se usan los mismos medios de expresión del miedo: frío, oscuridad y gotas cayendo. Un ambiente muy similar aparece en Sagi anunciando la soledad y la desgracia en el poema 'Nombre olvidado' ('Fría | la sangre de mis venas' Sagi 1969: 129). Los versos nos devuelven al frío y a la hematohidrosis del evangelio. Lucía Sánchez Saornil, en su poema 'El día séptimo' habla de cómo Dios descansó, se alejó de su obra, a la vez que el hombre empezó a sufrir. Así habla del progreso de la existencia del hombre:

> Se laceró los pies, se golpeó la frente,
> Se desgarró el corazón,
> Gritó y gimió.
> Sudó sangre que abonó la tierra,
> Vertió lágrimas que salaron los mares,
> — ¡Una tregua, Dios mío, una tregua —
> ... Es en el día séptimo.
> (Sánchez Saornil 1996: 156–57, vv.26–32)

El sudor de sangre es otra referencia explícita al pasaje al que acabamos de referirnos, pero aún hay más vertido de fluidos: lágrimas. Fijémonos que en su sufrimiento el hombre entra en unión con la naturaleza (abona la tierra, sala los mares) lo cual, como veremos en la conclusión, es una de las tendencias de lo dionisíaco: la unión del ser, con el todo, la ruptura de la individualidad y la sublimación del dolor. Hay todavía un dato más que ha de ser tratado en la sección 'abandonados por Dios: la lejanía de Jehová': el hombre clama, ruega una tregua, implora un momento de paz entre tanto sufrimiento, que 'pase de él ese cáliz', pero Jehová cual funcionario, cual fariseo bíblico, no escucha en domingo. El hombre, pues, se siente abandonado a su suerte, sin un Dios en el cielo que lo conforte.

Soledad

El siguiente punto común que encontramos en la Biblia y que aparece expresado en los poemas es el sentimiento de soledad. De hecho, la soledad toma dos formas diferentes: en primer lugar aparece el abandono de los amigos-iguales que rodean a Jesús en dos momentos de la historia: en Getsemaní, mientras él sufre, los apóstoles duermen ignorando su petición de que se quedaran despiertos velando y orando por él (Marcos 14. 37–40), y cuando Cristo ya ha sido detenido y los apóstoles desaparecen de su lado temerosos de lo que les pudiera suceder (Mateo 26. 56) y Pedro niega conocerlo (Mateo 26. 69–75; Marcos 14. 66; Lucas 22. 55–62; Juan 18. 15–18). Estas formas de rechazo y abandono humano son las que tanto teme Lorca, como afirman Mira y Gibson, y las que hicieron de Cernuda un solitario. El rechazo humano y el dolor que produce son el principal argumento expuesto en los poemas y, según mi lectura, el principal motivo para la identificación con Cristo, así como el tema principal de los poemas, como he expuesto anteriormente. Por otro lado veremos como todos, Cernuda, Lorca, Sagi, Sánchez Saornil, Champourcin y Cristo, hablan también del abandono de Dios.

Abandonados por los hombres: los apóstoles durmiendo

El primer 'abandono', el sueño de los apóstoles, refleja un absoluto desinterés por el sufrimiento de Cristo-Cernuda e ignorancia sobre lo que está por suceder o está sucediéndoles. Cernuda lo plasma en los versos 5-6 de 'Decidme Anoche' de modo muy similar al bíblico: los que le rodean están 'durmiendo' ajenos a todo, mientras él sufre:

> Con vida misteriosa quizá los hombres duermen
> mientras desiertos blancos representan el mundo;

Así es como aparece en la Biblia:

> Y vino, y los halló durmiendo: y dijo a Pedro: ¿Simón, duermes? ¿No has podido velar una hora? Velad y orad para que no entréis en tentación. [. . .].
> Y fue otra vez á orar, diciendo las mismas palabras. Y vuelto, los halló de nuevo dormidos (porque sus ojos estaban cargados) y no sabían, qué responderle. (Marcos 14. 37-40)

La esencia de los textos es similar: ambos reflejan decepción ante la indiferencia de la gente por el sufrimiento del protagonista. El yo lírico se muestra abandonado en una realidad a la cual muchos cierran los ojos. Podríamos en parte achacar el abandono al rechazo que la sociedad demuestra hacia Cernuda y del que se hablaba en la sección 3.1.2 (Mira 1999: 166).

En *Los placeres prohibidos*, Cernuda vuelve a referirse a la angustia relacionada con el sentimiento de abandono y soledad con el poema 'Esperaba solo' (Cernuda 2005: 181). El título es autoexplicativo, puesto que el yo lírico expresa el dolor de la espera infructuosa que acaba en soledad refiriéndose al sufrimiento de este abandono recordando a Cristo y sus estigmas; al final de la espera, 'mi mano quedó vacía. En su palma apareció una | gota de sangre'. En la imagen de una herida en la palma de la mano se encuentran reminiscencias inevitables a los estigmas de Cristo, originados físicamente por los clavos, símbolo de su sufrimiento y resultado mística y tradicionalmente de los pecados de los hombres. Al perder el poeta la flor que se le cae al suelo y quedarse esperando solo, sin que nadie se pare a estar con él, parece que el estigma lo haya causado el abandono. Los dos versos anteriores también recuerdan, a la escena de la oración del monte: 'Al caer, la flor se convirtió en un monte. Detrás se | ponía un sol; no recuerdo si era negro'. Lo que pueden parecer palabras sueltas relacionadas con las bíblicas como monte-Monte de los olivos-calvario, sol negro-eclipse, palma con gota de sangre-estigma . . . adquieren en conjunto un tono muy bíblico, una vibración mística.

En el caso de Sagi, la soledad se produce por la traición de la amada, que es obligada a abandonarla para casarse con un hombre (2000). De este abandono surge el libro *Amor perdido*, en el que el lamento de la poeta se funde muy a menudo con elementos bíblicos. Por ejemplo, en 'Desesperación' el silencio y el abandono de la amada se equipara a la 'cruz' que el yo lírico carga cual nazareno:

¡Con qué cruz cargas mis hombros
y en qué infinito desierto
me dejas crucificada
para siempre a tu silencio!
(Sagi 1969: 139)

La soledad en que se sume el yo lírico se representa por medio del desierto y por el silencio, que también aparece ligado a la soledad en 'Dejadla' (175). Relacionando la soledad de Sagi con lo ya dicho del ambiente y el miedo en Cernuda y Lorca, en el último poema del libro, se identifica la soledad con el frío y la oscuridad ('hielo obscuro soledad' 198).

Traicionados por los amigos: las negaciones de Pedro

Lorca, como apuntaba al principio, se siente como una persona sociable obligado a ocultar su homosexualidad y con ella le que él considera su auténtico 'yo'. Por esto el fragmento bíblico que se asemeja a la forma de expresión de la soledad en el granadino es el correspondiente a las negaciones de Pedro. En la tercera y en la última línea de 'Sorpresa', la repetición del verso 'no lo conocía nadie' parece ser una confesión de la voz poética que encaja con una recreación de las negaciones de Pedro. Ese verso se repite tres veces en el poema: una literalmente, luego de forma perifrástica en los versos 8-10, y la última en discurso indirecto, lo cual haría un total de tres negaciones, al igual que las bíblicas:

1. No lo conocía nadie (v.3)

2. ... Nadie
Pudo asomarse a sus ojos
Abiertos al duro aire. (v.8-10)

3. Que no lo conocía nadie. (v.13)

La correspondencia bíblica sería la siguiente:

> Estaba también Pedro en medio de ellos. Una criada cuando le vió sentado á la lumbre, lo miró con atención, y dijo: Y éste con él estaba.
>
> 1. Mas él lo negó, diciendo: Mujer, no le conozco
>
> Y un poco después, viéndole otro, dijo: Y tú de ellos eres.
>
> 2. Y dijo Pedro: 'Hombre, no lo soy.'
>
> Y pasada como una hora, afirmaba otro y decía: En verdad éste con él estaba, porque es también galileo.
>
> 3. Y dijo Pedro: 'Hombre, no sé lo que dices'.
> (Lucas 22. 54-60)

Incluso el tiempo encaja con el bíblico: en el verso 8 del poema se dice 'era la madrugada', que es el momento en el que el gallo canta, como sucede en la Biblia tras las negaciones de Pedro (Lucas 22. 60). En el poema de Lorca también aparece un cuchillo clavado en el pecho en el verso 81 (precediendo a la tercera negación). El cuchillo puede tener el sentido literal de la muerte o el metafórico o espiritual del 'dolor' causado por el abandono y la soledad que trae como consecuencia. Además el cuchillo tiene forma de cruz, como se menciona en otros poemas del libro, como en 'Puñal'. Las negaciones parecen aludir a los esfuerzos mencionados y denunciados por Mira y Gibson de la familia y amigos de Lorca por enterrar (bajo la arena) cualquier prueba de su sexualidad (Mira 1999: 309).

Abandonados por Dios: La lejanía de Jehová

Pero el abandono de los hombres no es el único representado en los tres textos. Lorca, Cernuda y Sánchez Saornil denuncian el abandono de Dios (recordemos que el rechazo al que son sometidos tiene que ver en gran manera con la religiosidad de su sociedad), al igual que le ocurre a Jesucristo, como mencionaba más arriba: el Padre no escucha su ruego de evitar el sufrimiento, de hacer que pase el cáliz (Lucas 22. 42) en el sentido de 'amarguras' como se recoge en la tercera entrada del DRAE. En el evangelio de San Marcos leemos lo siguiente:

> Y á la hora de nona exclamó Jesús con grande voz, diciendo: ELOI, ELOI, LAMMA SABACHTANI? Que quiere decir: ¿Dios mío, Dios mío, por que me has desamparado? (Marcos 15. 34)

El abandono de Dios en este pasaje es paradigmático: muy conocido y culturalmente extendido en occidente. Cristo siente que ha sido abandonado en su peor momento de sufrimiento. Mónica Jato localiza en Miguel de Unamuno el origen de los gritos al cielo de Blas de Otero y Ángela Figuera pidiendo respuesta a un Dios de cuya existencia se duda (Jato 2004: 32–34). Los *Sonetos* del bilbaíno claman al cielo con desesperación y son influencia importantísima para los poetas posteriores, pero parece que Jato olvida a la generación intermedia, los del veintisiete, y en especial a Cernuda y a Lorca, que a menudo sienten como sus oraciones 'no alcanzan el cielo'.

El rechazo hacia este Dios que se desentiende de su creación como un demiurgo, que apreciáramos, por ejemplo, en los jóvenes versos de Lorca (1994: 337–39), coincide con la necesidad de humanizar la fe que supone Moreno Navarro que tienen los andaluces (Bernal 1980: 286). Afirma este que en Andalucía, si algo no es susceptible de ponerse al mismo nivel del hombre, es difícil que sea querido; de ahí la humanidad de las figuras de Semana Santa. Sin embargo, en el caso de la devoción andaluza, el objeto de devoción aún está mitificado, aunque tenga forma humana. El hecho que permite la plena identificación con Cristo como humano es la crítica bíblica que lleva a cabo el cristianismo liberal. A partir de ambos procesos — el del folclore andaluz y el racionalismo europeo — surgirá la idea de incriminar al dios lejano en los poemas. Ahora bien, si Dios está distante, Dios no cabe en la realidad del poeta, ni él en la realidad de Dios. La conclusión a este problema la encontramos en el poema 'Hay almas que tienen...' de 1920 (García Lorca 1998a: 235) en el que el poeta se lamenta de la lejanía y apatía de Dios, como también sucede en varios poemas de la colección *Poesía inédita de juventud*. Rosa Sanz Hermida, en su análisis estilístico de la juvenilia lorquiana, resalta cómo aparece un uso repetitivo de los elementos de la herida, el bordado y el espejo como metáforas de la muerte, el dolor y el amor frustrado (Sanz Hermida 1997). Dejando aparte el mayor o menor desacuerdo que pueda suscitar el artículo, hay como mínimo un apunte relevante para el objetivo de esta sección; afirma:

> ... las imágenes más abundantes de la herida están siempre ligadas no a la tierra sino al cielo, brutalmente traspasado por elementos de la misma naturaleza (los chopos en el caso de 'Ribera'); por agentes desconocidos como en 'Cigarra'; por la poesía que con sus flechas rasga el Azul ('Grito de Angustia') o por la maldad humana que destroza el cristal del cielo ('Hermano envejecido') (...) Todo lo que viene de abajo representa una amenaza de agresión y muerte... (Sanz Hermida 1997: 116)

Parece que Lorca, en lugar de ser 'Asesinado por el Cielo' como en 'Vuelta de Paseo' de Poeta en Nueva York, todavía tiene la energía juvenil para rebelarse e intentar asesinar al cielo, matar a ese Jehová de la indiferencia. Sahuquillo distingue entre dos tipos de cielos en la obra de Lorca: 'A powerful (omnipotent) sky that cuts down [...] and a victim-sky, a fallen god-devil or fallen angel' (Sahuquillo 2007: 150). Menciona como ejemplo de cielo víctima el poema 'Mar', en que se identifica a Lucifer con 'el cielo caído | por querer ser la luz'. La asociación Lucifer-Dios la aclara antes en el capítulo haciendo ver que de alguna manera Lucifer es una versión *queer* de Jehová o la versión masculina de Venus. Esta reinversión devuelve a Urano-dios principal su estatus de Dios del Cielo y Cielo en sí mismo, lo cual explicaría las heridas al cielo que Sahuquillo también menciona, al identificar la voluntad hiriente en Prados y en el mismo Lorca, citando los versos 8–9 de 'Soledad Insegura' de Lorca: 'El cielo exalta cicatriz borrosa, | al ver su carne convertida en carne'. En la poesía 1921 encontramos algún otro ejemplo de cielo herido, véase el poema 'Sevilla' de *Poema del cante jondo* (García Lorca 1998a: 240) o el ya mencionado 'Initium' de las *Suites* (400).

Cernuda también acusa el abandono de Dios, y lo expresa haciendo visible en sus versos la gran distancia entre la tierra, lugar de los hombres, y el Cielo, lugar de Dios, y cómo los gritos de dolor no pueden ser escuchados por el Dios-Padre nuestro 'que está en el cielo'. En los versos 21–22 de 'Decidme Anoche', se lee:

> Sí, la tierra está sola; a solas canta, habla
> Con una voz tan débil que no la alcanza el cielo;
> (Cernuda 2005: 149)

Una vez más, en la sordera del cielo respecto a los gritos de la tierra hay un claro eco de la historia bíblica. Lo mismo se podría decir del tono del verso del mismo poema: 'Sí, la tierra está sola, bien sola con sus muertos...' (v.9). El verso se refiere al abandono al que está sometido la tierra, territorio del hombre tradicionalmente, en oposición a su contrario Cielo, que es el territorio de Dios. La metonimia indica otra vez la distancia entre Dios y los humanos y la soledad de los humanos. La incomunicación entre cielo y tierra aparece también en 'Remordimiento en traje de noche' en el verso 12: '¿No sentís a los muertos? Mas la tierra está sorda'. Tradicionalmente, los muertos (buenos) van al Cielo. Se crea así un nuevo patrón en que la humana no escucha el cielo-divino. Además, en el verso 4 del mismo poema hace referencia, como también la hiciera Lorca, a la severidad de Jehová: 'Desiertos tan amargos bajo un cielo implacable'.

La oposición cielo-tierra aporta ahora nociones (ideas, imágenes,...) que reaparecen en 'Decidme Anoche': la tierra está sola, desierta, y el cielo es implacable, como el viejo Jehová cruel. Además en este contexto el desierto evoca el retiro espiritual de Cristo antes de comenzar los tres años de predicación; la diferencia es que el pasaje bíblico (Mateo 4. 1–11) habla de tentaciones y el poema de Cernuda de remordimiento, que es al fin y al cabo lo que llega tras haber caído en la tentación. Se debe tener en cuenta que, al igual que los de 'Decidme Anoche', los versos de 'Remordimiento en traje de noche' son también alejandrinos, en este caso agrupados en cuartetos, de forma similar a la cuaderna vía, pero fallando en la rima, aquí inexistente. Hago destacar esto puesto que la cuaderna vía era la estrofa utilizada en el mester de clerecía; la literatura en cuaderna vía solía ser religiosa. Dada la alta formación literaria de Cernuda, sus reconocidas lecturas de los clásicos y las obras de crítica literaria que él mismo escribió, hay razones para dar por hecho que él sabía perfectamente lo que hacía al elegir la versificación lo cual da cierto margen para hacer conjeturas en dicho sentido. El tema continúa en otros poemas como 'Destierro' (2005: 146).

Con Sánchez Saornil sucede que las dudas y las imágenes de cielos vacíos aparecen en los poemas que escribe a partir de su diagnóstico de cáncer (Sánchez Saornil 1996: 24–26); en títulos como 'El Dios', donde se pregunta la voz lírica '¿Quién inventó ese Dios de horca y cuchillo | que creció y se nutrió de guerra santa?' recuerda a lo dicho sobre la imagen de Dios influida por Nietzsche (155, vv.5–6) o en 'Sonetos de la desesperanza' (160). Todos, Cristo, Lorca, Sánchez Saornil, Sagi y Cernuda, se sienten solos y abandonados, lo que les produce dolor. Pero también una poeta fundamentalmente religiosa y alejada del tema de la homosexualidad clama el abandono de Dios en sus poemas como responsable de su soledad. Me refiero, claro, a Ernestina de Champourcin, quien en una serie de poemas escritos en 1943 dedicados a la soledad, dirige una plegaria a Dios increpándole por su abandono:

> Señor, ¿estás contento?
> En mis manos vacías
> sólo anida el silencio.
> Cada vez que cobijo
> la sombra de un deseo
> no lo quiebra, implacable,
> la codicia del viento.
> [...]
> Sin lo mío y sin Ti,
> Señor, ¿estás contento?
> (Champourcin 1991: 26-27, vv.1-7, 12-13)

Dada la trayectoria espiritual de la alavesa, resulta sorprendente el poema, con ironía y sorna hacia Dios al que culpa de su soledad y de la frustración de sus deseos, dirigiéndose a él como Cristo se dirige al Padre desde la cruz, con un vocativo y una pregunta directa ('Padre, ¿por qué me has abandonado?'), donde da idea de lo extendido del rol del poeta como ser solitario y abandonado por Dios.

Dolor

Tanto Virginia Woolf en su ensayo 'On being ill' como Elaine Scarry teorizan sobre la expresión del dolor físico y su imposibilidad, puesto que, según ellas, este destruye el lenguaje lógico (Scarry 1985: 11). La diferencia entre la expresión del dolor físico y del dolor psicológico estribaría en que hay referentes para el dolor psicológico en literatura y la mitología, con lo que su expresión se hace más sencilla, es decir, que ante la incapacidad del *logos* de transmitir el dolor, el escritor recurre a la historia, al *mythos* como referente. La solución que encuentran los poetas que aquí analizamos es similar: se acogen a la referencia mítica, que aúna dolor físico y psicológico, para expresar dolor psicológico plasmándolo en dolor físico. Igualmente en 'Decidme Anoche' como en *Poema del cante jondo* aparecen componentes alusivos al dolor físico: el grito, una corona de espinas, látigos, puñales ... Podemos decir que el dolor psicológico se materializa en el físico o que se une a él y acaban siendo lo mismo.

Por otro lado, Bending refuta la tesis de Scarry afirmando que sí es posible la representación del dolor físico mediante la metaforización del mismo, como se ha hecho a menudo en la tradición literaria. Está de acuerdo en que es difícil la descripción directa del dolor, pero da una solución válida que se puede adaptar muy bien a la situación y expresión de los poetas que estudio en esta sección: 'As the describer of pain, faced with the absence of appropriate language, is compelled to move outwards from the direct description of pain itself into a metaphorical and explanatory realm in which pain is fitted into another and distinct Framework of reference.' (Bending 2004: 85). En el caso del lenguaje bíblico, el uso del mito bíblico es una descontextualización del dolor con mucha más fuerza que la metáfora por su carga histórica, cultural y arquetípica, permitiendo esta última característica la comprensión del lector, puesto que inserta su propia experiencia en el esquema arquetípico.

Esta es la última de las sensaciones que indentifican a los poetas con Cristo y al mismo tiempo la más poderosa, puesto que la Pasión de Cristo ha supuesto más que cualquier otra cosa un arquetipo de dolor en la sociedad occidental. En el inconsciente colectivo español, la idea está tan profundamente arraigada que la palabra 'Calvario', el nombre del monte donde Cristo fue crucificado, se acepta hoy en el DRAE como palabra que nombra una 'serie de adversidades y pesadumbres' y 'Via Crucis' también está incluida en la 22 edición del DRAE con una de las entradas que la define como 'aflicción continuada que sufre una persona'. Teniendo en cuenta aún algunos de los nombres claves en esta historia que han pasado al lenguaje cotidiano, podemos hacernos una idea de lo fuerte que resulta el vínculo entre Jesucristo y el dolor en el inconsciente colectivo de la sociedad española y cómo se hace mucho más fácil para el lector católico entender el dolor si está relacionado con Jesucristo. Aparece el dolor en el *Poema del Cante Jondo*, donde Lorca utiliza incluso la propia palabra 'Calvario' en un juego entre su significado literal-bíblico y el metonímico-común en el fragmento de la sección 'Pueblo' del 'Poema de la Soleá' que incluía más arriba.[28]

También adopta forma de cuchillo que se clava en el pecho en el poema 'Sorpresa'. La imagen de las espadas y cuchillos atravesando pechos o corazones se repite frecuentemente a lo largo de todo el libro, convirtiéndose en una constante. Se manifiesta con toda claridad en los poemas 'Puñal':

El puñal,
entra en el corazón,
como la reja del arado
en el yermo
(308, vv.30–33)

o 'Encrucijada' ('... y el puñal | en el corazón' 309, vv.46–47), y es también adoptada por otros poetas, como Ernestina de Champourcin, que metaforiza la certidumbre y el dolor del no retorno del amante como hierro que se clava en el pecho en la serie de poemas de 1937 que parece estar dedicada a un soldado: 'Lo sé: ya nadie intenta desclavar de mi pecho | la horrible certidumbre que sin querer acuno' (1991: 12, vv.13–14).

La imagen cobra sentido desde el punto de vista que abordo aquí si recordamos que según la Biblia el mismo Cristo fue apuñalado con una lanza (Juan 19. 34). La correspondencia podría ser solo una coincidencia, pero Lorca ya ha representado antes situaciones dolorosas utilizando imaginario religioso, como podemos ver en su dibujo 'Ecce Homo' (García Lorca y Ríos 1996). En él Lorca

---

[28] 'Sobre el monte pelado | un calvario' (García Lorca 1998: 307).

reproduce un Ecce Homo ('He aquí al hombre'), otra expresión tomada de contexto bíblico (Juan 19. 5), dicha por Pilatos para presentar a Cristo torturado al pueblo.[29] La expresión se usa una vez más en lenguaje cotidiano, en este caso para referirse a, según el DRAE, una 'persona lacerada, rota, de lastimoso aspecto'. Cernuda también toma la frase bíblica en castellano para resaltar el abismo entre la naturaleza humana y la divina y el dolor físico que la desesperanza de la ausencia de Dios provoca:

> Esto es el hombre. Aprende pues, y cesa
> de perseguir eternos dioses sordos
> que tu plegaria nutre y tu olvido aniquila.
> (Cernuda 2005: 326, vv.63–65)

Son los versos 63-65 de 'Las ruinas', en el libro *Las nubes*. Aunque con esta reivindicación en contra de Dios quizá se aparten un poco de la apelación general de comprensión por parte del público, realmente son efectivos en la expresión de soledad y abandono por parte de Dios, utilizando además la frase evangélica que más énfasis hace en la naturaleza humana y por tanto sufriente de Cristo.

Pero quizá en este contexto sea aún más relevante el dibujo de Lorca de una Virgen con el corazón atravesado por espadas. Esta imagen es muy típica de la Semana Santa andaluza y se reproduce en numerosos 'pasos'. Las espadas representan los siete dolores de la Virgen y la representación procede del evangelio de Lucas, del pasaje de la presentación de Jesús en el templo, cuando el santo Simeón, adivinando todo lo que habría de padecer María le dijo 'Y una espada traspasará tu alma de ti misma, para que sean descubiertos los pensamientos de muchos corazones' (Lucas 2. 35). El pasaje, las imágenes de Semana Santa y el dibujo de Lorca sobre el mismo tema (García Lorca 1980: 1331) parecen bastante relacionados con los fragmentos de poemas sobre puñales atravesando corazones que mencionaba más arriba.

Este entorno en el que las representaciones de dolor por medio de imágenes religiosas parece frecuente quizá permita una interpretación más firme de la vinculación entre dolor y cristianismo en Lorca. Volviendo otra vez al *Poema del cante jondo*, encontramos una sección del 'Poema de la Soleá', la titulada '¡Ay!', cuyo estribillo reza 'Dejadme en este campo llorando'. El imperativo 'dejadme' provocará, en efecto, que la voz poética se quede sola. Deteniéndonos en este poema, parece que el daño ya está hecho (el rechazo), por lo que ahora es la voz poética la que pide ser dejada sola para llorar. Así trasluce un modo íntimo de vivir el dolor que está presente en el poema desde el mismo título y que nos lleva de vuelta a la oración en Getsemaní, cuando Jesús está sufriendo solo en un 'campo'.

---

[29] Y casualmente (o no) utilizada por Nietzsche para dar nombre a su pseudo-autobiografía.

En 'Decidme Anoche' de Cernuda encontramos más referencias al dolor. Como el de Lorca, es también este un dolor que está hecho de una combinación de soledad y dolor físico, como se menciona en los versos 9-13:

> Al acecho quizá de inerte transeúnte
> Que sin gestos arrostre su látigo nocturno;
> Mas ningún cuerpo viene ciegamente soñando.
> El dolor también busca errante entre la noche,
> Tras la sombra fugaz de algún gozo indefenso;

La primera parte, con una mención a un látigo, parece referirse a la resistencia a la tortura, quizá la de Cristo (Juan 19. 1-3). En la historia de Cristo, el dolor causado por la soledad viene unido al dolor físico y lo mismo ocurre en el poema de Cernuda, como podemos ver en el verso siguiente (11): ese verso suena a decepción pues a pesar del dolor nadie viene, está solo. El uso de la conjunction disyuntiva 'mas' aporta la connotación de decepción, el 'a pesar del dolor', 'a pesar de la resistencia', no hay nadie apoyando al sufriente. La unión de dolor-melancolía-soledad y dolor físico aparece en varios poemas más. Quizá de forma especialmente notoria en el 'Monólogo de la Estatua' por su vinculación al el dolor ya indicado del vacío del Cielo (y la desesperanza que trae consigo) y por la representación del mismo como 'llaga incurable', que vuelve a traer a propósito la imagen colectiva de los estigmas:

> Pero los pueblos mueren y sus templos perecen,
> vacíos con el tiempo el cielo y el infierno
> igual que las ruinas
> [...]
> llena estoy de recuerdos. Su tormento me abre
> como llaga incurable el hueco de la gloria.
> (Cernuda 2005: 279-80, vv.45-47, 53-54)

La estatua, añorante de tiempos mejores, abandonada, olvidada, es una actualización de Cristo, abandonado en las iglesias frías, con su llaga en el costado aún abierta para que descreídos como Santo Tomás o Cernuda, metan su mano. La estatua es también un alter ego del poeta o una aspiración del mismo al menos a tener recuerdos de tiempos mejores, de lo cual se trataba en el capítulo sobre la pérdida del paraíso.

En Sánchez Saornil, vuelve a surgir el dolor relacionado con lo crístico, la crucifixión y los clavos. Sin embargo en ella la relación es con un Cristo más cercano a la versión cristiana, un cristo que ama:

> Todo lo amaste y todo sin medida.
> ¿Cómo puedes sentirte defraudada
> si fuiste por amor crucificada
> con un clavo de luz por cada herida?
> (Sánchez Saornil 1996: 146)

Da la sensación, por la intimidad que muestra el poema, de que el 'tú' se dirija, como sucedía por ejemplo en *Ocnos* de Cernuda, a la propia poeta, que es la crucificada por amor. La crucifixión por amor es inevitable relacionarla a estas alturas del capítulo con el hecho de que Sánchez Saornil fuera lesbiana y viviera con su pareja América Barroso, lo que probablemente no dejaba indiferente a la sociedad de su tiempo (vivían en la Valencia franquista). La crucifixión es arquetipo de la tortura injusta y la muerte dolorosa por motivos desinteresados, con lo que el modelo cuadraría con la 'tortura' más o menos metafórica a la que hubiera sido sometida por su tendencia sexual.

Conclusiones

Desde el principio del capítulo hemos asistido a una serie de contradicciones, siendo la más destacada la aducción de la filosofía nietzscheana para justificar la identificación del poeta con Cristo. Sin embargo, espero que las explicaciones sobre lo que representa la figura de Cristo en los casos propuestos haya ayudado a vislumbrar la lógica de mi argumento. Recapitulando, Cristo aparece en este capítulo como un hombre en contra de la moral imperante, que se opone a Jehová, pero a la vez es un hombre que sufre y este sufrimiento le hace sublime. En el caso presentado, ni Cristo ni los poetas buscan la redención, sino la expresión del dolor y la creación utilizándolo. Aquello que podría parecer una búsqueda de redención por medio del dolor, no es sino un intento de reunificación con su sociedad, de la cual se han apartado al negar su moral. Desde esta perspectiva, podemos revisar los vínculos con lo 'dionisíaco' que Nietzsche define en *Die Geburt der Tragödie* ... 'como aquello que tiende al uno original' (Carrasco Pirard 2000: 18). En los ejemplos escogidos, los poetas no buscan ya un más allá, un lugar perdido, como aparecía en el capítulo anterior, sino que aceptan su dolor y lo comparten, creando poesía por medio de él, elevando el dolor y otorgándole dignidad, y de este modo lo presentan a su público: muestran la vida como tragedia, pero como tragedia capaz de producir un éxtasis, un cierto tipo de placer, y a su vez, un sentimiento empático de colectividad, de acercamiento al ser. De ahí el rechazo al Jehová lejano y la búsqueda de un dios humano en comunión con la naturaleza con el que se puedan identificar. Es en la búsqueda de esa unidad de la colectividad social y humana donde encontramos a la vez una búsqueda de la comprensión, para la que se utiliza el mito: como agente cohesionador, dado el conocimiento compartido del mismo y la reminiscencia a una historia común, y como ejemplo asequible de un dolor entre físico y psicológico que sería de otro modo difícil de expresar.

Por supuesto, los poetas no son nietzscheanos puros: si han leído las obras del alemán y las han interiorizado, también han recibido una educación católica de la que, a pesar de rebelarse contra ella, aún quedan vestigios, especialmente en Lorca y Aleixandre. Por eso encontraremos ejemplos que disienten de estas líneas generales, mostrando la riqueza de influencias y lecturas de los poetas y sus propios debates y luchas internas. Lo único que he pretendido expresar en este capítulo es la existencia de una línea general que parecen seguir en varios de los poemas de una determinada época y que, debido a la lectura de filosofos como Nietzsche y Schopenhauer, llevarán a la búsqueda de una unidad social que se consolidará con el tiempo y desembocará en una poesía de signo más social como se verá en el próximo capítulo, en la que el poeta hará de vate, como figura relevante, representante de la moral de los señores que es, advirtiendo al resto de la sociedad, a los depositarios de la moral de los esclavos.

CAPÍTULO 4

~

Poeta profeta: el discurso revelado en la generación del veintisiete

Mirando con algo de perspectiva este trabajo veremos que desde el primer capítulo hasta este que nos ocupa, han pasado unos diez años de la vida de nuestros poetas.[1] En estos diez años, de 1918 a 1928 aproximadamente, los poetas del veintisiete han desarrollado su poesía más intelectualizada, aquella que responde a la 'deshumanización del arte' descrita por Ortega y Gasset. Y sin embargo, y aun suponiéndose que dicha deshumanización del arte surgió como reacción contra los excesos retóricos y sentimentales del Romanticismo (Geist 1980: 152–55), en realidad no se han apartado del paradigma romántico-moderno tal y como se propone en este estudio. Tampoco sorprende que a finales de la década de los veinte, y coincidiendo con la primera oleada de poesía escrita en un modo surrealista en los poetas del veintisiete (con obras como *Sobre los ángeles*, *Sermones y moradas*, *Poeta en Nueva York*, *Pasión de la tierra* o *Un río, un amor*) que en principio debería ser completamente antirromántica (Ilie 1968: 177), se dé en realidad una vuelta al Romanticismo en su vertiente social de manera más evidente, tal como atestiguan críticos de la talla de García de la Concha (1987), o Anthony Leo Geist (1980).

Tras haber estudiado las crisis personales y estéticas en la generación del veintisiete, este capítulo centrará su atención en la repercusión que las importantes crisis sociales del momento — la crisis económica mundial, la decadencia del sistema dictatorial de Primo de Rivera en España y la inminencia de la Guerra Civil — tuvieron en la poesía del momento, interesándose también por la aparición de poetas profetas, porque los profetas surgen en tiempos de crisis para guiar al pueblo, para instruirles y aconsejarles que eviten la cólera de

---

[1] Si bien es cierto que en determinados autores hemos ofrecido ejemplos de más adelante, como alguno que ha aparecido de *Poeta en Nueva York* de Lorca y de *Sobre los ángeles* de Alberti, se ha intentado mantener cierto orden cronológico. Sin embargo, hemos de tener en cuenta que hablamos de poesía y de poetas, y la evolución no es simultánea en todo el grupo: cada poeta avanza de forma independiente aunque partan de una base común.

Dios — o quizá más bien en nuestro caso el desasosiego por la ausencia de Dios —, para darles fe con que enfrentarse a las vicisitudes.² Así ocurre en el Antiguo Testamento y así también se da entre los del veintisiete, que ya habían adoptado el papel de médium o de autoridad moral en ocasiones anteriores como transmisores a la humanidad de un mundo más real que ese tangible que solo ellos podían apreciar (Cernuda 2005: 553; Aleixandre 1960: 506-08). En esta ocasión, su papel de autoridad heredado de los románticos irá transfigurándose paulatinamente para fijar también su objeto de salvación en la sociedad. El poeta comenzará poco a poco a sensibilizarse ante la realidad social que tomará más y más protagonismo en sus obras sin perder de vista al mismo tiempo su objetivo de siempre (o cuya inaccesibilidad ha servido en numerosas ocasiones como motivo estético): la eternidad.³

He aquí que encontramos una nueva paradoja: el profeta del veintisiete se expresa mediante un lenguaje surrealista que le servirá para alcanzar los dos objetivos propuestos. No es que profecía y surrealismo sean términos que casen muy bien a primera vista: ni siquiera está muy bien visto en algunos círculos el asociar las palabras 'veintisiete' y surrealismo. Sin embargo, ha sido establecido como un hecho el giro expresivo hacia lo inconsciente que se da en los poetas del momento; giro producido por las diversas crisis mencionadas y por la necesidad de una nueva forma de expresión para nuevos tiempos (Geist 1980: 80).⁴ ¿Nueva? Como todos su coetáneos, Alberti, se ofende primero ante la posibilidad expresada por algunos críticos de que sus obras, en este caso en concreto *Sobre los ángeles* y *Sermones y moradas*, fueran surrealistas, y luego se ve obligado a reconocer ciertas trazas de lenguaje similar al surrealista ('si entendemos por surrealismo la exaltación de lo ilógico, lo subconsciente, lo monstruoso sexual,

---

² En los comentarios a Isaías y Jeremías de Luis Alonso Schökel se especifican las múltiples crisis en las que surgen los profetas, bien para actuar de intermediarios entre el pueblo y Jehová o para avisar a los pueblos de las desgracias que se ciernen sobre ellos, haciéndoles reflexionar y encontrar la culpa de sus desgracias en sus propios actos. (Schökel y Sicre Díaz 1987). Recordemos que en torno a los años veinte, (1918 y 1923), publica Oswald Spengler *Der Untergang des Abendlandes*, coincidiendo con el final de la Primera Guerra Mundial. Además, Nietzsche llevaba anunciando desde finales del siglo anterior la crisis de la moral que sostenía la sociedad, con lo que se anunciaba un clima propicio para el surgimiento de nuevos profetas.
³ La proyección en el tiempo de esta función social nos la revela Jato en su ya citado estudio, al destacar el papel profético de Unamuno en *El Cristo de Velázquez*, y estudiar la continuación del mismo en León Felipe (obviando una vez más a la generación del 27) (Jato 2004: 40, 87-91).
⁴ Nietzsche proponía un abandono de la racionalidad y la moral cristiana en pos de los instintos. Este pensamiento sirve de inspiración al surrealismo, que abandona toda lógica (inicialmente) y expresa el inconsciente, el mundo del instinto no regido por reglas. Barbara Jean Larson reconoce que a pesar de que los surrealistas, en general, no mencionan a Nietzsche como pre-surrealista en su manifiesto de 1924, existen similitudes con su filosofía en conceptos como la 'transvaluation of all values' y el 'psychic automatism' y sí que reconocen la figura del filósofo individualmente (Larson 2009: 272).

el sueño absurdo' Alberti en Geist 1980: 174), ubicando su procedencia en la cultura popular española, en la que se pueden encontrar rimas absurdas y composiciones que exaltan la irrealidad y lo grotesco. Asimismo, Paul Ilie, en *The Surrealist Mode in Spanish Literature* también encuentra las raíces del surrealismo español en obras anteriores al veintisiete pero ya dentro de la modernidad, como por ejemplo en los esperpentos de Valle-Inclán, los caprichos de Goya y algunos otros de sus cuadros (especialmente las pinturas negras) y en obras de Solana o Machado (Ilie 1968), siempre afirmando que el surrealismo era algo que estaba ya implícito en el carácter español.

Y bien, siguiendo la lógica de Alberti y de Ilie, ¿no sería razonable afirmar que parte de la inspiración para el lenguaje surrealista pudieron encontrarla en las profecías bíblicas? Los textos surrealistas comparten con las profecías la exaltación de lo ilógico, lo subconsciente, lo onírico ... Es más, en realidad la mayoría de profecías son sueños o visiones. Y como tales, los hechos que narran no tienen una coherencia lógica propia del mundo consciente. Las profecías hablan de monstruos (Apocalipsis 13. 1–2), atrocidades de pesadilla, ciudades destruidas por lluvias de fuego, cielos que se abren y hombres con multitud de cabezas y alas (Ezequiel 1. 4–14). A veces se profetiza interpretando sueños, como Daniel, con una pasmosa similitud con lo que haría siglos después Freud y que inspiraría el arte surrealista. La Biblia fue un libro que de una u otra forma todos tuvieron presente en su época de juventud, especialmente a lo largo de su educación (Cernuda 1994: 648; García Lorca 1990; Alberti 1980). Casualmente en ese libro se utiliza a menudo el lenguaje onírico para enfrentar crisis y volver la mirada hacia la sociedad que sufre y se suele practicar un tono angustiado (como ocurre en Jonás, Jeremías y en las *Lamentaciones*). Posiblemente sean todos alicientes para que las profecías resulten elegidas como formas de inspiración para el nuevo discurso del poeta.

Mediante el cruce del discurso profético y el lenguaje surrealista se dan cuatro resultados, tres de índole estética y uno de índole social, pero todos relacionados, y que responden de alguna manera a las crisis del poeta: la continuidad lógica del papel del poeta como autoridad moral de la sociedad, la saciedad de la sed de eternidad, la recuperación del poder de la palabra y la transición hacia la poesía social. A la explicación de estos resultados, la ejemplificación de los paralelismos entre la figura del poeta y del profeta, así como a la argumentación acerca de la conveniencia del uso del lenguaje surrealista y de la voz profética será a lo que dedique el resto del capítulo.

Revisión bibliográfica

Son varios los críticos, especialmente anglosajones, que han resaltado en los últimos años el papel 'profético' de algunos poetas del veintisiete: Robert Havard dedica en el año 2000 un artículo a la voz profética de Lorca en 'Lorca's Mantic

Poet in New York' (Havard 2000), en el que se analizan ciertos rasgos estilísticos de la obra en relación con las profecías, especialmente de Jeremías, profeta del dolor, estableciéndose relaciones entre la necesidad vital de un cambio de dirección en la vida y la obra del poeta, el uso del lenguaje surrealista en el poemario y la asunción del papel del profeta que se rebela contra la sociedad, comparando Nueva York y Babilonia. Verdú de Gregorio también escribe en el 2000 el artículo 'Federico García Lorca: *Poeta en Nueva York*, profecía y palabra' (Verdú de Gregorio 2000), donde, a pesar de lo prometedor del título, se limita a hacer una interpretación no demasiado cohesionada de fragmentos sueltos del poemario, intentando dar una continuidad al contenido del mismo. Entre estas interpretaciones se dejan ver menciones interesantes a la importancia de la palabra para Lorca y su visión de la palabra original como paraíso del poeta que intenta recuperar; pero la explicación no llega más allá ni se fundamenta teóricamente, más que con un par de versos de 'Panorama ciego de Nueva York' (572-73). Juventino Caminero también menciona el ambiente o mensaje apocalíptico que presentan en *Poeta en Nueva York* los poemas 'La aurora de Nueva York' y 'El rey de Harlem' (Caminero 1998: 226, 233).

Por su parte, Derek Harris en su artículo 'Prophet, Medium, Babbler: Voice and Identity in Vicente Aleixandre's Surrealist Poetry' se centra en el carácter de Aleixandre como poeta surrealista hasta 1936 y analiza cómo su voz poética retrata un mundo paralelo del que es 'médium'. Aquí Harris admite una continuidad de líneas románticas en la primera poesía surrealista de Aleixandre quien, según el crítico, superaría las dificultades verbales simbolistas de la poesía romántica por medio del lenguaje surrealista (Harris 2004). Veremos a lo largo del capítulo cómo coincido en parte con Havard y Harris al afirmar que el lenguaje surrealista es especialmente apropiado para la expresión de estos poetas-profetas y para la superación de su conflicto expresivo, como adelantaba en la introducción, porque es un lenguaje supuestamente irracional y, por tanto, capaz de dejar atrás la moral.

Ducis Roth también establece paralelismos entre la figura del poeta y la del profeta en *Espadas como labios* de Aleixandre, pero más que desde el punto de vista del conflicto con el lenguaje, lo hace desde la construcción del yo poético y su alienación respecto del poeta (Ducis Roth 2002). Dicha alienación tiene en común con el profeta que el 'emisor del mensaje', ya sea poético o profético, no se siente dueño del mismo ni libre para dejar de hacer lo que hace: el profeta está obligado por Dios a transmitir un mensaje, a menudo en contra de su voluntad. El poeta, tras las (varias) crisis que sufre, entre ellas la de la palabra, opta por la actitud de quien se siente obligado a seguir 'transmitiendo' muy a su pesar.

Además de los mencionados, se aprecian referencias sueltas a los dones proféticos de Cernuda y de Alberti en varios artículos. En la sección dedicada a Alberti en el libro de Robert Havard *From Romanticism to Surrealism: Seven Spanish Poets*, se menciona brevemente al poeta gaditano como profeta de la 'religión' del surrealismo (Havard 1988: 243) y Connell destaca el carácter visionario del primer poema de *Sobre los ángeles*, 'Paraíso perdido' (Connell 1965: 303). Además Morris, en sus notas a *Sobre los ángeles*, también establece ciertas concomitancias entre versos y pasajes, especialmente de Isaías (Alberti 2001: 73-5, 77, etc.). Sin embargo, considero que el carácter profético de algunos poemas de Alberti, en especial de *Sobre los ángeles* y *Sermones y moradas*, va mucho más allá de lo expuesto por estos críticos, como explicaré en breve.

En cuanto al poeta sevillano, Aileen Anne Logan, en su tesis presentada en la University of St. Andrews en 2007, explica brevemente cómo Cernuda plasma en la figura del farero, de 'Soliloquio del farero', el papel del poeta como profeta y visionario (Logan 2007: 53). Neil C. McKinlay propone al discutir su percepción de lo divino en su monografía sobre el mismo poeta que el único contacto que tiene Cernuda con los insufribles dioses es a través de la experiencia visionaria (McKinlay 1999: 29). Con todo, el que mejor explica el papel de Cernuda como médium o figura destinada a hacer ver realidades inaccesibles al hombre común es el propio poeta: hay dos partes en las que Cernuda es muy claro en cuanto a la misión del poeta: una está en 'La poesía' de *Ocnos*, la otra en los poemas dedicados a algunos otros poetas y, en concreto, en 'A un poeta muerto. F.G.L'. En el primer caso, el poeta relata cómo de pequeño descubrió ya a través de la poesía una realidad alternativa que 'anunciar'

> Entreví entonces la existencia de una realidad diferente de la percibida a diario, y ya oscuramente sentía cómo no bastaba a esa otra realidad el ser diferente, sino que algo alado y divino debía acompañarla y aureolarla, tal el nimbo trémulo que rodea un punto luminoso. (Cernuda 2005: 553)

La pronta vocación poética está descrita desde una perspectiva platónica de inspiración romántica a la que ya me he referido en el primer capítulo: esa realidad diferente, que Cernuda identificaría con el 'deseo' como oposición perfecta a la realidad ordinaria, es lo que él considera el 'mundo real', un mundo del que la realidad tangible no es más que reflejo imperfecto (Cernuda 1994a: 623). La misión de comunicar esta realidad a sus semejantes no es trabajo fácil, puesto que, como explica Cernuda en el otro poema mencionado, provoca la incomprensión de la sociedad y el aislamiento del poeta. A este tipo de incomprensión es al que imputa la muerte de Lorca en el ya citado poema 'A un poeta muerto. F.G.L.'.

Entre las connotaciones crísticas del poema se entreteje una visión del poeta como 'aquel que ilumina las palabras opacas' o que trae la luz, que revela lo 'oculto' y que rescata parte de la vida, que en mi lectura interpreto como 'el deseo' o ese mundo alternativo, como hacen los dioses. Los poetas son aquellos que traen 'verdor' a la 'tierra árida'. El poeta es revelador, iluminador, en su misión platónica de transmitir la realidad oculta a los hombres, pero en esa misión son despreciados. Alan Cooper afirma en su estudio sobre el discurso profético y la figura del profeta hebreo en el Antiguo Testamento que los profetas representan el inicio de una autoridad difícil de asimilar para las sociedades puesto que 'it is the authority of those who perceive more than their fellows and who perceive things differently' (Cooper 1990: 27). La ignorancia de sus semejantes y el relevo moral que llevan a cabo provoca la actitud de descreimiento hacia el profeta y a su vez también una actitud en principio rebelde y luego resignada del mismo, que no tiene más remedio que transmitir el mensaje dado por Dios, incluso cuando no lo entiende. Así, asistimos a un claro paralelismo entre las circunstancias desfavorables para el poeta que describe Cernuda y el perfil del profeta como visionario incomprendido.

Estas circunstancias que explicaré en breve son recuperadas por los románticos y más tarde heredadas por simbolistas y los modernistas, alcanzando también a los del veintisiete, como se ha visto brevemente en los ejemplos de Cernuda, que aprovecharán ese aura de incomprensión para presentarse como seres con una autoridad moral indiscutible.

A continuación intentaré establecer un marco general de las causas por las que el poeta tanto romántico como del veintisiete asume dicha misión, las similitudes con las misiones de los profetas reales y la ubicación de esta visión romántica del poeta-profeta entre los aspectos de los poetas del veintisiete que venimos estudiando en este trabajo.

Perspectiva histórica: El papel del Poeta-profeta

La confusión entre el poeta y el profeta procede de una antigüedad anterior a la clásica: las aclaraciones y distinciones que se hacen en el Antiguo Testamento entre ambos personajes hace pensar en una tradición en que se mezclaban e intercambiaban fácilmente los papeles. En el libro de Ezequiel aparece una diferenciación entre poeta y profeta que Kugel considera necesaria en aquel tiempo para corregir la percepción que podía tener el pueblo de que ambas figuras fueran iguales (Kugel 1990):

> Y vienen a ti como si viniese un pueblo, y se sientan delante de ti como pueblo mío: y oyen tus palabras, y no las hacen, [...] Y eres para ellos como una canción música, que se canta de una manera suave y agradable: y oyen tus palabras, y no las hacen.
>
> Y cuando viniere lo que ha sido profetizado, [...], sabrán que hubo Profeta entre ellos (Ezequiel 33. 30-33).

La única diferencia entre el poeta y el profeta en este pasaje es la reacción del pueblo ante las palabras de ambos. Incluso cuando los oyentes toman al profeta por poeta (o 'cantor de amores') piensan que su palabra 'viene de Jehová', es decir que la inspiración divina no es lo que los separa, sino el efecto de sus palabras entre los destinatarios, lo cual, objetivamente, no constituye tanta diferencia entre los roles, puesto que no depende de ellos, sino del público.

Ciriaca Morano añade como divergencia entre el profeta hebreo y el poeta clásico la falta de vocación del primero: el profeta tiene normalmente aspiraciones contrarias a su misión divina que le hacen rebelarse contra la misma, se da una especie de pulso entre la divinidad y el elegido para transmitir su mensaje, que acaba haciéndolo derrotado: el mensaje profético es un vehículo de humillación y de fracaso personal para el profeta (Morano Rodríguez 1988: 123). Así lo vemos en la figura de Moisés, que ha de abandonar su destino entre la realeza de Egipto para ir a vagar al desierto ante la desobediencia y el rechazo repetido de su pueblo. En el libro de *Números* leemos que en una ocasión dos ancianos del campamento comenzaron también a profetizar y uno de los seguidores de Moisés expresó su disgusto. Moisés reaccionó así:

> Moisés respondió: ¿Qué celo muestras por mí? ¿Quién me diera que profetice todo el pueblo, y que el Señor les dé su Espíritu? (Números 11. 29)

El disgusto procede de la imposibilidad de elegir y de la falta de libertad: el profeta no puede decir más su palabra, sino la de la divinidad, quedando a merced de la voluntad de la misma. Según Morano Rodríguez, el profeta se ve solo frente al mundo, pues 'la adhesión al poder produce éxito, pero la contestación al poder establecido con las únicas armas de la verdad, condena al fracaso y a la humillación' (Morano Rodríguez 1988: 124). Sin embargo, estas circunstancias se suman en el Romanticismo a las similitudes entre poeta y profeta, ya que los poetas adoptarán idéntica actitud de malditismo — como ya se ha visto — y de imposibilidad de elegir su destino y vocación debido a que la vocación poética les ha poseído, como Jehová poseyó a Jeremías (Jeremías 20. 7), y además se autoatribuyen la realidad profética de ser los únicos en posesión de la Verdad.

Avanzando en el tiempo y en la historia de los poetas y los profetas hacia la época clásica, observaremos que los griegos tenían palabras diferentes para poeta y profeta pero, a pesar de esta distinción común, según Nagy, en ocasiones las palabras *Mantis* y *kerūx* podían ser utilizadas para poeta y profeta indiferentemente (Nagy 1990: 56). Toma como ejemplo ilustrativo de esto a Hesíodo, puesto que al inicio de la *Teogonía* este declara tener una voz sagrada otorgada por las musas del monte Helicón que le permitía contar el futuro y el pasado (Nagy 1990: 58).

La confusión entre poeta y profeta desaparece en la sociedad teocéntrica medieval.[5] Sin embargo, la crisis vital producida por la decadencia continuada

---

[5] Una excepción es la de la figura de Virgilio quien, dadas sus escrituras 'sibilinas' y en especial su 'Égloga IV' que se interpretó como anunciando la venida de Cristo, se consideró por los cristianos un profeta de la altura de Jeremías o Moisés, incluyendo su figura y la de la Sibila en rituales y autos sacramentales (Baquero Goyanes 1984: 10). Probablemente más que una excepción, el caso de Virgilio es el de una asimilación: sabiendo de su importancia en la sociedad romana pagana, que le considera en ocasiones un 'semi-dios', el cristianismo asimila al escritor latino dándole un papel de importancia en la nueva religión, el de profeta y defensor de la fe cristiana (Fortuny 2001: 1-2).

de la fe originada en el Renacimiento fue paulatinamente desacralizando ciertas figuras tradicionalmente intocables, como eran los profetas, con lo que a partir del Renacimiento encontramos vestigios de poetas ilustres que vuelven a asumir un rol profético en la sociedad y en sus obras. Predecesor de ellos es Dante Alighieri, que también fue temprano predecesor del Renacimiento occidental, proclamando a principios del siglo XIV proclama en la *Divina Commedia* su misión profética (Mineo 2007: 7–9). También es conocido el carácter profético que se atribuyó John Milton, autor de *Paradise Lost* en el siglo XVII. La decadencia de la fe y la desconfianza de los viejos patrones teocéntricos de vida tuvieron un nuevo impulso en el siglo XVIII o siglo de las luces. La Ilustración es señalada por algunos críticos como una de las causas del inicio del pensamiento romántico en última instancia (Van Tieghem 1966: 23). Como se ha hecho ver varias veces en este trabajo, el Romanticismo es un movimiento filosófico y literario que surge de la crisis. El declive de la fe lleva a un cuestionamiento de todas las realidades dadas como ciertas hasta ese momento y a una prevalencia de la imaginación y el sentimiento sobre la realidad del mundo, es decir, se impone la exploración de mundos nuevos fuera de la razón. El poeta romántico se proclama médium entre esos mundos y el mundo ordinario, lo que marca un claro precedente para los del veintisiete.

Si nos situamos en la sociedad ilustrada del siglo XVIII comprenderemos que los inicios de los poetas románticos no debieron ser fáciles: el poeta se encargaba de describir mundos fuera de la realidad: ¿para qué podía servir eso? ¿Qué justificación podía encontrar un poeta para vivir de la poesía? El poeta ha de buscar una razón de ser, un lugar propio y su papel en una sociedad completamente utilitaria; es así, según Abrams y Álvarez Barrientos, como el poeta asumió el papel de profeta o de promulgador de una verdad revelada (Abrams 1971: 239; Álvarez Barrientos 2000: 13). La redefinición del poeta en función a su nueva poética lleva implícita una labor didáctica hacia la sociedad: el artista ya no es aquel que 'refleja la naturaleza'; como bien indica Abrams, el cambio fundamental entre la poética de Aristóteles y la de Schlegel consiste en el abandono de la 'imitatio', de la función de espejo del artista, para ser sustituida por la de 'iluminador': 'mirror' por 'lamp' (Abrams 1971). Recordemos aquí las palabras de Cernuda en el poema citado, 'Aquel que ilumina las palabras opacas'. Álvarez Barrientos describe la nueva misión del poeta en el Romanticismo:

> El autor debe enseñar algo al lector y ese algo ha de servirle para navegar por el mar proceloso de la vida. En definitiva, debe ofrecer una respuesta válida a las preguntas que los demás, menos sabios, se hacen. [...] Alumbrar, iluminar, ser faro fue, por tanto, un rasgo distintivo del escritor. (Álvarez Barrientos 2000: 12)

Ahora bien, ante la perspectiva del poeta como 'iluminador de la verdad', y por tanto único poseedor de la verdad, nos encontramos ante un doble problema: dijimos que el profeta también se enfrentaba a la sociedad con las armas de la verdad, pero en el primer capítulo planteábamos cómo el poeta se considera a sí mismo un dios, no transmisor de lo divino, sino un dios creador, que ve la poesía como vehículo de su propia gloria en lugar de como vehículo de humillación, que es lo que se indicaba más arriba respecto a la misión del profeta. Esto nos lleva a pensar que se produce un cambio en la visión que el poeta tiene de sí mismo a lo largo de su trayectoria, y hablo aquí tanto de los poetas románticos como de los descendientes de los mismos, tal y como los consideran Octavio Paz, Silver o Prieto de Paula: simbolistas, modernistas, creacionistas, surrealistas etc. Este cambio se da por medio de la ya mencionada y analizada crisis. Quizá no deberíamos situar la época decadente de la post-crisis cronológicamente después de la primera época de optimismo, sino como otra cara de la misma moneda, la cara optimista de poesía intelectualizada en la que el autor se creía un dios y la cara maldita del escritor como ser sufriente que no puede escapar del impulso poético por mucho que sea consciente de la futilidad de la palabra poética. Nos recuerda Ducis Roth el giro que da la crisis de la palabra en la creatividad de los poetas:

> Lejos de cualquier 'exitismo' lingüístico, muchos poetas reconocen su incapacidad para hablar, para dar con la palabra exacta, con el nombre de las cosas. Paradójicamente, el poeta se convierte así en aquel que, a la vez que detenta la palabra, se obliga al silencio o a la advertencia sobre la vacuidad del propio discurso. [...] Pero este fracaso de la palabra poética no paraliza el ejercicio de la poesía. Antes bien, el poema surge no pocas veces como espacio de reconocimiento de la insuficiencia del lenguaje...' (Ducis Roth 2002)

Por tanto, un impulso incontrolable, un 'viento demoníaco' como diría Cernuda, guía al poeta y lo posee, obligándole a cumplir su misión. Siendo tan paralelas las trayectorias de los poetas del veintisiete respecto a las de los románticos europeos, como se ha visto hasta ahora, podemos comenzar a sospechar que la misión del poeta del veintisiete también será similar a la del poeta romántico. Propongo unos versos de Zorrilla y una descripción de Sebold para llegar al quid de la misión del poeta romántico y comprobar si se puede cotejar con la de los del veintisiete y con la de los profetas. Zorrilla, lee los siguientes versos en el entierro de Larra:

> Que el poeta en su misión
> Sobre la tierra que habita
> Es una planta maldita
> Con frutos de bendición.
> (Zorrilla 1905)

Zorrilla ilustra muy claramente el destino del poeta y muestra que tiene asumido su papel 'maldito' ante la sociedad, a pesar de su buena labor, de los 'frutos de bendición' que porta. Sebold desde un punto de vista crítico, describe del siguiente modo la actitud del poeta y la percepción de su misión:

La metaforización ascético-mística del egoísmo y la apoteosis del poeta; la superioridad moral y artística del poeta frente a los demás hombres; el poeta como profeta enviado a realizarse una misión misteriosa, posiblemente divina; la superación del 'no ser' y la eternidad por la belleza del universo y esa comprensión que sólo se da entre espíritus sensibles y elegidos; el insalvable abismo entre el poeta y la sociedad conservadora; el 'fastidio universal' y la desesperación de verse cogido entre el vacío macrocósmico y el vacío microcósmico, etc. (Sebold 1983: 182).

Los rasgos predominantes en la enumeración son la superioridad del poeta frente a la sociedad y su misión divina. Me he centrado en la descripción de los románticos españoles, sin embargo, distinguiríamos exactamente los mismos rasgos de acercarnos al pensamiento de los románticos ingleses — recordemos la 'Defence of Poetry' de Shelley, donde se describe la autoridad del poeta en los diversos campos de interacción de la sociedad (Shelley 2003) — pero también en los simbolistas franceses, y como ejemplo tenemos las famosas *Lettres du Voyant* de Jean-Arthur Rimbaud, en las que leemos:

Je dis qu'il faut être *voyant*, se faire VOYANT.
Le poète se fait *voyant* par un long, immense et raisonné *dérèglement* de *tous les sens*. Toutes les formes d'amour, de souffrance, de folie; il cherche lui-même, il épuise en lui tous les poisons, pour n'en garder que les quintessences. Ineffable torture où il a besoin de toute la foi, de toute la force surhumaine, où il devient entre tous le grand malade, le grand criminel, le grand maudit, — et le suprême Savant! — Car il arrive à *l'inconnu!* — Puisqu'il a cultivé son âme, déjà riche, plus qu'aucun! Il arrive à l'inconnu; et quand, affolé, il finirait par perdre l'intelligence de ses visions, il les a vues! (Rimbaud 1975: 137)

Una vez más identificamos la descripción de la superioridad moral del poeta que tiene la misión de enseñar algo (lo 'desconocido') a las personas. Rimbaud lo llama vidente y no profeta, pero de alguna manera también es una posesión que se opone a la vocación del hombre que desea ser feliz: según el poeta el poder visionario lleva a la perdición y al sufrimiento, pero poco a poco la transmisión del mensaje se convierte en un imperativo divino o social. Como paralelismo vuelvo a remitir al pasaje de Jeremías en que el profeta se ve vencido por Jehová y no puede más que seguir la misión que le ha encomendado (Jer. 20, 7). Las similitudes entre la figura del poeta según las características sueltas dadas hasta ahora y las que propone Rimbaud en sus cartas son abundantes, así como de otro modo, también son parejas al carácter que María Zambrano atribuye a Juan Ramón Jiménez en su artículo 'Juan Ramón poeta-profeta', en el que describe al de Moguer como profeta de la poesía en la que está condenado a consumirse (Zambrano 2004: 521).

Michael J. Gronow, en el repaso que hace de la figura del poeta como profeta, destaca otro de los trazos característicos del profeta que en última instancia podría relacionarse con la figura de Cristo que estudiábamos en el capítulo anterior:

'empleando el término usual de 'profeta' para describir este aspecto público del poeta, parece posible relacionarlo con 'aquel que ama a la humanidad' y por tanto, que se sacrifica por ella.' (Gronow 1998: 89). El poeta-profeta, cuyo inicio Gronow sitúa en el Romanticismo, se muestra como ser torturado no gratuitamente, sino en beneficio de los demás. Con esto encontraríamos otra justificación del papel del poeta en la sociedad: no solo es didáctico, sino que hace sufrir y el poeta soporta ese sufrimiento estoicamente por el bien de la humanidad. Esta conclusión conecta directamente con lo descrito en el capítulo anterior de la imagen del poeta sufriente y sus expectativas en cuanto al público. Todo lleva a lo mismo: la imagen del poeta sufriente debería generar un respeto hacia el poeta en sí no siempre conseguido. Esto se resuelve con su nueva misión humanitaria, que le dará una función social y con ello, si no el respeto del pueblo, al menos sí el suyo propio.

En las siguientes secciones me dispongo a profundizar en los tres resultados que en mi opinión logra el poeta mediante su identificación con el profeta: dar una solución a lo efímero de la palabra, la poesía y la vida; conservar la autoridad moral en la sociedad, al menos a ojos de los mismos poetas; y asignar un cometido a su mensaje: denunciar y salvar, lo que supone la transición hacia la poesía social.

Poesía, profecía y eternidad

El comienzo de la escritura profética en los del veintisiete es el principio de una época de transición desde la deshumanización de la poesía descrita por Ortega y Gasset en 1925 hacia la rehumanización de la poesía. En esta sección nos propondremos analizar qué queda de 'deshumanizado' en los poemas con discurso profético; qué queda de la preocupación estética, de la concepción de la palabra como instrumento creador que promete la eternidad al poeta. Porque recordemos que una de las mayores preocupaciones románticas era que la palabra no fuera capaz de alcanzar la Verdad, reduciendo por tanto al poeta a un ser que jugaba con elementos efímeros, torciendo así sus planes, su ansia de eternidad, aunque fuera una eternidad solo alcanzable en la palabra y limitada a sus obras.

Fuera la sed de eternidad una preocupación real o un motivo estético, la nostalgia que causa lo efímero de la vida y del amor que se estudiaba en el segundo capítulo impregna gran parte de los poemas del veintisiete hasta la transición en la que nos encontramos. Al inicio de esta transición, observamos que el discurso profético también se utiliza como forma de combatir la crisis de la palabra y aproximarse a la eternidad. Al final de la misma observamos que, a grandes rasgos, en muchos poetas las preocupaciones son otras y provienen de fuera del propio discurso poético y del poeta. Sin embargo, hablar de principio y final en estos términos resulta peligroso. Los poetas que estudiamos tienden a compartir un perfil sociológico similar, pero la crítica ha insistido mucho en diferenciarlos en cuanto a su escritura, estética, sensibilidad etcétera, y no sin razón. Debemos tener en cuenta que, aunque los rasgos estudiados en este trabajo son comunes a varios de los escritores, no todos casan con todos y desarrollan los mismos atributos a la vez. En el caso del discurso profético, ampliamente comienza a darse en los años 1928-1930, coincidiendo con las primeras obras de 'modo surrealista' de estos autores; y hay una segunda oleada hacia 1939-1945, coincidiendo con los finales de la Guerra Civil y de la Segunda Guerra Mundial. Entre ambas promociones se dan varias diferencias, como la mayor o menor importancia conferida a paliar la sed de eternidad. En líneas generales, esta tendencia será mayor en tanto en cuanto se considera el lenguaje surrealista otro experimento estético, y menor conforme se va considerando el lenguaje surrealista como un modo de expresión revolucionario, alejado de los valores burgueses, y apto para expresar el sufrimiento de la sociedad como sentimiento irracional. No obstante, esto no es aplicable a algunos como Lorca, que no llegaría a la segunda 'oleada' del discurso profético, dando muestras de conciencia social en su obra surrealista de mayor enjundia, *Poeta en Nueva York* de 1929-1930, es decir, muestras de esa primera oleada de discurso profético.

Hay tres circunstancias que hacen del discurso profético la forma de librarse de la temida temporalidad, y por tanto, de ser susceptible de ser copiado por los poetas para vencer a su eterno enemigo estético: la caducidad. Las propone Català Doménech en el artículo citado (Català Domenech 2003):

a) Arreferencialidad: las imágenes no tienen vínculos que las relacionen con la realidad presente del poeta ni del lector, puesto que son metáforas del futuro o del pasado (del futuro: profecías; del pasado: sueños)

b) Atemporalidad: Es una imagen a-histórica, es decir, las visiones se adueñan del tiempo y lo convierten en presente formal.

c) Eternidad: Dadas las dos características anteriores, las profecías son susceptibles de reinterpretaciones infinitas, a través de las cuales cada generación construye sus propias profecías, como ocurre con las profecías de Nostradamus, o el Apocalipsis, los símbolos se identifican con hechos coetáneos a los de los intérpretes, sin ninguna certeza de que realmente exista el vínculo. Por tanto no hay ninguna imagen definitiva, sino que siempre dependen de la interpretación.

Tanto la provisionalidad de un discurso que depende de sus interpretaciones como la imposibilidad de ubicarlo en un contexto suponen una interesante oportunidad para superar la temporalidad y llegar a la eternidad aspirada, de modo similar que según la teoría de la actualización de los mitos en las sucesivas generaciones de Ricoeur, que proponía en la introducción a este trabajo.

También se ha destacado la misión del poeta como médium entre el mundo tangible y una suerte de mundo de las ideas platónico, compuesto de realidad inmanente. El hecho de que el poeta sea el único capaz de construir un discurso inspirado en el 'mundo real inmanente' supone que es el también el único que puede crear un discurso que permanece y cuya palabra es efectiva. Además soluciona el problema ya discutido en el capítulo introductorio de la provisionalidad del discurso en la modernidad mediante un discurso siempre en construcción: el discurso profético promete constantemente realidades futuras o de mundos ocultos — no racionales, imágenes oníricas — por lo que no es comprobable, pero sí verosímil o verídico hasta que se demuestre lo contrario; es decir, es eterno por ser siempre provisional. Estilísticamente esto se logra gracias a la composición del discurso profético por medio de imágenes, que se utilizarán en la Biblia y en los poemas del veintisiete, como explico a continuación.

Lenguaje imaginativo

Según el *Diccionario de teología fundamental* de Latourelle, la profecía es una 'forma peculiar de revelación que, manteniendo unidas las palabras y el signo, permite captar la dialéctica entre el desvelar y el velar del contenido revelado' (Latourelle 1992: 1081). Esta definición, que supera el concepto tradicional de profecía como revelación futura, permite una más amplia acepción del discurso profético como aquel que revela la realidad de forma velada. Esto trae consigo consecuencias: por un lado, que el discurso profético puede estar en futuro, pero también en presente o en pasado, como visión o revelación; por otro, el lenguaje velado al que se refiere el diccionario será un lenguaje alegórico, que necesita ser interpretado, igual que los sueños. Esto necesariamente implica el uso de un lenguaje imaginativo, es decir, que mediante el discurso profético se crea una imagen por medio de un lenguaje indeterminado que libera la imaginación (Català Domenech 2003), lo cual favorece la necesidad de interpretación de las imágenes, que a menudo se presentan en forma de descripción de visiones reveladoras que no se pueden descifrar tanto por la lógica como por la imaginación. Ahora, al suponer la imaginación un territorio personal y no alcanzable para todos, supuestamente no hay una referencia real en tiempo y en espacio a la que atenerse para interpretar el mensaje. Esto creará la posibilidad de dar múltiples interpretaciones al mismo mensaje asimilando los parámetros de los intérpretes (la realidad que rodea al lector) a los símbolos, y además la posibilidad de estar fuera del tiempo y del espacio y por tanto no ser nunca caducos. Ejemplos de esto los tenemos en el libro de 'revelaciones veladas' por excelencia, el Apocalipsis ('Libro de la revelación' si traducimos literalmente su título inglés), en que todo se presenta mediante imágenes/visiones figurativas del mal, del bien, de los reinos y las iglesias, por ejemplo en Apocalipsis 13, 1–2. La imagen es completamente irreal y dadas las palabras que introducen el libro,[6]

---

[6] Estas palabras son: 'Revelación de Jesucristo, que Dios le dio, para manifestar a sus siervos las cosas que conviene sean hechas luego; Y las declaró, enviándolas por su Ángel a Juan su siervo. El qual ha dado testimonio de la palabra de Dios, y testimonio de Jesucristo, de todas las cosas que vio.' (Apocalipsis 1.1; 2).

se da por hecho tanto su naturaleza revelada, como la necesidad de descifrar el significado.

En los poetas del veintisiete, y en especial entre los que desarrollaron un modo surrealista, encontramos multitud de poemas que reúnen las características especificadas. Para comenzar con una de las poetas sobre la que no hay ningún artículo escrito a día de hoy aludiendo a su modo profético, propongo Ana María Martínez Sagi. La poeta catalana tiene un libro llamado *Visiones y sortilegios* que comenzó a escribir en 1945, mientras se hallaba exiliada en Francia. El discurso profético aparece ocasionalmente en algunos de sus libros anteriores, pero tras la ya referida pérdida de su gran amor, Elisabeth Mulder, y la necesidad de huir de España tras la guerra, la crisis llega a su cenit, y es el momento adecuado para llegar a adoptar una voz profética. Como anuncia el título del libro, la mayoría de los poemas consisten en visiones descritas con ciertos tintes surrealistas que en ocasiones recuerdan mucho a autores canónicos de la generación del veintisiete. Como ejemplo, podemos ver el primer poema del libro:

> Puertas... Puertas...
> De dos en dos. De cuatro en cuatro.
> En doble hilera.
> Detrás. Delante.
> [...]
> Voy abriéndolas todas
> crispada violenta
> con mi sordo rencor
> mi ansia aguda frenética.
> (Sagi 1969: 373)

La visión de las puertas parece ciertamente un sueño que se debe interpretar. El lenguaje, las repeticiones, las localizaciones y las reticencias denotan perdición y desesperación y, aunque narradas en presente, cuentan una visión pasada, completa, en la que no se narra nada, solo se describe un cuadro, como ocurre a menudo en las profecías, especialmente en el Apocalipsis (véase el ejemplo propuesto más arriba). En el siguiente ejemplo, sí que hay algo más de acción:

> Del tronco le sube
> Una lima aguda
> De la izquierda un pez y una brújula.
> Hay una mujer
> Que corre desnuda
> Las manos cortadas sobre la jofaina
> Verde de la luna.
> (395)

Otra vez, la visión no tiene sentido si no se interpreta, pero en este caso tenemos una especie de clave para descifrarla: puesto que parte de la imaginería parece estar tomada del *Romancero gitano*. Recordemos la pena de Soledad Montoya descrita en el 'Romance de la pena negra' como

> ¡Qué pena más lastimosa!
> lloras zumo de limón
> agrio de espera y de boca.
> (García Lorca 1998b: 155, vv.24-26)

Teniendo esto en cuenta, la lima aguda albergaría ciertas connotaciones relacionadas con la pena. La mujer desnuda que huye aparece en 'Thamar y Amnón', en el que 'Thamar estaba cantado | desnuda por la terraza' cuando debe defenderse de su hermano que va a violarla. También en 'Preciosa y el aire' aparece una gitana poco vestida huyendo del viento. Y en el 'Martirio de Santa Olalla', además de los pechos cortados, que también aparecen en el 'Romance de la guardia civil española', irrumpen las manos cortadas: 'Por el suelo, ya sin norma, | brincan sus manos cortadas'. El verde y la luna son los símbolos más reiterados del *Romancero gitano*, simbolizando en la mayoría de ocasiones la muerte por separado (recordemos la 'verde carne, pelo verde' de la protagonista muerta del 'Romance sonámbulo' o la luna del 'Romance de la luna, luna' en que la luna es portadora de muerte para el niño) y siendo prefacio de ella cuando aparecen juntos para describir a Antoñito el Camborio, 'moreno de verde luna', en el poema 'Muerte de Antoñito el Camborio'. Finalmente, la brújula y el pez también se nos presentan en una estrofa de la 'Oda a Salvador Dalí', oda dolida del amor casi imposible:

> En alta mar les sirve de brújula una rosa.
> El horizonte, virgen de pañuelos heridos,
> junta los grandes vidrios del pez y de la luna.
> (García Lorca 1998b: 190, vv.30-33)

Sagi parece tomar todos estos mimbres lorquianos, bien por identificación con ellos, bien por admiración, y construye una nueva visión diferente, pero cargada del miedo, la amargura y la desesperación que ya denotaban los poemas originales.En los libros más surrealistas de los poetas es en los que encontramos la mayoría de imágenes oníricas similares a las proféticas, aunque también existen ejemplos más literales, como en las últimas estrofas de la primera parte de 'Presagios' de Ernestina de Champourcin (1991: 148-49), donde se combinan el futuro y los imperativos para anunciar la eternidad del amor al hijo deseado y no tenido en un poema dedicado a 'mi sueño más oculto' y perteneciente a *Voz en el viento* y por lo tanto escrito entre 1928 y 1931:

> Desde tus ojos limpios, la lumbre de los sueños
> gritará sus verdades al mundo distraído.
> Nadie podrá mirarte sin sentir la belleza
> que fundió nuestras vidas, trasnmutándose en ti.

Nos llevarás contigo a esa cumbre lejana
cuya imagen sembramos en tus venas dormidas.
¡Tus caminos serán más anchos que los nuestros!
Lo que huyó ante nosotros descubrirá su enigma
al roce de tus plantas.

(...)

Serás como una espiga que grávida de fruto
humilla su altivez por fecundar la tierra.
Para ungirte de gracia
unieron nuestros labios su fuerza creadora.
En tu frente desnuda se besarán dos cielos
y vivirá tu amor del nuestro eternizado.

Y no solo aparece una especie de voz profética en el poema, sino que además algunas de las imágenes de la última estrofa citada, tienen relación directa con imágenes evangélicas, como la mies preñada de frutos, la 'unción' de la gracia, o la humillación del grano de trigo que se ha de corromper por dar más fruto.

Pero siguiendo con las imágenes más bien surrealistas, Morris parangona con pasajes de Isaías y del Apocalipsis algunas partes de 'El cuerpo deshabitado' de Alberti en sus comentarios a *Sobre los ángeles*, especialmente las visiones de destrucción, como los versos cuarenta y nueve a cincuenta y uno:

Y se derrumban las murallas,
los fuertes de las ciudades
que me velaban'
(Alberti 2001: 75)

En *Poeta en Nueva York* podemos reconocer multitud de fragmentos compuestos en imágenes que necesitan ser desveladas, descifradas, como por ejemplo, la ya citada en el capítulo 1 (al referirnos al simbolismo) y en el 2 (al hablar de la ciudad) primera estrofa de 'Grito hacia Roma desde lo alto del Chrysler Building'. Una vez más el pasaje es altamente visual, compuesto de diferentes imágenes que han de ser descodificadas. Para ello, en este caso hay que mirar, como dice el título del poema, desde lo alto de la torre del Chrysler building neoyorquino. Desde allí veremos las agujas de los rascacielos ('finos espadines de plata' García Lorca 1998b: 293, v.2), las nubes traspasadas por el sol rojo del atardecer ('nubes rasgadas por una mano de coral' v.3) o los coches americanos de los años treinta, con alerones laterales y faros algo elevados respecto al nivel del capó que podían parecer pequeños peces desde las alturas, o tiburones los más grandes (v.5). Nueva York, la ciudad americana por antonomasia, amenaza con caer sobre una Roma (metonimia de la Santa Sede) que acaba de firmar los pactos de Letrán con Benito Mussolini, aceptando así el gobierno fascista italiano, como indican varios críticos, entre ellos Juan Cano Ballesta (1976: 210). Esta interpretación parece contradecir la premisa de la arreferencialidad, puesto que sí que podemos identificar los símbolos con elementos del contexto físico e histórico del poeta. Precisamente, con la elección de este fragmento es mi intención destacar el hecho de que la arreferencialidad se da en las profecías bíblicas, pero no en la poesía: esta no se puede interpretar siempre de maneras diferentes: aunque suela haber una variedad de interpretaciones, los poemas responden a un tiempo y unas circunstancias. Lo que sí que pueden hacer los poetas es dar sensación de arreferencialidad imitando las profecías. La arreferencialidad en los poemas no es real: en Ana María Martínez Sagi encontrábamos referencias tomadas de poesía de su tiempo, en Lorca objetos, edificios y hechos históricos, pero buscando la sensación eternidad y de reinterpretación constante que da la arreferencialidad; en la imitación profética imitan también esto.

A parte de las referencias, encontramos un alto grado de simbolismo también paralelo al que se puede encontrar en el Apocalipsis: la imagen de Nueva York que arroja este fragmento está teñida de rojo: manzanas, coral, fuego, rosas y sangre son algunas de las palabras que aparecen en estos pocos versos, connotando todas el color de la violencia, que se complementa con el sentido de amenaza expresado por la frase en futuro 'caerán sobre ti' que, como veremos, se asemeja a las amenazas o profecías contra Babilonia o Sión que enuncia Isaías. Otra visión igualmente amenazante y también inundada por la violencia del rojo la encontramos en 'Rosa de la muerte', escrita en el periodo entre 1939 y 1944 por Emilio Prados. La conminación proviene, como en Sagi, de una visión pasada, completa, en lugar de ser una predicción futura como ocurre en Lorca:

> El cielo se destejía,
> Para dar paso a la sangre.
> Todo el Espacio fue sangre.
> Todo el Universo, herida.
> La luna vino a posarse
> Sobre la sangre.
> La Tierra
> En sangre se hundía.
> (Prados 1975: 820)

Ambas visiones, con la violencia de la sangre, anuncian Apocalipsis semejantes al que se narra en la Biblia: dos de las siete copas que vierten los ángeles sobre el mundo, por ejemplo, tienen como fin convertir las aguas en sangre (Apocalipsis 16. 3–4), así como dos de las siete trompetas vaticinan también sangre: al tocar la primera 'fue hecho granizo, y fuego, mezclados con sangre, lo que cayó sobre la tierra' (Apocalipsis 8. 7) y al tocar la segunda 'se tornó en sangre la tercera parte de la mar' (Apocalipsis 8. 8). Las amenazas de la inundación de sangre y las imágenes que las representan, anuncian muerte, pero no se dice claramente en ningún caso: simplemente se ofrece un cuadro con ciertos elementos persistentes y de ahí se deduce el significado final, que acaba siendo en la mente del lector mucho más cruento y por tanto efectivo que si el mensaje desvelado fuera explícito desde el principio. La conclusión es que, una vez más, el tomar imágenes de la tradición apocalíptica ayuda a crear la sensación de que es posible reinterpretar el poema en cualquier contexto.

En conclusión, ni el uso de alegorías para evitar la referencia directa a elementos contextuales ni el simbolismo imitando al de la Biblia de forma que sugiere pero no dice hacen el poema arreferencial, pero sí que consiguen la sensación de arreferencialidad y mayor similitud con las profecías. Este efecto hace que se pueda considerar que la interpretación es infinita y que se albergue cierta esperanza en la eternidad del poema.

Provisionalidad del lenguaje

Recordando las características que extraía del discurso profético Català Domenech, otro rasgo formal que colabora a eliminar la temporalidad del discurso y a recuperar la capacidad de transmitir un discurso veraz o de transmitir una supuesta verdad mítica es el uso de lenguaje en futuro o predicciones. Este constituye el tipo más usual de profecía, aunque hasta el momento no se había hablado de él. Mediante el uso del lenguaje en futuro, la profecía puede adaptar su referente a cualquier tiempo futuro de modo que diferentes generaciones pueden asumir que los signos descritos se refieren a sus circunstancias presentes, puesto que el futuro es indefinido y la alegoría evita toda de concreción. Al usar el tiempo futuro combinado con la alegoría, el poeta logra ser siempre tenido en cuenta, hacer que su legado permanezca en generaciones venideras y aspirar a la eternidad. Por otro lado, como la verdad anunciada nunca llega a cumplirse, tampoco llega a desmentirse, recalando en una especie de limbo en el que el poeta anuncia su verdad.

En un primer momento los poetas ensayan este discurso premonitorio refiriéndose a las circunstancias que le rodean, como ocurre en las octavillas 'Oscurecer' de Emilio Prados, en el que el poeta predice lo que le pasará al paisaje en el tránsito del día a la noche para acabar con una premonición sobre la eternidad del instante descrito. Veamos:

> En cuanto el mar se cubra
> con su enlutada capa
> y que el último pájaro
> se clave en el silencio.
> Dios cortará esta hora,
> como una bella estampa,
> y habrá una nueva página
> en el álbum del tiempo.
> (Prados 1975: 8)

O hablando de circunstancias personales. Por poner otro ejemplo, Lucía Sánchez Saornil preconiza su propia muerte en 'Con rumbo a lo definitivo', puesto que lo escribe después de habérsele diagnosticado un cáncer. Y predice su fin como los profetas preconizan el fin de la humanidad o el fin de las naciones: mediante imágenes apocalípticas que incluyen fuego, humo y sombras y un tiempo futuro con apariencia de inexorable ('La Gran Hoguera desatará | sus haces de chispas por el infinito' (Sánchez Saornil 1996: 86). Aun dentro de la predicción de circunstancias personales, hay una tendencia interesante: se trata de predecir lo que uno mismo va a hacer. De este modo el poeta no miente, ya que la verdad de lo que predice depende de él mismo. Así ocurre en algunos poemas de la etapa más surrealista de Aleixandre ('Víspera de mí', 'El silencio' o 'El amor no es relieve' de *Pasión de la tierra*, por ejemplo) o en poemas de *Visiones y sortilegios* de Sagi, como 'Cortaré' (Sagi 1969: 401).

Durante la dictadura de Primo de Rivera, en que la mayoría de los poetas comienzan a mostrar su desacuerdo político (se hablará de esto un poco más adelante), y tras la Guerra Civil, este tipo de premoniciones se vuelven más amenazantes contra los contendientes y contra las ciudades. En el irregular poemario *Destino fiel* de Emilio Prados, escrito entre 1936 y 1939 y subtitulado 'Ejercicios de poesía en tiempos de guerra', encontramos poemas como 'Fragmento' en el que no solo aparece la premonición sino también las repeticiones machaconas y didácticas y de retórica inflamada que observamos en las profecías bíblicas, en las que el profeta asume la voz del que amenaza y la de las ciudades o personas castigadas que responden, como se observa en algunos de los avisos a Jerusalén de Jeremías ('¿Qué dirás cuando te visitare? Porque tú los amaestraste contra ti, y los instruíste para tu perdición: ¿Acaso no te tomarán dolores, como a mujer que está de parto? Y si dijeres en tu corazón: ¿Esto por qué me vino?' Jeremías 13. 21-22). Comparemos la retórica de Isaías y la de Prados en 'Fragmento'. En Prados aparecen versos breves que se repiten con múltiples paralelismos y enumeraciones personificando la amenaza de individuo en individuo para ser más efectivo aunque se refiera a una colectividad:

> Un grito habrá latente
> Que arrastrándose irá como culebra
> Latiendo por los pies de nuestras sombras
> De uno en uno:
> ¡piedad!,
> de uno en uno:
> ¡piedad!,
> viscoso y frío,
> lento y largo,
> yendo y volviendo por la ruta sin fuego
> (Prados 1975: 668)

El léxico del grito y la culebra y la angustia de todo el fragmento, mezclada con las exclamaciones inflamadas colaboran a crear un ambiente apocalíptico acorde con la situación que se vivía en España en ese momento. No es difícil la comparación de las repeticiones con fragmentos de Isaías en contra de Judá, Sión o Babilonia, en los que también se tiende a detallar por medio de paralelismos las amenazas, intentando mostrar cómo afectarán al hombre común:

> Y ved lo que sucederá:
> por el suave olor
> habrá hediondez;
> y por cinto cuerda;
> y por cabello encrespado calvéz . . .
> (Isaías 3. 24)

Merece la pena observar las referencias temporales que da Prados en los versos previos a los citados: 'Cuando el mundo ya sea | tan sólo una pupila ciega' (vv.9–10); 'Cuando la nada exista | igual que un todo eterno' (vv.27–28) o

> Cuando la soledad sea toda espacio
> y el Universo
> como un hueco arrancado
> por una sideral azada
> (vv.17–20)

Vemos que son completamente metafóricas, inconcretas, que respiran del mismo aire apocalíptico que el resto del poema pero permiten la polisemia y la interpretación repetida. También Aleixandre, aunque mucho más moderado políticamente que Prados, expresa cierta discrepancia con los hechos que acontecen de forma más colectiva, mezclados con sensaciones más personales y subjetivas:

> Del cielo no desciende aquel inmenso brazo prometido, aquel celeste resultado que al cabo consentiría a la tierra un equilibrio caliente sobre su coyuntura nueva. Calor de Dios. No correrá la sangre como está haciendo falta, no arrasará la realidad sedienta, que se deja llevar sabiendo de qué labios ya exangües manó aquel aluvión sanguinoliento. . . (Aleixandre 1960: 180)

La vacuidad del cielo recuerda la idea nietzscheana de Dios de la que hablábamos a propósito de Lorca y Cernuda principalmente en el capítulo anterior y que sin embargo también aparece en Aleixandre. Además de la ausencia de Dios, reaparecen símbolos incendiarios de los apocalipsis, sangre y sed, por ejemplo, pero siempre sin acotar con referencias contextuales fidedignas, permitiendo una amplia interpretación, una identificación colectiva con el poema, como antes lo consiguieran por medio del mito.

Con el mismo objetivo podemos aún resaltar otro rasgo tomado de las profecías bíblicas: el uso de números simbólicos que aparece en Alberti y en Lorca. En 'El ángel de los números', poema que habla del recuerdo amargo de la infancia perdida en la que siempre introduce algún elemento religioso (también perdido), Alberti recuerda dos componentes del Apocalipsis de San Juan desde el título: ángeles y números. Aunque en el poema solo aparecen el uno, el dos y el tres, se trata una extraña combinación muy frecuente en la Biblia que Alberti parece parodiar: en vez de siete jinetes, doce tribus, doce iglesias o cuatro cabezas, hace jugar a los ángeles y volar de un número a otro (Alberti 2001: 84). Martínez Sagi, por su parte, utiliza el simbolismo del doce en su poema 'Puerto de Andraitx' hasta ocho veces (1969: 17), y Lorca tiende a utilizar también números concretos para simbolizar abundancia desde el *Romancero gitano*, -recordemos el 'Romance sonámbulo' en que un compadre le dice a otro 'Trescientas rosas morenas' para hablar de la cantidad de sangre que recogía su camisa- hasta *Poeta en Nueva York*, con las 'diez rosas de azufre débil' de 'El niño Stanton' o en 'New York. Oficina y denuncia' en que se habla de una masacre diaria de:

> Cuatro millones de patos,
> cinco millones de cerdos
> dos mil palomas
> [...]
> un millón de vacas
> un millón de corderos
> y dos millones de gallos
> (vv.16-22).

El uso de números simbólicos como el doce, remite inevitablemente a la Biblia, evitando de este modo otras vinculaciones. Por otra parte, parece paradójico cómo el uso de números concretos es utilizado para generalizar, para indicar simplemente multitud, lo que también se usa en términos bíblicos, evitando en realidad dar cifras exactas para hacer hincapié en las altas cantidades (García Lorca 1998b: 148, 615, 633).

Mediante los recursos de la alegoría, el lenguaje imaginativo y los tiempos indefinidos, bien sea un presente eterno, un pasado imaginado/ soñado o un futuro por determinar, se logra una cierta autonomía del texto con respecto a la realidad. A pesar de que precisamente el texto está cada vez más unido en contenido a la realidad social que lo rodea, el que el lenguaje lo objetive cada vez más, contribuye a sus reinterpretaciones cíclicas y a que cada lector pueda hacerlo suyo, con lo que realmente están consiguiendo uno de los objetivos que se buscaba con el mito: contar una historia exenta y colectiva que se pueda vincular a las diversas historias individuales de los lectores. Además, el discurso inflamado, con repeticiones y exclamaciones casi teatrales, también presente en muchas de las profecías bíblicas, hace que la sensación de participación del lector en el mensaje sea mayor: se apela vehementemente a su atención, a que se involucre en el poema.

Continuidad del liderazgo moral del poeta

Eloy Rada García analiza en su artículo 'Ciencia, predicción y profecía' la predicción como estrategia retórica, enfatizando su efectividad al incluir en sí la noción de revelación, que aporta dos propiedades al discurso: su 'carácter presuntamente 'exterior' [. . .] en la medida en que se pronuncia como discurso de 'otro', (del dios, daimón, espíritu etc.)', y la superioridad de este discurso, relacionada con el hecho de venir de un ser superior, 'que lo convierte (al discurso) en sagrado primero, y en 'verdadero' y aceptable, después' (Rada García 1993: 2, 6). Estas dos singularidades darían un prestigio al discurso profético que lo situaría por encima de discusiones, zanjando el problema de la función de un poeta que dedica su trabajo a mundos irreales y reforzando su autoridad moral como único poseedor de la verdad. El poeta-profeta devuelve a la palabra su valor de camino hacia la verdad y la eternidad.

Pero hay otra cuestión en el hecho de que el poeta también pretenda que su mensaje proceda de otra realidad, que él está forzado a escribir: la presencia de una autoridad externa que le exime a él de culpa a la hora de hacer poesía y que es prueba de la verdad y necesidad de su discurso. Una autoridad externa contra la cual protestar, esgrimiendo como argumento el dolor que realmente le provoca al poeta escribir. Alguien a quien culpar de su malditismo: si el poeta, al igual que el profeta, es poseído por la divinidad o bien es transmisor de la voluntad de la misma (Morano Rodríguez 1988), provocaría una reacción de rebeldía hacia Dios, puesto que su voluntad se opone a los planes iniciales del profeta y, en segundo lugar, otorgaría un sentido de inevitabilidad a su sino, de imposibilidad de dejar de escribir, por doloroso que sea. Ambas consecuencias desembocan en el malditismo del autor como poeta-profeta, que ya se ha estudiado a propósito de otras circunstancias en el capítulo anterior, y en la contestación a la autoridad y a la sociedad en general.

Si en el contexto bíblico las crisis son claras — Dios maldice sus tierras, o humilla al profeta, como en los casos de Daniel y Jeremías — , en el poético la claridad de la crisis que origina el discurso y la rebeldía no es tal. En ocasiones sí que se puede identificar una crisis personal o histórica en el entorno del poeta que origina el malditismo y el discurso 'profético'; sin embargo, en su afán de parecer iluminados, de aparentar ser tocados por varita divina, algunos de los poetas 'elevarán' su propia crisis, la harán estéticamente más 'importante' y se parangonarán así con los profetas. Cernuda, por ejemplo, en el momento de escribir *Las nubes* protesta a Dios como responsable de sus desgracias y las de su tierra al estilo de los profetas (Cernuda 2005: 276, vv.57–65).

Yahveh es la mano que destroza la patria de Jeremías, quien manda a Jonás a anunciar la destrucción de Nínive y a Ezequiel lo pone en Jerusalén para anunciarle a Israel: 'Hijo de hombre, esto dice el Señor Dios á la tierra de Israel: El fin llega, llega el fin sobre las cuatro partes de la tierra. Ha llegado la hora a los cuatro extremos del país. Ahora el fin sobre ti, y enviaré mi furor sobre ti' (Ezequiel 7, 2). Cernuda escribe *Las nubes* entre 1937 y 1940, justo después de una Guerra Civil en la que España ha quedado destrozada, y se lamenta y culpa a un dios de cuya existencia duda mucho en poemas como 'La visita de Dios' (Cernuda 2005: 325, 615 . . .) por la destrucción de una patria que no había apreciado nunca ni había sentido suya. El desapego de su patria lo expresa de forma muy rotunda en 'Es lástima que fuera mi tierra' de *Desolación de la Quimera*, donde critica duramente a sus compatriotas y su cultura (501-02). Aunque, a decir verdad, ya se habían adivinado estos sentimientos en poemas anteriores, como en 'Peregrino', en que el poeta se identifica con la voz poética en los primeros versos para expresar su intención de ser exiliado para siempre, como lo fue realmente a partir de 1938:

> ¿Volver? Vuelva el que tenga,
> tras largos años, tras un largo viaje
> cansancio del camino y la codicia
> de su tierra, su casa, sus amigos.

Viendo pues que las reclamaciones de 'La visita de Dios' no tienen destinatario ni razón de ser y dado el odio que acumula contra su patria, solo podemos pensar que el papel de profeta es una pose a imitación de los románticos, que les hace preservar, al menos hacia sí mismos, la autoridad moral, y que les llevará a desempeñar un papel de vate o guía para la sociedad. Observación aparte merece el tema de la guerra, que fue vista y reflejada como el castigo de un dios cruel que mortificaba a España como antes había afligido a tantas naciones.[7] El discurso profético y la rebeldía hacia Dios de los poetas ante situaciones de crisis social desembocan en la poesía social. Si el poeta protesta ante Dios como estrategia retórica por los problemas sociales que observa, el uso del lenguaje surrealista aún oscurece demasiado el mensaje, como ocurre en Lorca, quien aunque no llegara a vivir la guerra o el exilio, denuncia la marginación de los negros en Nueva York o la hipocresía del Vaticano al aliarse con el *fascio* italiano.

Atribuyendo su obligación de escribir a una fuerza superior a ellos mismos y ante la respuesta — o imaginación — de cierta marginación social a causa de ello, aumenta la imagen de malditismo del poeta, lo que a su vez le acerca cada vez más al profeta: la sumisión al dios que les obliga a propagar un mensaje que les situará en contra de su sociedad y, por tanto, les hará desgraciados para siempre, no se da sin resistencia. El profeta Jeremías se queja a Dios después de haber estado prediciendo toda suerte de desgracias para su pueblo en nombre del Señor en Jeremías 20. 8-9. En estos versículos muestra la humillación a la que es sometido a causa de la palabra de Dios que además le obliga activamente, como se ve en la respuesta que le da a un reproche anterior: 'Así dice el Señor: si te convirtieres, yo te convertiré, y estarás delante de mi faz' (Jeremías 15. 19). También obliga a Jonás a predicar su palabra, y cuando este se niega lo hace naufragar y pasar tres días y tres noches en el vientre de un pez (Jonás 1. 2-4). Ambos profetas tienen una actitud réproba y rebelde que les empuja a enfadarse

---

[7] Véase en Jato 2004 la sección dedicada al profetismo en Luis León Felipe, muy ilustrativa para este caso.

varias veces con un Dios tan autoritario. Esta disposición es imitada por muchos de los poetas del veintisiete.

Infería con los poemas de Cernuda que la rebeldía contra Dios puede surgir de una crisis no real, pero también de una crisis real en el contexto del poeta o de una crisis personal del propio poeta. Sabemos por sus propios comentarios que Alberti escribió *Sobre los ángeles* en medio de una gran crisis personal de la que no tenemos demasiados detalles (Alberti 1972: xii). Como hemos visto ya, en este libro y en el siguiente, *Sermones y moradas*, se repiten varios poemas en los que identificamos voces similares a las de los profetas, o fórmulas proféticas. En mi opinión, y a pesar de que Morris en las notas al pie identifique la voz poética con un Yahvé furibundo, 'El ángel rabioso' es uno de estos poemas en que, dado el agnosticismo del autor y el disgusto que expresa en diferentes ocasiones hacia Dios, parece que sea el poeta el que se identifica con la voz poética y se dirija a Yahvé para lamentarse precisamente de que le esté obligando a seguir siendo poeta pese a la crisis, imponiéndole que siga cantando desdichas:

> ¿Qué te hice, dime,
> para que los saltes?
> ¿Para que con tu agrio aliento
> me incendies todos mis ángeles?
> [...]
> Rompes y me asaltas.
> Cautivo me traes
> A tu luz, que no es la mía,
> Para tornearme.
> A tu luz agria, tan agria,
> Que no muerde nadie.
> (Alberti 2001: 90)

Las lamentaciones de Alberti reflejan un rencor latente a Dios, la divinidad o a aquello a lo que se dirija, y una infelicidad a causa de las obligaciones que la existencia de su destinatario implican.[8] Pero si nos fijamos en la primera pregunta, el destinatario es una criatura creada por la voz profética. En lugar de interpretar a la voz poética como Dios, y guardando en mente el agnosticismo de Alberti, podemos traernos aquí las palabras de Cernuda: 'Eres tan sólo el nombre que da el hombre a su miedo e impotencia' (Cernuda 2005: 325) o 'Esperé un dios en mis días para crear mi vida a su imagen' (202). Ambos ejemplos dan testimonio de la creencia de que no fue Dios el que hizo al hombre a su imagen

---

[8] Estamos viendo que las preguntas retóricas o hacia Dios aparecen a menudo en los poemas. También encontramos preguntas directas en las profecías, pero de dos tipos diferentes: las que realiza el profeta en nombre de Dios y sirven para hacer ver al pueblo contra el que habla que han hecho las cosas mal, como en Jeremías 8. 1; 5, y las que hace el profeta con su propia voz, dirigiéndose a Dios para pedirle explicaciones sobre su desgracia como en Jeremías 15. 18. Las que se asemejan a las de los autores que estudiamos son las del segundo tipo.

como cuenta el Génesis, sino que el hombre hace a dios a su imagen. Así pues, contra lo que se rebela la voz poética en el poema de Alberti es contra un concepto mental, algo imaginado, pero que sin embargo no puede esquivar.

Uno de los casos más curiosos entre los del veintisiete en cuanto a poesía profética que se rebela contra Dios es el de Dámaso Alonso en *Hijos de la ira*. Define el libro, escrito en 1944 como un 'libro de protesta cuando en España nadie protestaba' (Alonso 1986: 28). Digo 'curioso' porque consiste en la protesta de alguien que pasó su vida siendo apolítico en tiempos muy delicados (Vicent 1981) y en la protesta logra ser políticamente neutral. Protesta simplemente contra la situación de desolación en la que ha quedado España y toda Europa tras la Guerra Civil y la Segunda Guerra Mundial, que mientras él escribía se llevaba a cabo tras las fronteras españolas. Y también protesta hacia Dios, como los profetas. En el poema más popular del libro, 'insomnio', leemos:

> Y paso largas horas preguntándole a Dios,
> preguntándole por qué se pudre lentamente mi alma,
> por qué se pudren más de un millón de cadáveres en esta ciudad de
>   Madrid,
> por qué mil millones de cadáveres se pudren lentamente en el mundo.
> Dime, ¿qué huerto quieres abonar con nuestra podredumbre?
> ¿Temes que se te sequen los grandes rosales del día,
> las tristes azucenas letales de tus noches?
> (vv.10–17)

Las increpaciones parecen lanzadas después de que Dios cumpliera una de sus famosas amenazas contra las ciudades de la tierra (recordemos que tiene oráculos contra Babilonia, contra Israel, contra Moab...), que fuera responsabilidad suya el estado de desolación en que queda Madrid. En la misma línea de amonestación contra Dios por el estado en que ha quedado España tras la Guerra Civil va el poema de Sagi 'Temor', en el que el país se presenta muerto, 'crucificado'(v.1), 'tumba de sueños vividos', para a continuación exigir a un ser indefinido pero en segunda persona que no se le torture más:

> ¡Qué no despierte[9] tu voz
> la demencia de los ecos!
> ¡Qué no derriben tus manos
> las murallas del silencio
> las fronteras invisibles
> y los castillos desiertos!
> Guarda la piedra en tu mano...
> (Sagi 1969: 201)

---

[9] Aunque aparece este primer verbo en indicativo en las obras completas de la autora, considero que dada la exhortación negativa y para ser coherente con la segunda exclamación, debe haber sido un error de imprenta, siendo la forma correcta el subjuntivo.

Además de la referencia última al intento de lapidación a la adúltera que aparece en el Evangelio (Juan 8. 7), las exigencias parecen dirigidas al que ha sido culpable de toda la destrucción, implorando que no haya más, que deje el país 'solo y quieto' (v.24), poniendo al poeta, que ha perdido sus raíces en la destrucción, en una situación de preeminencia moral, por encima del Jehová destructor.

En conclusión: como Dios fuera culpable de las plagas bíblicas, también el poeta ve o quiere ver a Dios castigador y le inquiere sobre sus castigos enfrentándose a él. Al final la rebelión contra Dios es una prueba más de la separación entre el poeta y lo que escribe, lo cual lo exime de responsabilidad y otorga mayor credibilidad a sus palabras.

Poesía profética: transición hacia la poesía social

El tiempo no pasa en balde para nuestros poetas. Como señalábamos al principio del capítulo, diez años han pasado desde las primeras poesías que estudiaba en el capítulo uno de este trabajo y ahora, al aproximarnos a los libros de los años treinta y cuarenta, vemos que aquel poeta creador entusiasmado ante el poder de la palabra ha quedado muy atrás. Las poesías a las que nos hemos acercado en este capítulo expresan el dolor, la pesadumbre y la rebeldía de un tiempo nuevo. A lo largo de las páginas de este trabajo, y tras cruzar el umbral de la poesía deshumanizada, hemos ido avanzando a partir del capítulo tres hacia una poesía con conciencia, primero del sufrimiento propio y luego, poco a poco, del de los pueblos y las sociedades que rodean al poeta.

Los libros escogidos para estudiar el discurso profético en los poetas del veintisiete han sido *Sobre los ángeles* (Alberti 1929), *Sermones y moradas* (1929-30), *Poeta en Nueva York* (García Lorca 1929-30), *Pasión de la tierra* (Aleixandre 1928-29) y *Un río, un amor* (Cernuda 1929); y luego *Sombra del paraíso* (Aleixandre 1939-43), *Visiones y sortilegios* (Ana María M. Sagi 1945-60), *Romancero de mujeres libres* (Sánchez Saornil 1936-37), *Mínima muerte* (Prados 1939-44), *Hijos de la ira* (Alonso 1944) y *Las nubes* (Cernuda 1937-40). Percibimos dos épocas y dos voces distinguidas, puntos más o menos definidos de inicio y cierre de un proceso de transición: del final de lo que se llamó poesía deshumanizada, es decir, del discipulazgo de Juan Ramón Jiménez, a la 'poesía humanizada' más permeable a las circunstancias sociales y expresada a menudo mediante el lenguaje surrealista.

Precisamente en cuanto a esa permeabilidad de las circunstancias sociales en los libros que proponemos, al encontrarse el primer grupo separado del segundo por unos diez años con guerra de por medio incluida, podemos deducir que las circunstancias son diferentes. En el primer caso, los libros escritos entre 1929 y 1930 responden, por un lado, a una crisis económica mundial que destruyó la bonanza de los felices años veinte y que Lorca vivió desde el epicentro de la Crisis, Nueva York; por otro lado, responden a una crisis local: España, desde 1923 era gobernada por Primo de Rivera en virtud de un sistema dictatorial de corte fascista italiano. Aunque su subida al poder no tuvo demasiadas oposiciones en un comienzo, puesto que se suponía que sería un trámite para volver a traspasar el poder al pueblo tras un período breve de reorganización, al final sobrevino una dictadura autoritaria, coartadora de libertades sociales -se suprime por decreto la lucha de clases, el derecho a huelga, los partidos políticos, se prohíben las lenguas regionales y la mancomunidad de Cataluña, etc. (Millares Cantero 1998: 27-28) — y provocó una verdadera decadencia por el desastre económico internacional y la mala gestión del gobierno militar. Los intelectuales habían sido de los pocos en oponerse al régimen — recordemos el destierro a Fuerteventura de Miguel de Unamuno — y los intelectuales serían también los que se volvieran a enfrentar al régimen desde sus escritos al final del mismo.[10] Primo de Rivera abdicó en enero de 1930, cuando la situación ya era insostenible. Y los poetas, como nuevos profetas, lamentan la mala situación del país y exigen cambios.

El segundo grupo de obras es el de las escritas en la primera posguerra de la Guerra Civil y la primera posguerra de la Segunda Guerra Mundial, es decir, los años 1939-40 y los años 1944-45. En este caso la crisis social se ha mezclado con escenas de muerte y horror vividas en ocasiones como pesadillas repetidas por los poetas: los que se exiliaron en la Guerra Civil a Francia, como en el caso de Sagi, vivieron ambas guerras para acabar casi siempre exiliándose a América. Inevitablemente, el horror de la guerra se filtra de una forma u otra entre los versos de los poetas.

Dos crisis políticas y sociales. Antonio Jiménez Millán afirma que la interrelación entre poesía y política es una constante desde el Romanticismo (1990), pero hagamos memoria más atrás, volvamos la vista a los profetas. ¿Cuándo surgen profetas? Rara vez en época de bonanza. Los profetas surgen en las crisis, advirtiendo sobre ellas, justificándolas como castigo divino por los pecados de un pueblo, amonestándolo como responsable de las crisis y finalmente lamentándose por la miseria y la inquina de estos mismos pueblos. La autoridad moral del profeta no solo prevé la crisis, sino que la canta dolorido y la lamenta. Las quejas de los profetas y su empeño en que la sociedad hiciera algo para mejorar la situación son el comienzo de la poesía social o del compromiso. Y el discurso profético también marca el inicio de una transición hacia la poesía social

---

[10] Conviene recordar en este sentido la carta que Bergamín le envía a Unamuno en 1924 y que reproduce García Montero: 'Creo, admirado don Miguel, que no hay un solo español joven que quiera serlo, español para quien el régimen — antes disimulado, ahora tal como es — no sea un obstáculo que estorba, antes que nada, a sus ideales, políticos o religiosos (es lo mismo). Creo también que cuando vayamos a quitarle se deshará él mismo, ya putrefacto' (García Montero 2007), y la afirmación del propio Alberti en su cronología, en la sección correspondiente a 1929: 'Empiezo a intervenir en las luchas estudiantiles contra la dictadura del general Primo de Rivera. *Sermones y moradas*. Primer intento de poesía social y política: *Elegía cívica*.' (Alberti 1972: xiii), entre otros muchos ejemplos de oposición expresa.

o del compromiso, desarrollada a menudo por los mismos que años atrás se encerraran en la cúpula de cristal de la poesía pura y el creacionismo.

En los diez años que se dan entre el comienzo de las obras de expresión surrealista en España y las obras de posguerra, la función del poeta ha cambiado, aunque no su papel. Siguen siendo vates, teniendo autoridad moral y por tanto, identificándose con los profetas. Primero para encontrar su voz, su palabra perdida, recuperar su función en la sociedad (didáctica al principio) y mostrar a los demás lo que no son capaces de ver, hacerlos participar del mundo real que se expresa por la poesía. Luego, aún desde su posición de vates, de profetas, para reclamar responsabilidades ante el desastre social. Bajan del mundo de las ideas al mundo real y se preguntan qué es lo que ha pasado, por qué tantos desastres y de quién es la culpa. Entonces asumen un nuevo papel social: el de 'concienciador' y denunciante. Jiménez Millán afirma que a pesar de que *El poeta en la calle* es el primer libro de poemas netamente comprometido de Alberti, este no supone ruptura alguna, sino que está en línea con *Sobre los ángeles* y *Sermones y moradas* (1990:145) con lo que constata la importancia de los primeros libros de lenguaje surrealista en la transición hacia la poesía social.

Llegados a este punto volvemos a hacernos otra vez la pregunta, ¿por qué lenguaje surrealista? Ya hemos constatado cómo el lenguaje surrealista crea imágenes fijas, arreferenciales, que producen la sensación de atemporalidad que daría la eternidad al discurso del poeta. Pero estamos viendo que estos libros de poemas son campo de enfrentamiento entre las tendencias poéticas más personales y las más sociales así pues, ¿en qué colabora el lenguaje surrealista a la misión social recién estrenada de la poesía?

En primer lugar, mirábamos a los primeros 'poetas sociales', a los profetas, y vimos más arriba que utilizaban lenguaje onírico para expresar su verdad revelada, puesto que esta verdad solía traslucirse en sueños con forma de pesadillas. El libro de Isaías es una visión: 'Visión que Isaías, hijo de Amós, que vió sobre Judá y Jerusalém...' (Isaías 1. 1); también lo es en gran parte el libro de Jeremías y se confirma en los primeros versículos: "¿Qué ves tú, Jeremías?' Y dije, yo veo una vara vigilante'(Jeremías 1. 11); también el de Ezequiel 'A los treinta años, en el mes cuarto, a cinco del mes, que estando yo en medio de los cautivos junto al río Chôbár, se abrieron los cielos, y ví visiones de Dios'(Ezequiel 1. 1). Y aunque Daniel no tuviera sueños desde el principio, interpretaba los de Nabucodonosor por medio de revelaciones visionarias (Daniel 2. 19). No hemos dicho que los poetas fueran surrealistas -ellos mismos negaban tal calificativo-, sino que utilizaban lenguaje surrealista (Ilie 1968: 177). Este lenguaje seguía sin embargo siendo un lenguaje sin aparente coherencia lógica, procedente de los sueños y descifrable en ocasiones por medio de las claves dadas por Freud en *Über den Traum*. Así que, si el nuevo papel del poeta era denunciar la situación social, parece que el poeta adoptó el lenguaje qué más se asemejaba a aquel utilizado por los profetas, aquellos que, no casualmente, tenían una función similar en el Antiguo Testamento. Además, la voz poética es una voz angustiada y la angustia es irracional. Los poetas necesitaban una voz irracional, que arrancara espontánea del sentimiento para dar expresión a su sufrimiento.

En segundo lugar, el surrealismo de por sí es una revolución: por su ímpetu irracional, el surrealismo desmonta los valores burgueses cartesianos con su 'principio de puesta en cuestión continua, de duda incesante' (Personneaux Conesa 1986: 454), el mismo sistema de valores que había llevado a la Primera Guerra Mundial. En la época de auge del surrealismo en Francia se dan dos circunstancias que hacen que el movimiento se asocie con el comunismo internacional: la reconciliación de un espíritu de revuelta general (surrealista) con la acción revolucionaria en sí misma, y la reconciliación de un arte independiente y revolucionario con la necesidad de propaganda y didactismo del partido comunista (Short 2003: 18-20). Y a su vez se tiende a asociar el comunismo con la preocupación social, con lo que los del veintisiete asumen para comenzar la 'humanización' de su poesía el lenguaje que en Francia había servido de medio de denuncia social y se había vinculado al comunismo, aunque sus practicantes nunca hicieran ninguna aportación decisiva al curso de los hechos políticos (18).

Así pues el ser un discurso revolucionario, independiente, contrario a los valores burgueses, vinculado con el comunismo, onírico y similar al lenguaje utilizado por los profetas para la denuncia social en la Biblia son algunos de los argumentos para que este lenguaje sea el medio idóneo para que arranque el cambio.[11] Estas razones y este uso no contradicen lo anteriormente dicho sobre la sed de eternidad, que había sido una preocupación constante en los poemas y que llegado este momento se diluye con la preocupación social: constituyen razones complementarias en una época de transición, con factores previos y posteriores a dicha transición. Me centro por último en dos cualidades del lenguaje profético que marcan la llegada al 'otro lado' de la transición: las exhortaciones a las naciones y las gentes que se hacen desde la posición de 'autoridad social' que otorga al poeta su misión profética; y la colectivización del 'yo', que pasa a ser un 'nosotros' o un 'vosotros', diluyendo así el individualismo

---

[11] Es interesante cómo el lenguaje parece cambiar también en el ámbito religioso: a partir de las encíclicas papales sobre los derechos de los obreros, el propio lenguaje religioso se comenzó a centrar más en la denuncia bíblica de los males de la sociedad. Ejemplo de ello es la insistencia que se hace en el cuarto de los 'Pecados que claman venganza del cielo' que sería el de 'la injusticia para con el asalariado' (cf. Deuteronomio 24. 14; 15 y Santiago 5. 4). Estas encíclicas se suceden desde *Rerum Novarum* de Leon XIII en 1891, pasando por la de Pío XI *Quadragesimo anno* (1931) hasta *Laborem Exercens* de Juan Pablo II en 1981, coincidiendo las dos primeras con el inicio y desarrollo de los movimientos sociales católicos, cuya duración no fue mucha en España (hasta la II República) pero de los cuales conocemos la intensidad del trabajo realizado y su importancia social por medio de artículos como el de Higuerela (Higueruela del Pino 1981).

que le había sido propio a la poesía. Quizá sería apropiado incluir aquí los oráculos contra las ciudades que aparecen en los poemas del veintisiete, sin embargo, como ya me he referido en el capítulo dos a la incomodidad y la angustia que causan las ciudades a los del veintisiete y he señalado como ejemplo 'Grito hacia Roma' de Lorca, queda solo señalar que este y otros poemas del mismo signo parecen responder a una renovación de un estilo ampliamente cultivado por Isaías y Jeremías (Isaías 19. 1-15; 21. 1-10; 22. 1-14 etc).

La exhortación como modo del discurso profético

Así como la predicción era el modo del discurso poético más apropiado para el papel de visionario del poeta-profeta, la exhortación es el modo de discurso más identificable con la versión social del poeta-profeta puesto que así, manteniendo aún su autoridad moral, el poeta parece encargarse de instaurar un orden en el caos. Pero como al llegar a los primeros intentos de compromiso social la palabra sola ya no basta, se usa la palabra como medio, y no como fin. Por eso, este modo del discurso poético se suele construir mediante imperativos que, según las teorías pragmáticas de Austin y Searle serían un acto de habla persuasivo, destinado a obtener algo de la otra persona.

En la Biblia la exhortación sirve como introducción a los oráculos, para pedir al pueblo contra el que se dirige la profecía que se arrepienta o que se prepare para la maldición, o bien para que valore la situación en la que se encuentra y se haga consciente de las causas por las que sucederán las cosas. En Isaías, por ejemplo, en el oráculo contra Tiro y Sidón, se prepara toda la escena de destrucción por medio de imperativos amenazadores, haciendo énfasis en lo inevitable de lo que está por llegar. Así leemos:

> Aullad, naves del mar:
> porque destruida ha sido la casa de donde solían venir: de la tierra de Cethím les ha sido revelado. Callad los que habitáis la isla: los comerciantes de Sidón, pasando el mar te sellaron.
> [...]
> Avergüénzate, Sidón
> [...]
> Pasad los mares; aullad los que moráis en la isla [...] Su mano extendió sobre el mar, y turbó los reynos.
> (Isaías 23. 1-11)

En este caso los imperativos tienen como única función el llamar la atención de los afectados sobre su desgracia y hacerles entender que esta es castigo de Dios por sus diferentes fechorías. En otros casos esta misma función se cumple mediante imperativos en verbos de percepción: 'He aquí que el Señor desolará la tierra y la despojará' (Isaías 24. 1), 'Congregáos, pueblos: Seréis vencidos. Y vosotros, todas las tierras de lejos: oíd' (Isaías 8. 9) antes de predicciones en futuro, lo cual resta parte del carácter inevitable a la profecía y la intención se convierte más en advertencia.

En el caso de los del veintisiete, suelen imitar la forma, pero no así la intención. Cada poeta adaptará a su estilo y contexto el uso del modo exhortativo del discurso profético. Así, en los últimos poemas de *Sobre los ángeles*, Alberti usa los imperativos de modo casi tierno, más con el empeño de evitar que de avisar de la catástrofe. Tal y como el profeta se posiciona favorable al dios, el responsable de las desgracias del pueblo, Alberti se distancia del causante de las desgracias. Ocurre en el poema 'castigos', en el que entre escenas con implicaciones de peligro se intercalan imperativos:

> Oídme aún. Más todavía.
> Hay noches en las que las horas se hacen de piedra en los espacios,
> En que las venas no andan
> Y los silencios yerguen siglos y dioses futuros.
> Un relámpago baraja las lenguas y trastorna las palabras.
> Pensad en las esferas derruidas,
> [...]
> Más, más todavía. Oídme.
> (Alberti 2001: 148, vv.19-27)

El ejemplo simplemente mezcla elementos relacionados con el desasosiego sin un orden lógico: noche, hora, piedra, silencios, siglos, relámpago, trastorna, derruidas, concentradas en pocos versos, y pide atención sobre ellos, sobre la situación. Algo similar ocurre en 'Los ángeles feos', donde se repiten los imperativos de verbos relacionados con la visión en lugar de con la escucha: 'Ved. | La luna cae mordida por el ácido nítrico' (v.8-9), 'Mirad esto: | ha sido un falso testimonio decir que una soga al cuello no es agradable'(vv.15-16), 'Mirad esto también, antes que demos sepultura al viaje'(v.21). Los imperativos en 'Destino trágico' de Aleixandre dejan algo más claro el sentido de las advertencias que en Alberti, en cuya obra los presagios son generales, de desasosiego pero sin concretar la fuente del mismo. Aleixandre, que escribe *Sombra del paraíso* tras la Guerra Civil, en la inmediata posguerra y desde Madrid, parece advertir en 'Destino trágico' contra el régimen fascista vencedor de la contienda: había adoptado como símbolo el águila de San Juan, de los Reyes Católicos y de Carlos V (bicéfala) y la había añadido a la bandera española:

> No confundáis sus plumas, sus alisadas plumas,
> con el torso de una paloma.
> No penséis en el pujante acero del águila,
> por el cielo las garras poderosas detienen al sol.
> las águilas oprimen a la noche que nace...
> (Aleixandre 1960: 470, vv.7-11)

El propio Aleixandre afirma, según José Mas, que el adjetivo 'trágico' en este poema alude al 'carácter triste de la muerte. Toda muerte es triste' (Mas 1992:

31). Aunque José Mas interpreta la muerte en *Sombra del paraíso* como otra forma de amor, y estimando yo las fechas y la situación en que se escribe la obra y a pesar del optimismo patológico de la poesía de Aleixandre, opto por pensar que, en esta ocasión, el suicidio del mar está sobre todo relacionado, más que con el ansia de amor, con la sumisión de España al régimen fascista dejando en medio un reguero de muertos que hacen del mar algo que ya no identifica como el mar de su infancia, y de su tierra una tierra que ya no conoce.

Asimismo, los modos exhortativos que podemos encontrar en los discursos proféticos de *Poeta en Nueva York* también se asocian claramente con el panorama social, aunque en el caso que propongo más que advertencias sean amenazas, como en 'Danza de la muerte', donde en los últimos versos leemos:

> ¡Que no baile el Papa!
> ¡No, que no baile el Papa!
> Ni el rey,
> ni el millonario de dientes azules...
> (García Lorca 1998: 587, vv.70-73)

En los versos rechaza de entre los suyos, los del mascarón, a las clases altas, a los dirigentes, a los culpables de la situación social que observa en Harlem.

El único, finalmente, que sí que se identifica con Dios en su castigo como hacían los profetas en el Antiguo Testamento, es Dámaso Alonso. Podemos ver al principio de 'De Profundis' una advertencia en forma de imperativo gramatical, pero una advertencia contra él mismo, como siervo humillado de Dios y fiel a él a su pesar, en una descripción de su persona que recuerda a la de Job más que a la de un profeta. Dice Alonso 'Si váis por la carretera del arrabal, apartaos, no os inficione mi pestilencia. | El dedo de Dios me ha señalado: odre de putrefacción quiso que fuera este mi cuerpo.' (vv.1-2). Aunque el poeta se lamenta del mal estado en que ha quedado Madrid y protesta por las desgracias de la guerra y la posguerra, se mantiene fiel a Dios, diferenciando en su visión la tragedia de los hombres de los designios divinos y no dando por hecho como hacían los profetas, que la destrucción sea castigo divino.

La colectivización del sujeto

Si, como afirmaba más arriba, la poesía de los del veintisiete se encuentra en un periodo de transición entre los años 30 y 40, de una poesía más preocupada por la estética y por la voz del poeta a una poesía más preocupada por la sociedad, este es en realidad un paso muy pertinente. De un yo individual poético, preocupado por sentimientos propios, se pasa a menudo a un 'yo colectivo' en el que el poeta o bien se integra en la sociedad, en la colectividad con un 'nosotros', o se dirige desde la superioridad moral a la sociedad completa. Son paradigmáticos en este sentido dos de los poemas de *Poeta en Nueva York*, 'Paisaje de la multitud que vomita' y 'Paisaje de la multitud que orina'. En ambos se difumina el yo, al tiempo que el 'nosotros' pasa a realizar actividades muy personales, como orinar, o 'estar solo'. La soledad en una ciudad como Nueva York se hace difícil: es una soledad rodeada de personas, una soledad interior de toda una colectividad. Cuando Lorca afirma 'se quedaron solos y solas' en 'Paisaje de la multitud que orina' (García Lorca 1998b: 591, v.5) se duele de la masa que pierde su identidad individualizada mediante lo que semánticamente parece una contradicción. La disolución del 'yo' tiene que ver, con la creciente expansión de las ideas marxistas en la época: en el marxismo se subyuga el yo, la identidad propia, a la clase social, como se indicaba en el capítulo dos a propósito de la alienación del hombre en la ciudad.

Alberti y Aleixandre también arengan a las multitudes — no a los individuos — dándoles órdenes y sintiendo la colectividad como una sola persona, en un 'vosotros', en poemas como 'Los dormidos' de Aleixandre, en que incita a buscar la vida en un mundo muerto, presumiblemente a los vencidos: '¡Despertad! Una luna redonda gime o canta | entre velos, sin sombra, sin destino, invocándoos.' (vv.3-4) '¡Mirad! ¿No veis un muslo deslumbrador que avanza? | ¿Un bulto victorioso, un ropaje estrellado...?' (vv.14-15). O como Alberti, que en *Sermones y moradas* se refiere a un vosotros indeterminado: 'Yo os prevengo, quebrantaniños y mujeres beodos que aceleráis las explosiones de los planetas y los osarios, [...] Entre tanto, gritad bien fuerte a esa multitud de esqueletos violentadotes de cerraduras y tabiques...' (Alberti 1972: 387). Sin embargo, Dámaso Alonso se identifica con la multitud y, llegado un punto, habla en primera persona del plural, como observador múltiple, fundido con el pueblo, de una mujer que sufre en 'Mujer con alcuza' (v.5). Esta perspectiva no difiere, como ya se ha intentado indicar antes, de la arreferencialidad y universalidad de los poemas: el 'yo' romántico se va disolviendo y continuará haciéndolo en los años posteriores a los estudiados; disolviéndose o generalizándose para poder actualizarse en cada 'yo lector' para convertirse en arquetipo. Los poetas proponen un yo construido, que se aleja del yo personal romántico (Prieto de Paula 2002: 57), en el que se puede reflejar un amplio colectivo de 'yos', principalmente en la melancolía de una experiencia, una ciudad, una lectura compartida.

Conclusión

Para concluir este capítulo, intentaremos volver a enlazar con los finales de los capítulos dos y tres brevemente. El hecho profético es una de las consecuencias de las crisis que desembocaron en las pérdidas del Paraíso. Esta repercusión es paralela a la identificación del poeta con el sufriente: una salida distinta a una causa distinta. El hecho profético también propone al poeta como ser superior al pueblo: aunque el yo subjetivo romántico vaya poco a poco convirtiéndose en un nosotros, el poeta sigue apartado del pueblo y se erige en guía del mismo no gracias al dios del cielo, que no lo hay (y esta es una de las verdades que han de predicar los poetas: que el cielo hay que construirlo en la tierra), sino gracias a su propia clarividencia y nihilismo. Ya se ha hablado bastante de cómo Nietzsche influyó a los del veintisiete. Si en Nietzsche la profecía es el anuncio de la decadencia de occidente por medio de su alter ego Zaratustra, el nihilismo que muestra el anuncio de esta decadencia, de su sistema de valores y la desaparición de su dios, no es pesimista ni negativo, sino, como él lo llama, de transición: la destrucción del sistema ha de servir para la construcción de un nuevo mundo y de un nuevo sistema de valores. Estableciendo una equivalencia, la destrucción del sistema intelectualizado en que el poeta era un dios y prevalecía la realidad poética antes que la realidad contextual ha de caer, se ha mostrado inútil y ha de prevalecer el instinto y la realidad social. Es aquí donde entra en juego el lenguaje profético, anunciando la destrucción de un sistema, de un poeta, de un hombre, y el resurgir de otro nuevo, como en *Sombra del paraíso*, proclamando la necesidad de cambio.

A su vez, a pesar de que el lenguaje profético en ocasiones se use simplemente con fines estéticos, sigue proporcionando al poeta una verdad que transmitir con un mensaje, con lo que le restituye en su misión de portador de la verdad, otra de las pérdidas esta que se había dado tras la crisis de la palabra.

Por último, en ocasiones la visión profética es continuadora de la epifanía modernista que por su propia parte es continuadora de la romántica: la imagen exenta revela metafóricamente una verdad universal más allá de la fragmentación y el caos de la vida moderna. Ante la caída del poder de la palabra, el poeta experimenta más allá del mito establecido la creación de su propio mito en sentido inverso al habitual: en lugar de la narración de una historia general a la que se puedan adaptar las diferentes historias individuales, la profecía creará una historia concreta (como en 'Imposible asesinato' de Aleixandre) que es metáfora de una realidad más allá de si misma, un contenido más profundo en un segundo nivel de lectura que el lector, ahora sí, puede hacer suyo. En ocasiones, la confusión puede ser aún mayor puesto que, como veíamos, las profecías son al parecer arreferenciales pero aún contienen en sí lo que en poetas como Wordsworth se ha llamado 'El espíritu de una época' (Langbaum 1983: 335).

CONCLUSIONES

∼

Para acabar este trabajo, expondré brevemente cómo se ha dado solución a lo largo delibro a las cuestiones planteadas en la introducción.

La primera pregunta planteaba el porqué de la inserción de mitos cristianos. A lo largo del trabajo se ha extraído que el uso de los mitos refleja, afronta e intenta resolver poéticamente tres de las preocupaciones de la modernidad, lo cual implica la necesidad del mismo. La cuarta pregunta invitaba a reflexionar sobre cómo los mitos cristianos podían expresar y resolver dichas preocupaciones. Me acerco a esta pregunta distinguiendo entre las anunciadas preocupaciones:

a) Pérdida de la fe religiosa en la Europa moderna que contribuye a la desacralización del mundo y también de los mitos, que son asumidos como materia literaria y apreciados por el valor de tradición que poseen. La pérdida de la fe religiosa o de la 'ortodoxia religiosa' entendida de forma personal no es uniforme en los poetas que se tratan en estas páginas: mientras Cernuda y Alberti negaron su religiosidad de forma casi absoluta, las preguntas sobre la crueldad de Dios que Lorca se formuló en su niñez desembocaron en una religión heterodoxa, como indica Eutimio Martín, más cercana al tradicionalismo y al folclore que a la fe real y constante. Asimismo, Rosa Chacel muestra en *Desde el amanecer* un 'modo heterodoxo de vivir la religiosidad' (Dónoan 1990: 77) y también lo hace Ernestina de Champourcin en sus principios. Incluso Dámaso Alonso reconoce un profundo decaimiento de su fe en la juventud. Sin embargo, Gerardo Diego y Jorge Guillén persistieron en una religiosidad practicante y tradicional sin que por ello se vean fuera de esta modernidad, puesto que también ellos retoman los mitos cristianos y los amoldan a sus necesidades expresivas, haciendo que dejen de ser palabra sagrada para que se pongan a disposición del poeta. La desacralización del mundo es algo más profundo que la pérdida de fe de los poetas: es la posibilidad de encontrar una solución en la religión, no como rito o creencia, sino como mito literario.

b) Temporalidad, el problema que desgrana Paul de Man en su llamada 'Retórica de la temporalidad', lo cambiante, el carácter transitivo de la lectura y la escritura que pone en peligro la función que Foucault identifica en la escritura antigua de hacer frente a la muerte, de ser eterna creando imágenes de sí misma hasta el infinito (Foucault 1998: 89-91, 206). La conciencia de que solo el presente cuenta y de que la escritura es incapaz de permanecer en ese presente, puesto que tan pronto como se escribe ya deja de ser presente y por tanto la experiencia ya no existe, empuja a buscar soluciones nuevas para permanecer que incluyeron la adaptación de la vida y el proceso creador al mito:[1] como definimos en la introducción, el mito es la historia arquetípica en que las diversas experiencias de los individuos encuentran su referente y la actualizan. Esta constante actualización la proyecta en el tiempo desde la antigüedad hacia el futuro, siempre vigente, retando a la temporalidad y encaminándose en cada actualización hacia la eternidad.

c) Expresión de la verdad: tras un breve período de creencia en la palabra e intelectualización de la misma, la conciencia de que esta es solo una representación codificada de una imagen de la verdad y de que nunca podrá alcanzar la verdad en sí, provocando la consabida crisis, que resulta en dos cosas: la adopción de un discurso cuya verdad metafórica no es comprobable y por lo tanto tampoco falsa (profecía: el papel del profeta, es, al fin y al cabo, parte de muchos mitos), y la desconceptualización de la palabra y destrucción del egocentrismo poético, que por fin vuelve la vista al exterior y se reconcilia con la naturaleza y la sociedad, adquiriendo una nueva misión.

La segunda pregunta planteaba la posibilidad de distinguir entre la variedad poética de los poetas que aquí llamo 'del veintisiete' o generación del veintisiete alguna tendencia general común. Y la tercera comenzaba asumiendo que hay dos tendencias mayoritarias entre los del veintisiete (una más intelectualizada continuadora de la poesía pura y otra más instintiva que acaba utilizando una expresión de corte surrealista) y planteaba también si se podían conciliar ambas de alguna manera, puesto que hay poetas que oscilan entre una y otra, y finalmente cómo evolucionan de la primera a la segunda etapa.

Intento responderlas juntas apelando a un sintagma contradictorio: tradición de modernidad. En esta aparente paradoja Octavio Paz plantea el hecho de que el rupturismo que caracteriza primeramente la modernidad es una constante en la historia de la literatura (Paz 1974: 15-17). Una constante rupturista, he aquí otra paradoja, que nos permite integrar la poesía de los del veintisiete: su adhesión primera entusiasta a las novedades estéticas de la deshumanización del arte, llegada de las vanguardias europeas y en última instancia de la revolución artística posterior a la primera Guerra Civil, y luego su ruptura con las mismas y

---

[1] Para más explicaciones teóricas sobre la imposibilidad de expresión de la verdad por medio de la palabra, véase Foucault y su explicación de cómo el lenguaje se refleja a sí mismo hasta el infinito, dejando escaso espacio para la verdad, (1998: 92-93) y de cómo una imagen no es la verdad (187-203): teorías que han tenido poco espacio en este trabajo, ya que se ha centrado especialmente en las explicaciones que daban los poetas a su propia crisis y a Paul de Man.

la rehumanización de la poesía en una continuidad de movimientos rupturistas desde el Romanticismo. Porque la novedad de los movimientos artísticos de la modernidad no es la ruptura con el pasado, sino la ruptura con ellos mismos (Paz 1974: 17), y por eso los mitos estudiados en esta tesis, aquellos mitos religiosos relacionados con los procesos de la creación poética, son parangonables con los utilizados por románticos, simbolistas y modernistas, todos insertos en el argumento romántico. Porque la contradicción implícita en el argumento romántico responde a las preocupaciones propias de una experiencia contradictoria en sí misma como es la experiencia de la modernidad, definida por Berman como 'vorágine de perpetua desintegración y renovación, de lucha y contradicción, de ambigüedad y de angustia' (1988: 1).

La inserción de los poetas de forma plena en esta 'tradición de modernidad' y los cambios que se dan a lo largo de su trayectoria muestra, en primer lugar, que la denominación de generación tan criticada por algunos hispanistas, dando prioridad a las voces distintivas de los poetas del grupo, tiene en realidad fundamento más allá del estético propuesto por Anthony Leo Geist (1980). No por la foto tomada en el ateneo de Sevilla aquella tarde de 1927, ni por la admiración por Góngora y sus metáforas distantes e imágenes atrevidas, ni por el magisterio de Juan Ramón, que fueron elementos comunes a la mayoría, sino por su papel de continuadores del no demasiado boyante Romanticismo español (Silver 1996), y del simbolismo francés, y del modernismo hispanoamericano, y del surrealismo y de los Romanticismos germano e inglés. Por ser entendidos como grupo amplio, los plasmadores de la experiencia de la modernidad en español. Por ser un conjunto de intelectuales de lecturas — como mínimo — cosmopolitas conscientes y ejecutores de su papel en la lírica occidental.

En segundo lugar muestra la permeabilidad de su poesía a los sucesos tanto históricos como literarios, en detrimento del aislamiento poético del que se la ha acusado por la intelectualización de la literatura y la palabra que se vislumbraba en 'La deshumanización del arte' ('Hacer que la obra de arte no sea sino obra de arte [. . .] una cosa sin trascendencia alguna' Ortega y Gasset 2000). La inserción de los poetas en la 'modernidad' no les aleja de su fondo cultural, sino todo lo contrario: la realidad cultural de la España aún profundamente católica y tradicional en muchos sentidos de su tiempo sigue presente en los poemas, como atestigua el uso de mitos cristianos (en lugar de otros mitos) y de muchas más referencias religiosas y bíblicas de las que se ha podido dar constancia en esta tesis. Por otro lado, también se ha hablado en el capítulo tres de las causas sociales que en parte llevan a algunos poetas homosexuales a representarse a sí mismos como Cristo: homofobia, tradicionalismo religioso y discriminación social se filtran en forma de mito entre los versos, preparando el camino a una poesía de corte más social, que desafiará el egocentrismo propio de la literatura romántica que asumieron en los primeros momentos: algunos poetas comienzan a escribir hacia los años treinta sobre preocupaciones ajenas a sí mismos, dejando entreverar en sus poemas poco a poco, la dictadura de Primo de Rivera, el Crack de la bolsa del veintinueve o la llegada de la Segunda República española, e incorporando a los poemas, tras el mito, el discurso profético. La profecía supone un cambio de la funcionalidad del mito, que ya no sirve para representar, sino para crear una reacción en el lector y para denunciar, alejándose del reflejo interior. Por ello necesitan un personaje arquetípico, autoridad que garantiza aún el combate contra la temporalidad, pero no para representar el yo, sino para volverse hacia la sociedad, como hace el profeta.

El interés de la inserción del grupo en la tradición poética se solidifica al comprobar que muchas de las trazas iniciadas en el Romanticismo y reimpulsadas por los del veintisiete, se prolongan hasta el postmodernismo y la literatura contemporánea.

BIBLIOGRAFÍA

1869. *La Biblia o el Antiguo y Nuevo Testamento traducidos en español de la Vulgata latina por el Rmo. P. Phelipe Scio de S. Miguel* (Cambridge: C. J. Clay)

ABRAMS, MEYER HOWARD. 1973. *Supernatural Naturalism: Tradition and Revolution in Romantic Literature* (Nueva York: Norton)

——. 1971. *The Mirror and the Lamp* (Nueva York: Oxford University Press US)

ALBERTI, RAFAEL. 1980. *La arboleda perdida* (Barcelona: Bruguera)

——. 1984. *Marinero en tierra. La amante. El alba del alhelí*, Robert Marrast (ed.), (Madrid: Castalia)

——. 1972. *Poesía (1924-1967): Obras completas de Rafael Alberti*, Aitana Alberti (ed.), (Madrid: Aguilar)

——. 2001. *Sobre los ángeles. Yo era un tonto . . .* Brian C. Morris (ed.), (Madrid: Cátedra)

ALEIXANDRE, VICENTE. 1960. *Poesías Completas*, Carlos Bousoño (ed.), (Madrid: Aguilar)

ALONSO, DÁMASO. 1986. *Hijos de la ira*, Miguel J. Flys (ed.), (Madrid: Castalia)

ALTOLAGUIRRE, MANUEL. 1973. *Las islas invitadas* (Madrid: Castalia)

——. 2005. *Poesías completas (1926-1959)* (Madrid: Fondo de Cultura Económica)

ALVAR, MANUEL. 1986. *Juan Ramón Jiménez y la palabra poética* (Río Piedras: La Editorial, Universidad de Puerto Rico)

ÁLVAREZ BARRIENTOS, JOAQUÍN. 2000. 'La misión del poeta romántico', *Romanticismo 7: Actas del VII Congreso hispánico sobre Romanticismo* (Bolonia: Il Capitello del Sole), pp. 11-20

ARANGO L., MANUEL ANTONIO. 1998. *Símbolo y simbología en la obra de Federico García Lorca* (Madrid: Fundamentos)

——. 1995. 'Religión y símbolos lorquianos' en Manuel Antonio Arango L. (ed.) *Simbología en la obra de Federico García Lorca* (Madrid: Espiral Hispanoamericana), pp. 386-91

ASCUNCE, JOSÉ ÁNGEL. 1991. 'Prólogo' en *Ernestina de Champourcin: Poesía a través del tiempo* (Barcelona: Anthropos), pp. ix-lxxii

AULLÓN DE HARO, PEDRO. 1986. 'La teoría poética del creacionismo', *Cuadernos Hispanoamericanos*, 427: 49-73

AYALA, FRANCISCO. 1956. *El escritor en la sociedad de masas* (México D.F.: Obregón S.A.)

AYMES, JEAN RENÉ. 1998. 'Romanticismo español y espiritualismo: afinidades y antinomias' en Sylvie Baulo et al. (eds) *Pensamiento y literatura en España en el siglo XIX: idealismo, positivismo, espiritualismo* (Toulouse: Presses universitaires du Mirail), pp. 21-36

AYUSO, JOSÉ PAULINO. 1996. *Antología de la poesía española del siglo XX, 1900-1939*, 2 vols, (Madrid: Castalia), I

BAQUERO GOYANES, MARIANO. 1984. 'Virgilio, personaje literario', *Simposio Virgiliano* (Murcia: Universidad de Murcia), pp. 9-25 accesible en *Biblioteca virtual*

Miguel de Cervantes <http://www.cervantesvirtual.com/obra/virgilio-personaje-literario-0/> [Fecha de acceso: 5 de julio de 2010]
BARÓN, EMILIO. 1994. 'Gide y Cernuda: el moralista y su discípulo', *Cauce*, 17: 121-34
BARTHES, ROLAND. 1976. *Retórica de la imagen* (Barcelona: Lumen)
Bastawi, Mona Rabi. 2008. 'Las influencias árabes en la obra de Lorca', *Anaquel de estudios árabes*, 19: 17-39, accesible en *Revistas UCM* <http://revistas.ucm.es/index.php/ANQE/article/view/ANQE0808110017A/3557> [Fecha de acceso: 12 de abril de 2013]
BAUDELAIRE, CHARLES. 1930. *Les fleurs du mal* (París: France editions). Ebook de Kindle
BÉCQUER, GUSTAVO ADOLFO. 2003. *Rimas*, Luis Caparrós Esperante (ed.) accesible en *Centro Virtual Cervantes* <http://cvc.cervantes.es/obref/rimas/> [fecha de acceso: 11 de julio de 2010]
BELLVER, CATHERINE G. 1983. 'La ciudad en la poesía española surrealista', *Hispania*, 66: 542-51
BENDING, LUCY. 2004. *The Representation of Bodily Pain in the Late Nineteenth Century English Culture* (Oxford: Oxford University Press)
BENJAMIN, WALTER. 1966. *Novus Angelus: Ausgewählte Schriften* (Frankfurt: Suhrkamp Verlag)
BERCEO, GONZALO DE. 1852. *Milagros de Nuestra Señora*, Florencio Janer (ed.), (Madrid: Real Academia), pp. 103-31, accesible en *Biblioteca Virtual Miguel de Cervantes* <http://www.cervantesvirtual.com/servlet/SirveObras/01471732099114851954480/index.htm> [Fecha de acceso: 25 de septiembre de 2009]
BERMAN, MARSHALL. 1988. *Todo lo sólido se desvanece en el aire* (Madrid: Siglo XXI de España Editores)
BERNAL, ANTONIO MIGUEL (dir.). 1980. *Historia de Andalucía*, 9 vols, (Barcelona: Planeta), VIII
BINDING, PAUL. 1985. *Lorca: The Gay Imagination* (Londres: GMP Publisher)
BLANCO MAYOR, CARMELO. 2001. 'Sócrates y los socráticos menores', *Ensayos: revista de la Escuela Universitaria de Magisterio de Albacete*, 16: 11-32, accesible en *Dialnet* <http://www.uclm.es/ab/educacion/ensayos/pdf/revista16/16_1.pdf> [fecha de acceso: 5 de julio de 2010]
BLANCH, ANTONIO. 1976. *La poesía pura española: conexiones con la cultura francesa* (Madrid: Gredos)
BOUSOÑO, CARLOS. 1956. *La poesía de Vicente Aleixandre* (Madrid: Gredos)
——. 1960. 'Sentido de la poesía de Vicente Aleixandre', en *Poesía completa de Vicente Aleixandre* (Madrid: Gredos), pp. 11-44
BOWIE, ANDREW. 2003. *Aesthetics and Subjectivity from Kant to Nietzsche* (Mánchester: Manchester University Press)
CAMINERO, JUVENTINO. 1998. *Poesía española siglo XX* (Kassel: Reichenberger)
CAMURATI, MIREYA. 1980. 'Emerson y el creacionismo', en *Actas del sexto congreso internacional de hispanistas* (Toronto: Department of Spanish and Portuguese of the University of Toronto), pp. 143-46, accesible en *Centro Virtual Cervantes* <http://cvc.cervantes.es/literatura/aih/pdf/06/aih_06_1_035.pdf> [fecha de acceso: 12 de abril de 2013]
——. 1980. *Poesía y poética de Vicente Huidobro* (Buenos Aires: García Cambeiro)
CANO BALLESTA, JUAN. 1976. 'Historia y poesía: interpretaciones y sentido de "Grito hacia Roma"', *Revista Hispánica Moderna*, 39: 210-14
CAPDEVILA-ARGÜELLES, NÚRIA. 2008. *Autoras inciertas: voces olvidadas de nuestro feminismo* (Madrid: Horas y Horas)

CAPOTE BENOT, JOSÉ MARÍA. 1976. *El Surrealismo en la poesía de Luis Cernuda* (Sevilla: Publicaciones de la Universidad de Sevilla)

CARRASCO PIRARD, EDUARDO. 2000. 'El pensamiento dionisíaco (Monografías: homenaje a Friedrich Nietzsche)' *Revista de filosofía*, 55-56: 17-38

CATALÀ DOMENECH, JOSEP MARÍA. 2003. 'Imágenes proféticas: anunciar el futuro para impedirlo', *Telos* 38 accesible en *Quadernsdigitals* <http://sociedad informacion.fundacion.telefonica.com/telos/anteriores/num_038/index_038.html?opi_perspectivas3.html> [Fecha de acceso: 23 de enero de 2010]

CERNUDA, LUIS. 2005. *Poesía*, Derek Harris y Luis Maristany (eds), (Madrid: Siruela)

——. 1994a. *Prosa I*, Harris y Luis Maristany (eds), (Madrid: Siruela)

——. 1994b. *Prosa II*, Harris y Luis Maristany (eds), (Madrid: Siruela)

CHACEL, ROSA. 1989. *Ensayo y poesía* (Valladolid: Centro de creación y estudios Jorge Guillén, Excma. Diputación Provincial de Valladolid)

CHADWICK, CHARLES. 1971. *Symbolism* (Londres: Mcthuen & Co.)

CHAMPOURCIN, ERNESTINA DE. 1991. *Ernestina de Champourcin. Poesía a través del tiempo*, José Ángel Ascunce (ed.), (Barcelona: Anthropos)

CIPLIJAUSKAITÉ, BIRUTÉ. 1991. 'Transgresión, ruptura y el lenguaje del deseo en los poetas de la generación del 27', en Carla Prestigiacomo y Maria Caterina Ruta (eds), *Atti del Convegno dell'Associazione degli Ispanisti Italiani* (Palermo: Flaccovio Editore), pp. 29-40, accesible en *Centro Virtual Cervantes* <http://cvc.cervantes.es/literatura/aispi/pdf/04/04_029.pdf> [fecha de acceso: 12 de abril de 2013]

——. 1992. 'Velos, códigos, transgresiones en la poesía moderna'. *Actas de XI Congreso de la Asociación Internacional de Hispanistas I*, Juan Villegas (coord.), (Irvine: University of Irvine), pp. 57-74, accesible en *Centro virtual Cervantes* <http://cvc.cervantes.es/obref/aih/aih_xi.htm> [fecha de acceso: 3 de junio de 2010]

CLARET, ANTONIO MARÍA. 1863. *Catecismo de la doctrina cristiana: explicado y adaptado a la capacidad de los niños y adornado con muchas estampas*. (Barcelona: Librería Religiosa), Ebook de Googlebooks

COLERIDGE, SAMUEL TAYLOR. 1847. *Biographia Literaria*. Henry Nelson Coleridge (ed.), (London: William Pickering), Ebook de Ovid PSYC

——. 1912. *The Complete Poetical Works of Samuel Taylor Coleridge. Poems*. Hartley Coleridge (ed.), (Oxford: Clarendon press)

——. 1995. *Shorter Works and Fragments*, 2 vols, H. J. Jackson y James Robert de Jager Jackson (eds), (Princeton: Princeton University Press), II

CONNELL, GEOFFREY W. 1965. 'The End of a Quest: Alberti's *Sermones y Moradas* and Three Uncollected Poems', *Hispanic Review*, 33: 290-309

COOPER, ALAN. 1990. 'Imagining Prophecy' en James L. Kugel (ed.) *Poetry and Prophecy: The Beginning of a Literary Tradition* (Ithaca: Cornell University Press)

DE MAN, PAUL. 1984. 'Intentional Structure of the Romantic Image', en *The Rhetoric of Romanticism* (Nueva York: Columbia University Press), pp. 1-17

——. 1993. *Romanticism and Contemporary Criticism: The Gauss Seminars and Other Papers*, E. S. Burt, Kevin Newmark y Andrej Warminski (eds), (Baltimore: Johns Hopkins UP)

——. 1991. *Visión y ceguera: ensayos sobre la retórica de la crítica contemporánea* (Río Piedras: La Editorial, Universidad de Puerto Rico)

DECKER, HENRY. 1965. 'Baudelaire and the Valéryan Concept of Pure Poetry', *Symposium*, 19: 155–61
DELGADO, AGUSTÍN. 1975. *La poética de Luis Cernuda* (Madrid: Editora nacional)
DELGADO MORALES, MANUEL y ALICE J. POUST. 2001. *Lorca, Buñuel, Dalí*. (Cranbury: Bucknell University Press)
DENNIS, NIGEL. 1980. 'José Bergamín, poeta desconocido de la Generación de 1927', en Evelyn Rugg y Alan M. Gordon (eds), *Actas del sexto congreso de la Asociación internacional de hispanistas* (Toronto: Universidad de Toronto), pp. 207–10, accesible en *Dialnet* <http://cvc.cervantes.es/literatura/aih/pdf/06/aih_06_1_052.pdf> [fecha de acceso: 16 de julio de 2009]
——. 1998. 'Lorca y la crisis de la palabra', en Pedro Guerrero Ruíz (coord.) *Federico García Lorca en el espejo del tiempo* (Alicante: Aguaclara), pp. 20–29
DEVLIN, JOHN. 1983. 'Juan Ramon Jiménez and Nietzsche', *Studies in Twentieth Century Literature*, 7: 161–84
DÍAZ-DIOCÁRETZ, MYRIAM e IRIS ZAVALA. 1993. *Breve historia feminista de la literatura española (en lengua castellana)* (Madrid: Anthropos)
DIEGO, GERARDO. 1964. 'El lenguaje poético en la actualidad', en *Presente y futuro de la lengua española: actas de la asamblea de filología del I Congreso de instituciones hispánicas I* (Madrid: Cultura hispánica), pp. 531–49
——. 1968. 'Poesía y creacionismo de Vicente Huidobro', *Cuadernos Hispanoamericanos*, 74: 528–44
——. 1989. *Poesía: obras completas*, 8 vols, Francisco Javier Díez de Revenga (ed.), (Madrid: Alfaguara), I
DÍEZ DE REVENGA, FRANCISCO JAVIER. 1996. 'Gerardo Diego prosista', *Insula*, 597: 23
——. 1988. *Panorama crítico de la generación del 27* (Madrid: Castalia)
DOBRIAN, WALTER. 2005. 'García Lorca: los *Sonetos del amor oscuro* como expresión culminante de su vida angustiada', *Hispania*, 88: 456–67
DÓNOAN. 1990. *Rosa Chacel: premio nacional de las letras españolas* (Barcelona: Anthropos)
DUCIS ROTH, JOSÉ PABLO. 2002. 'La construcción de la subjetividad en *Espadas como labios* de Vicente Aleixandre', *Espéculo* 21, accesible en <http://www.ucm.es/info/especulo/numero21/aleixand.html> [fecha de acceso: 8 de noviembre de 2009]
DUQUE AMUSCO, ALEJANDRO. 1994. 'Pasión de la tierra, pasión del hombre', *Ínsula*, 576: 7–8
EAGLETON, TERRY. 1986. *Literary Theory: An Introduction* (Oxford: Blackwell)
ECO, UMBERTO. 1995. *The Search for the Perfect Language*, James Fentress (tr.) (Oxford: Wiley-Blackwell)
ELIADE, MIRCEA (ed.). 1987. *The Encyclopedia of Religion*, 16 vols, (Londres: Macmillan), XI
ESQUERRÀ NONELL, JOSEP. 2005. 'El mito en la consciencia poética de Luis Cernuda a través del discurso amoroso', en José Enrique Martínez Fernández et al. (eds) *Nostalgia de una patria imposible: estudios sobre la obra de Luis Cernuda* (Madrid: Akal), pp. 253–75
ESTERHAMMER, ANGELA. 2000. *The Romantic Performative: Language and Action in British and German Romanticism* (Stanford: Stanford University Press)
EVEREST, KELVIN. 2002. 'Coleridge's life', en Kelvin Everest (ed.) *The Cambridge Companion to Coleridge* (Cambridge: Cambridge University Press), pp. 17–31

FERBER, MICHAEL. 1999. *A Dictionary of Literary Symbols* (Cambridge: Cambridge University Press)
FLORES ARROYUELO, FRANCISCO J. 2006. 'Pío Baroja y Nietzsche, del rechazo al encuentro', *Cuadernos del Lazarillo*, 31: 55-60
FORTUNY, FRANCESC JOSEP. 2001. 'Virgilio', *Telémaco* 1-8 accesible en *Universitat de Barcelona* <http://www.ub.edu/telemac/30116.htm> [fecha de acceso: 5 de julio de 2010]
FOUCAULT, MICHAEL. 1998. 'Language to infinity', en James D. Faubion (ed.) *Aesthetics: Essential Works of Foucault 1954-1984* (Londres: Penguin), pp. 89-101
FRAY LUIS DE LEÓN (2008). *Poesías*, Javier San José Lera (ed.) accesible en *Biblioteca Virtual Miguel de Cervantes* <http://www.cervantesvirtual.com/servlet/Sirve Obras/p268/80271519908139506300080/p0000002.htm#I_10_> [fecha de acceso: 25 de septiembre de 2009]
FRAZER, JAMES G. 1954. *The Golden Bough: A Study in Magic and Religion* (Londres: Macmillan)
FREUD, SIGMUND. 1917. 'Duelo y melancolía' (Santiago de Chile: Escuela de Filosofía Universidad ARCIS) accesible en *Philosophia.cl* <http://www.philosophia.cl/biblioteca/freud/1917Duelo%20y%20melancol%EDa.pdf> [fecha de acceso: 25 de septiembre de 2009]
——. 1962. *Civilization and its Discontents*, James Strachey (trad.), (Nueva York: W. W. Norton &Company Inc.)
GADAMER, HANS GEORG. 1980. 'Religious and Poetical Speaking', en Alan M. Olson (ed.) *Myth, Symbol and Reality* (Notre Dame: University of Notre Dame), pp. 86-98
GALLEGO ROCA, MIGUEL. 2004. 'De las vanguardias a la Guerra Civil' en *Historia de la traducción en España* (Salamanca: Ambos Mundos), pp. 479-510
GARCÍA DE LA CONCHA, VÍCTOR. 1987. *La poesía española de 1935 a 1975 I. De la preguerra a los años oscuros* (Madrid: Cátedra)
GARCÍA LORCA, FEDERICO. 1983. *Epistolario*, 2 vols, Christopher Maurer (ed.), (Madrid: Alianza). *I.*
——. 1997. *Epistolario completo (1910-1936)*, Christopher Maurer y Andrew A. Anderson (eds), (Madrid: Cátedra)
——. 1998a. *Poesía: obras*, 2 vols, Miguel García Posada (ed.), (Madrid: Akal), I
——. 1998b. *Poesía: obras*, 2 vols, Miguel García Posada (ed.), (Madrid: Akal), II
——. 1994. *Poesía inédita de juventud*, Christian de Paepe (ed.), (Madrid: Cátedra)
——. 2005. *El público/El sueño de la vida*, Antonio Monegal (ed.), Mario Hernández (coord.), (Madrid: Alianza)
——. 1980. *Verso. Prosa. Música. Dibujos: obras completas I*, Arturo del Hoyo (ed.), (Madrid: Aguilar)
GARCÍA LORCA, FEDERICO y LAURA GARCÍA LORCA DE LOS RÍOS. 1996. *Dibujos* (Granada: Comares)
GARCÍA LORCA, FRANCISCO. 1990. *Federico y su mundo* (Madrid: Alianza)
GARCÍA MONTERO, LUIS. 2007. 'La Generación del 27 como razón de Estado', *Ínsula*, 732: 1-4
GARCÍA VELASCO, JUNCAL. 2004. 'El satanismo en Espronceda', *Revista de estudios extremeños*, 60: 269-87
GARCÍA YEBRA, TOMÁS. 2007. 'Vicente Molina Foix, Premio nacional de narrativa

por *El abrecartas*', en *El diario montañés*, 17 de julio, accesible en <http://www.eldiariomontanes.es/20071017/cultura/galardon/vicente-molina-foix-premio-2007 1017.html > [fecha de acceso: 9 de junio de 2010]
GEIST, ANTHONY LEO. 1980. *La Poética de la Generación del 27 y las revistas literarias: de la vanguardia al compromiso (1918-1936)* (Barcelona: Grijalbo)
GERNET, LOUIS. 1981. '"Value" in Greek Myth', en Raymond L. Gordon y Marcel Detienne (eds), *Myth, Religion and Society* (Cambridge: Cambridge University Press), pp. 111-46
GIBSON, IAN. 1985. *Federico García Lorca: de Fuentevaqueros a Nueva York* (Barcelona: Grijalbo)
——. 2010. *'Caballo azul de mi locura': Lorca y el mundo gay* (Barcelona: Booket)
GILLESPIE, MICHAEL ALLEN. 1995. *Nihilism Before Nietzsche* (Chicago: University of Chicago Press)
GRAHAM, HELEN EVE y JO LABANYI. 1995. *Spanish Cultural Studies: An Introduction* (Oxford: Oxford University Press)
GREEN, JOEL B., SCOT MCKNIGHT y HOWARD MARSHALL (eds). 1992. *Dictionary of Jesus and the Gospels* (Leicester: Intervarsity Press)
GRONOW, MICHAEL J. 1998. *Cultura postmoderna y poesía amorosa: el caso de la literatura contemporánea británica* (Sevilla: Universidad de Sevilla)
GUILLÉN, JORGE. 1996. *Los grandes poemas de Aire nuestro*, Antonio A. Gómez Yebra (ed.), (Madrid: Castalia)
GULLÓN, RICARDO. 1963. 'Alegrías y sombras de Rafael Alberti', *Ínsula*, 18 (198): 1, 5
GÜNTERT, GEORGES. 1998. 'Schopenhauer y Nietzsche en la estética de la novela finisecular: el caso de Baroja' en Miguel Ángel Garrido Gallardo (ed.) *Estudios de literatura española de los siglos XIX y XX. Homenaje a Juan María Díez Tabeada*, Anejos de *Revista de Literatura*, 47: 540-50
HARRIS, DEREK. 1973. *Luis Cernuda: A Study of the Poetry* (Londres: Tamesis)
——. 1992. *La poesía de Luis Cernuda* (Granada: Universidad de Granada)
——. 2004. 'Prophet, Medium, Babbler: Voice and Identity in Vicente Aleixandre's Surrealist Poetry', en Robert Havard (ed.), *Companion to Spanish Surrealism* (Woodbridge: Tamesis)
——. 1977. 'The Religious Theme in Lorca's *Poeta en Nueva York*', *Bulletin of Hispanic Studies*, 54: 315-26
HAVARD, ROBERT. 1988. *From Romanticism to Surrealism* (Avon: Rowman & Littlefield)
——. 2000. 'Lorca's Mantic *Poet in New York*', *Anales de la Literatura Española Contemporánea*, 25: 439-76
HERRERO, JAVIER. 2005. 'El Padre contra el Hijo: la visión cristiana de Lorca', en Roberta A. Quance (ed.), *Estudios sobre la Poesía de Lorca* (Madrid: Itsmo), pp. 115-42
HESÍODO. 1986. *Teogonía*, Paola Vianello de Córdoba (tr.), (México D. F.: Universidad Autónoma de México)
HIGUERUELA DEL PINO, LEANDRO. 1981. 'El movimiento obrero católico en la diócesis de Toledo en la II República', *Toletum*, 11: 292-344
HUGHES, BRIAN. 1982. 'Cernuda and the Poetic Imagination. *Primeras poesías* as Metaphysical Poetry', *Anales de literatura española*, 1: 317-31

Huidobro, Vicente. 1964. *Obras Completas*, 2 vols, Braulio Arenas (ed.), (Santiago de Chile: Zig-Zag), I
——. 1967. *Poesía y prosa*, Antonio de Undurraga (ed.), (Madrid: Aguilar)
Ilie, Paul. 1968. *The Surrealist Mode in Spanish Literature* (Ann Arbor: University of Michigan Press)
——. 1986. 'The Vanguard Infrastructure of "Poema doble del lago Eden"', *Hispania*, 69 (4): 770-78
Insausti, Gabriel. 2006. 'La idealidad y el deseo: una relectura de Cernuda', *Monteagudo*, 11: 99-118, accesible en *Dialnet* <http://dialnet.unirioja.es/descarga/articulo/2138768.pdf> [fecha de acceso: 2 de junio de 2010]
Jato, Mónica. 2004. *El lenguaje bíblico en la poesía de los exilios españoles de 1939* (Kassel: Reichenberger)
Jiménez, Juan Ramón. 2009. *Diario de un poeta recién casado (1916)*, Michael P. Predmore (ed.), (Madrid: Cátedra)
Jiménez León, Marcelino. 2010. 'La Biblia en el Romanticismo español', en Gregorio del Olmo Lete (coord.), *La Biblia en la literatura española. Edad Moderna*, 3 vols, (Madrid: Trotta), III, pp. 119-38
Jiménez Millán, Antonio. 1990. 'El compromiso en la poesía de Alberti (República, guerra, exilio)', *Cuadernos hispanoamericanos*, 485-86: 145-62
Johnson, Nan. 1988. 'Reader-Response and the "Pathos" Principle', *Rethoric Review*. 6 (2): 152-66
Jung, Carl Gustav y Carl Kerényi. 1985. *Science of Mythology. Essays on the Myth of the Divine Child and the Mysteries of Eleusis* (London: Ark Paperbacks)
Kooy, Michael Jon. 1999. 'Romanticism and Coleridge's Idea of History', *Journal of the History of Ideas*, 60 (4): 717-35
Kugel, James L. 1990. 'Poets and Prophets: an Overview', en James L. Kugel (ed.), *Poetry and Prophecy: The Beginning of a Literary Tradition* (Ithaca: Cornell University Press), pp. 1-25
Langbaum, Robert. 1983. 'The Epiphanic Mode in Wordsworth and Modern Literature', *New Literary History*, 14 (2): 335-58
Larios, Jordi. 2009. 'La España imperial en la poesía de Luis Cernuda: ecos de Ortega en "El ruiseñor sobre la piedra", "Quetzalcoatl" y "Silla del rey"', *Journal of Iberian and Latin American Studies*, 15 (2): 139-52
Larsen, Kevin S. 1990. 'Unamuno, Nietzsche, and *San Manuel Bueno, mártir*', en Nora de Marval-McNair y Everette Larson (eds), *Selected Proceedings of the Singularidad y trascendencia Conference held at Hofstra University November 6, 7, 8, 1986* (Boulder: Publications of the Society of Spanish and Spanish-American Studies), pp. 107-20
Latourelle, René y Rino Fisichella. 1992. *Diccionario de teología fundamental* (Madrid: Ediciones Paulinas)
Lawler, James R. 1969. *The Language of French Symbolists* (Princeton: Princeton University Press)
Lévi-Strauss, Claude. 1978. *Myth and Meaning* (London: Routledge and Kegan Paul)
——. 1955. 'The Structural Study of Myth', *The Journal of American Folklore*, 68 (270): 428-44
Logan, Aileen A. 2007. 'Memory and Exile in the Poetry of Luis Cernuda' (Tesis no

publicada, University of Saint Andrews) Accesible en <https://researchrepository.st-andrews.ac.uk/bitstream/10023/343/11/AALCompleteThesis.pdf> [fecha de acceso: 21 de enero de 2010]
LÓPEZ DE CASTRO, ARMANDO. 1993. *Poetas del 27* (León: Universidad de León)
LÓPEZ RODRÍGUEZ, Concepción. 1998. 'Luis Cernuda: la construcción de un mito' *Acta Universitatis Palackianae Olomucensis*, 71: 75-83 accesible en <http://publib.upol.cz/~obd/fulltext/Romanica7/Romanica7-06.pdf> [fecha de acceso: 13 de abril de 2013]
LUIS, LEOPOLDO DE. 2006. 'Introducción biográfica y crítica' en Vicente Aleixandre *Sombra del paraíso* (Madrid: Castalia), pp. 7-61
MACHADO, ANTONIO. 1982. *Poesías completas*, Manuel Alvar (ed.), (Madrid: Espasa Calpe)
MADIGAN, KEVIN. 1995. 'Ancient and High-Medieval Interpretations of Jesus in Gethsemane: Some Reflections on Tradition and Continuity in Christian Thought', *Harvard Theological Review*, 88 (1): 157-73
MADRIGAL, ELENA. 2006. 'Mythos y logos: una pugna entre la estilística y la retórica', *Espéculo* 33 accesible en <http://www.ucm.es/info/especulo/numero33/estireto.html> [fecha de acceso: 12 de julio de 2009]
MÁRQUEZ, MARGARITA (ed.).1996. 'Correspondencia (1921 - 1932). José Ortega y Gasset y Gerardo Diego', *Revista de Occidente*, 178: 5-19
MÁRQUEZ FERNÁNDEZ, GEMMA. 2010. 'La Biblia en el Modernismo hispánico: verbo, creación literaria y redención social' en Gregorio del Olmo Lete (coord.) *La Biblia en la literatura española. Edad Moderna*, 3 vols (Madrid: Trotta), III, pp. 187-214
MARTÍN, EUTIMIO. 1986. *Federico García Lorca, heterodoxo y mártir. Análisis y proyección de la obra juvenil inédita* (Madrid: Siglo XXI de España Editores)
MARTIN-CLARK, PHILIP. 2000. *Art, Gender, and Sexuality. New Readings of Cernuda's Later Poetry* (Leeds: Maney Publishing/ Modern Humanities Research Association)
MÁS, JOSÉ. 1992. 'Introducción' en Vicente Aleixandre, *Diálogos del conocimiento* (Madrid: Cátedra), pp. 9-99
MATEOS, JUAN y JUAN BARRETO. 1979. *El Evangelio de Juan: análisis lingüístico y comentario exegético* (Madrid: Ediciones Cristiandad)
MATTER, E. ANN. 1992. *The Voice of My Beloved: The Song of Songs in Western Medieval Christianity* (Philadelphia: University of Pennsylvania Press)
MCKINLAY, NEIL C. 1999. *The Poetry of Luis Cernuda* (London: Tamesis)
MCMULLAN, TERENCE. 2002. *The Crystal and the Snake: Aspects of French influence on Guillén, Lorca and Cernuda* (Anstruther: La Sirena)
MERLO, PEPA (ed.). 2010. *Peces en la tierra. Antología de mujeres poetas en torno a la Generación del 27* (Sevilla: Fundación José Manuel Lara/ Vandalia)
MILTON, JOHN. 1868. *Paradise Lost: A poem in twelve books*, Henry Warren Torrey (ed.), (Nueva York: Hurd and Houghton)
MILLARES CANTERO, SERGIO. 1998. *España en el siglo XX* (Madrid: Edinumen)
MINEO, NICOLÒ. 2007.'Profetismo Storia di una nozione', Convegno Nazionale di Studi Danteschi *'La Commedia*: Narrazione e ipotesti', Catania 16 de octubre de 2007 accesible en *Googledocs* <http://docs.google.com/viewer?a=v&q=cache:F3tU1bdKi34J:www.dante.unict.it/Profetismo_dantesco_convegno_di_studi.pdf+divina+commedia+profetisom&hl=en&gl=es&pid=bl&srcid=ADGEESiPqgrTp4_

GOxKqyUExZrAiA21NdQip37mSwtrBoYkDO5IsKzXbsviohInvkoVrCmDWvHI
XDmDNvxLdauCecZM3pbwUubVTzq3taVwaGFwT5W76NJvRAwuhKFFESuvG
u2Nx8URG&sig=AHIEtbQxbQoRAP7DnhZ8jJ67HkV_C4vgMA> [fecha de acceso: 30 de marzo de 2010]

MIRA, ALBERT. 2004. *De Sodoma a Chueca: una historia cultural de la homosexualidad en España en el siglo XX* (Barcelona: Egales)

———. 1999. *Para entendernos: diccionario de cultura homosexual, gay y lésbica* (Barcelona: Ediciones Tempestad)

MIRÓ, EMILIO. 1999. *Antología de poetisas del 27* (Madrid: Castalia)

———. 1984. 'Rafael Alberti: destierro y esperanza', *Arbor*, 118: 61–70

MITRE, EDUARDO. 1980. *Huidobro, hambre de espacio y sed de cielo* (Caracas: Monte Ávila editores)

MOLINA FOIX, VICENTE. 2007. Entrevista. 'Encuentros digitales', *Elmundo.es*, 18 de octubre, accesible en <http://www.elmundo.es/encuentros/invitados/2007/10/2702/> fecha de acceso [fecha de acceso: 10 de julio de 2010]

MORANO RODRÍGUEZ, CIRIACO. 1988. 'La experiencia poética y La experiencia profética. (Análisis de sus relaciones desde los testimonios de Horacio, Ovidio, Isaías y Jeremías)', *Cuadernos de Filología clásica*, 21: 115–28

MORRIS, CYRIL B. 1969. *A Generation of Spanish Poets, 1920–1936* (Cambridge: Cambridge University Press)

MULDER, ELISABETH. 1962. *Antología poética* (Caracas: Lírica Hispana)

NAGY, GREGORY. 1990. 'Ancient Greek Poetry, Prophecy and Concepts of Theory', en James L. Kugel (ed.), *Poetry and Prophecy: The Beginning of a Literary Tradition* (Ithaca: Cornell University Press), pp. 56–64

NIETZSCHE, FRIEDRICH. 1883. *Also Sprach Zarathustra. Ein Buch für Alle und Keinen*, Erster Teil, Paolo d'Iorio (ed.), (Chemnitz: Ernst Schmeitzner), accesible en *Nietzsche Source* <http://www.nietzschesource.org/#eKGWB/Za-I> [fecha de acceso: 13 de junio de 2013]

———. 1887. *Die Fröhliche Wissenschaft*, Paolo d'Iorio (ed.), (Leipzig: E. W. Fritzsch), accesible en *Nietzsche Source* <http://www.nietzschesource.org/#eKGWB/FW> [fecha de acceso: 13 de junio de 2013]

———. 1889. *Götzen-Dämmerung*, Paolo d'Iorio (ed.), (Leipzig: C. G. Neumann), accesible en *Nietzsche Source* <http://www.nietzschesource.org/#eKGWB/GD> [fecha de acceso: 13 de junio de 2013]

———. 1886. *Menschliches Allzumenschliches.Ein Buch für freie Geister* Erster Teil, Paolo d'Iorio (ed.), (Leipzig: E. W. Fritzsch), accesible en *Nietzsche Source* <http://www.nietzschesource.org/#eKGWB/MA-I> [fecha de acceso: 13 de junio de 2013]

———. 1887b. *Zur Genealogie der Moral*, Paolo d'Iorio (ed.), (Leipzig: C. G. Neumann), accesible en *Nietzsche Source* <http://www.nietzschesource.org/#eKGWB/GM> [fecha de acceso: 13 de junio de 2013]

DEL OLMO LETE, GREGORIO (coord.). 2010. *La Biblia en la literatura española. Edad Moderna*, 3 vols, (Madrid: Trotta), III

ORTEGA, NORMA ANGÉLICA. 2000. *Vicente Huidobro: Altazor y las vanguardias* (México: UNAM)

ORTUÑO CASANOVA, ROCÍO. 2010. 'La ciudad como distopía en la poesía y el cine americano de entreguerras: *Poeta en Nueva York*', en Joaquín Roses (ed.), El

27 en América (Córdoba: Diputación de Córdoba/Universidad de Córdoba), pp. 319-33

OTEO SANS, RAMÓN. 2010. 'La Biblia en la poesía de la generación del 27 a la del 36: crisis y recuperación del espiritualismo cristiano', en Gregorio del Olmo Lete (Coord.), *La Biblia en la literatura española. Edad Moderna*, 3 vols, (Madrid: Trotta), III, pp. 323-48

OTERO, CARLOS-PEREGRÍN. 1982. 'Cernuda y los románticos ingleses', *Quimera*, 15: 33-38

PAZ, OCTAVIO. 1964. 'La palabra edificante', *Papeles de Son Armadans*, 35: 41

——. 1974. *Los hijos del limo* (Barcelona: Seix Barral)

PEGENAUTE, LUIS y FRANCISCO LAFARGA (eds). 2004. *Historia de la traducción en España* (Salamanca: Ambos Mundos)

PENA, PERE. 1994. 'La otra ciudad (Los poetas y la ciudad de fin de siglo)', *Scriptura* 10: 75-91

PÉREZ PAREJO, RAMÓN. 2002. *Metapoesía y crítica del lenguaje (de la generación de los 50 a los novísimos)* (Cáceres: Servicio de publicaciones de la universidad de Cáceres)

PÉREZ-VILLANUEVA TOVAR, ISABEL. 1990. *La Residencia de Estudiantes* (Madrid: Ministerio de Educación y Cultura)

PERKINS, JUDITH. 1995. *The Suffering Self: Pain and Narrative Representation in the Early Christian Era* (Londres: Routledge)

PERSONNEAUX CONESA, LUCIE. 1986. 'El surrealismo en España: espejismos y escamoteo' en A. David Kossoff, José Amor y Vázquez, et al. (Coords), *Actas del VIII congreso de la Asociación Internacional de Hispanistas*, 2 vols, en Brown University, Rhode Island 1983 (Madrid: Itsmo), II, pp. 446-54, accesible en *Dialnet* <http://cvc.cervantes.es/literatura/aih/pdf/08/aih_08_2_053.pdf> [fecha de acceso: 15 de mayo de 2010]

PHILLIPS, ALLEN W. 1986. 'Treinta años de poesía y bohemia (1890-1920)', *Anales de literatura española*, 5: 377-424

PINET, CAROLYN. 1979. 'The Sacramental View of Poetry and the Religion of Love in Jorge Guillén's *Cántico*', *Hispania*, 62: 47-55

PINO ACOSTA, BARBARITA. 2003. 'Altolaguirre: poeta malagueño con voz de pueblo', *Espéculo*, 24, accesible en <http://pendientedemigracion.ucm.es/info/especulo/numero24/altolagu.html> [fecha de acceso: 6 de abril de 2010]

PRADOS, EMILIO. 1975. *Poesías completas*, Carlos Blanco Aguinaga y Antonio Carreira (eds), (México: Aguilar)

PRIETO DE PAULA, ÁNGEL LUIS. 1996. 'Schopenhauer y la formalización melancólica en las letras españolas del novecientos', *Anales de literatura española*, 12: 55-88

——. 2002. 'Subjetivación, irracionalismo, música: rasgos del simbolismo en la poesía española hacia 1900', *Anales de literatura española*, 15: 55-70

RADA GARCÍA, ELOY. 1993. 'Ciencia, predicción y profecía', *Endoxa*, 2: 177-206 accesible en *Dialnet* <http://e-spacio.uned.es/fez/eserv.php?pid=bibliuned:Endoxa-19938E9B12BC-AAD5-1809-8960-2B3028A2166C&dsID=ciencia_prediccion.pdf> [fecha de acceso: 8 de mayo de 2010]

RAMÍREZ, GORETTI. 2008. 'El jardín de los sentidos: una reflexión sobre la modernidad en la poesía de Emilio Prados', *Bulletin of Hispanic Studies*, 85 (6): 839

RAMÓN, EMILIO. 2007. 'El abrecartas: la novela trata de crear un equilibrio entre la emoción particular y la tensión histórica', entrevista a Vicente Molina Foix. Espéculo, 35, accesible en <http://www.ucm.es/info/especulo/numero35/vmolinaf.html>, [fecha de acceso: 5 de junio de 2009]

RAYMOND, MARCEL. 1933. From Baudelaire to Surrealism (London: Methuen & Co.)

RIBAO PEREIRA, MONTSERRAT. 2000. 'Genios de la destrucción y ángeles de la muerte: los falsos demonios del drama romántico español', Romance Quarterly, 43 (3): 165-74

RICOEUR, PAUL. 2008. Hermenéutica y acción. De la hermenéutica del texto a la hermenéutica de la acción, Mauricio M. Prelooker, Luis J. Adúriz et al. (Trads), (Buenos Aires: Prometeo Libros Editorial)

——. 1974. The Conflict of Interpretations: Essays in Hermeneutics (Evaston: Northwestern University Press)

RIMBAUD, ARTHUR. 1975. Lettres du Voyant (13 et 15 1871), Gerald Schaefer (ed.), (Ginebra: Librairie Droz)

RODRÍGUEZ SACRISTÁN, JAIME. 2002. Luis Cernuda ante sí mismo: un acercamiento psicológico al poeta (Sevilla: Fundación el Monte)

RODRÍGUEZ, FRANCISCO. 2000. 'El género autobiográfico y la construcción del sujeto autorreferencial', Revista de Filología y Lingüística de la Universidad de Costa Rica, 26 (2): 9-24

ROSENBLAT, ÁNGEL. 1977. Sentido magico de la palabra y otros estudios (Caracas: Colección Arte y Literatura Universidad Central de Venezuela, ediciones de la Biblioteca)

SAGI, ANNA MARÍA MARTÍNEZ. 1969. Laberinto de presencias: antología poética (León: Gráficas Celaryn)

SAGRERA, MARTÍN. 1967. Mitos y sociedad (Barcelona: Labor)

SAHUQUILLO, ÁNGEL. 2007. Federico García Lorca and the Culture of Male Sexuality (Londres: McFarland & Company., Inc.)

SALINAS, PEDRO. 1983. Ensayos completos, Solita Salinas de Marichal (ed.), (Madrid: Taurus)

——. 1971. Poesías completas, Solita Salinas de Marichal (ed.), (Barcelona: Barral Editores)

SALINAS DE MARICHAL, SOLITA. 1963. 'Los paraísos perdidos de Rafael Alberti', Ínsula, 18: 4, 10

SÁNCHEZ SAORNIL, LUCÍA. 1996. Poesía (Valencia: Pre-textos)

SANZ HERMIDA, ROSA. 1997. 'Poesía inédita de juventud: apuntes para una estilística', en Andrés Soria Olmedo (ed.), La mirada joven (Granada: Universidad de Granada), pp. 103-63

SANZ ROIG, DIANA. 2010. 'Mito y experimentación en la prosa del 27: de la Biblia a los ismos', en Gregorio del Olmo (coord.) La Biblia en la literatura española. Edad Moderna, 3 vols, (Madrid: Trotta), III, pp. 285-322

SCARRY, ELAINE. 1985. The Body in Pain: The Making and Unmaking of the World (Nueva York: Oxford University Press)

SCHILLER, FRIEDRICH. 1994. Sobre Poesía ingenua y Poesía sentimental, Pedro Aullón de Haro (ed.), (Madrid: Verbum)

SCHÖKEL, LUIS ALONSO y JOSE LUIS SICRE DÍAZ (1987). Profetas I. Comentario: Isaías y Jeremías (Roma: Cristiandad)

SCHOPENHAUER, ARTHUR. 1938. *Die Welt als Wille und Vorstellung*, 2 vols, (Leipzig: Brodhaus), II
SEBOLD, RUSSELL P. 1983. *Trayectoria del Romanticismo español: desde la Ilustración hasta Bécquer* (Barcelona: Crítica)
——. 2010. 'Nuevos Cristos en el drama romántico español' en *Concurso y consorcio: letras ilustradas, letras románticas* (Salamanca: Universidad de Salamanca), pp. 93-100
SEDWICK, FRANK. 1957. 'Unamuno, the Third Self, and *Lucha*', *Studies in Philology*, 54 (3): 464-79
SHAKESPEARE, WILLIAM. 1734. *Antony and Cleopatra. A Tragedy. By Mr. William Shakespear* en*The works of Shakespeare* (Londres: Tonson) Accesible en *Eigtheen century collection online*, Gale [fecha de acceso: 5 de julio de 2010]
SHELLEY, PERCY BYSSHE. 2003. *The Major Works*, Zachary Leader y Michael O'Neill (eds), (Oxford: Oxford University Press)
——. 1820. *Prometheus Unbound: a Lyrical Drama in Four Acts with Other Poems* (Londres: C. and J. Ollier)
SHORT, ROBERT. 2003. 'The Politics of Surrealism: 1920-1936' en Raymond Spiteri y Ronald LaCoss (eds) *Surrealism, Politics and Culture* (Aldershot: Ashgate), pp. 18-36
SIERRA, ANA. 1997. *El mundo como voluntad y representación: Borges y Schopenhauer* (Maryland: Scripta Humanistica)
SILVER, PHILIP. W. 1985. *La casa de Anteo. Estudios de poética hispánica (de Antonio Machado a Claudio Rodríguez)* (Madrid: Taurus)
——. 1965. *'Et in Arcadia ego': A Study of the Poetry of Luis Cernuda* (Londres: Tamesis)
——. 1996. *Ruina y restitución: reinterpretación del romanticismo en España* (Madrid: Cátedra)
SOBEJANO, GONZALO. 1967. *Nietzsche en España* (Madrid: Gredos)
SORIA OLMEDO, ANDRÉS. 2004. *Fábula de fuentes: tradición y vida literaria en Federico García Lorca* (Madrid: Ediciones de la Residencia de Estudiantes)
—— (ed.). 2007. *Las vanguardias y la generación del 27. Poesía española. Antología crítica* (Madrid: Visor)
SOUFAS, CHRISTOPHER C. 2007. *The Subject in Question: Early Contemporary Spanish Literature and Modernism* (Washington D. C.: Catholic University of America Press)
SPEAKE, JENNIFER. 1994. *The Dent Dictionary of Symbols in Christian Art* (Londres: Dent)
SUÁREZ GRANDA, JUAN LUIS. 1984. 'Introducción' en Gabriel Miró, *Figuras de la pasión del Señor* (Barcelona: Plaza y Janés)
TODÓ, LLUIS MARÍA. 1987. *El simbolismo: el nacimiento de la poesía moderna* (Barcelona: Montesinos)
TOLLINCHI, ESTEBAN. 1990. *Romanticismo y modernidad* (Río Piedras: La Editorial, Universidad de Puerto Rico)
VALDERRAMA, PILAR DE. 1958. *Obra poética* (Madrid: Siler)
VALENDER, JAMES. 1999. 'Lorca y Cernuda: el zumo amargo', en Laura Dolfi (ed.), *Federico García Lorca e il suo tempo* (Roma: Bulzoni)
VALENTE, JOSÉ ÁNGEL. 1996. 'La lengua de los pájaros y el reino milenario', en

Carmen Añón Feliu (ed.), *El lenguaje oculto del jardín: jardín y metáfora* (Madrid: Editorial Complutense), pp. 231-48

VAN TIEGHEM, PAUL. 1966. 'The Romantic Soul' en Anthony Thorlby (ed.) *The Romantic Movement: Problems and Perspectives in History* (Londres: Longmans), pp. 21-28

VERDÚ DE GREGORIO, JOAQUÍN. 2000. 'Federico García Lorca: *Poeta en Nueva York*, profecía y palabra' en *Federico García Lorca. Clásico Moderno. 1898-1998. Actas del congreso Internacional* (Granada: Diputación de Granada), 566-81

VICENT, MANUEL. 1981. 'Dámaso Alonso: en el jardín de la Filología', *El País*, 1 de agosto, accesible en <http://www.elpais.com/articulo/sociedad/ALONSO/_DAMASO/GENERACION_DEL_27/Damaso/Alonso/jardin/filologia/elpepisoc/19810801elpepisoc_1/Tes> [fecha de acceso: 25 de enero de 2010]

VILLAR, ARTURO DEL. 1996. 'La palabra según Gerardo Diego', *Cuadernos Hispanoamericanos*, 553-54: 7-22

WALTERS, GARETH DAVID. 2008. 'The Painful Gift: Critical Phases in the Poetry of Machado, Lorca, and Espriu', *Hispanic Research Journal*, 9 (4): 326-38

WELLEK, RENÉ. 1966. 'The Concept of Romanticism' en Anthony Thorlby (ed.) *The Romantic Movement: Problems and Perspectives in History* (London: Longmans), pp. 28-34

YETANO LAGUNA, ANA. 2002. 'Claret desde la perspectiva de la historia de la Contrarreforma. Aspectos de su espiritualidad y apostolado', *Manuscrits*, 20: 197-211, accesible en <http://ddd.uab.cat/pub/manuscrits/02132397n20p197.pdf> [fecha de acceso: 20 de julio de 2010]

ZAMBRANO, MARÍA. 2004. *La razón en la sombra*, Jesús Moreno Sanz (ed.), (Madrid: Siruela)

ZIMA, PIERRE V. 1988. 'Influence et réception: Nietzsche/Baroja' en Anthony Pym (ed.) *Actes Noesis 2. L'Internationalité Littéraire* (n.p.-: Association Noesis), pp. 42-50

ZORRILLA, JOSÉ. 1905. *Obras completas. Poesías*, 4 vols, (Madrid : Manuel P. Delgado), I, accesible en *Biblioteca Virtual Miguel de Cervantes* <http://bib.cervantesvirtual.com/servlet/SirveObras/p331/06929418700614984199079/index.htm> [fecha de acceso: 17 de junio de 2010]

ZUBIAUR, IBON. 2002. *La construcción de la experiencia en la poesía de Luis Cernuda* (Kassel: Reichenberger)

ÍNDICE

Abrams, M. H. 9-12, 17, 19-20, 76, 89
  Argumento romántico 8, 9, 10, 12, 13, 17
  The mirror and the lamp 19, 151
  Natural supernaturalism 4, 9, 20
Alberti, Rafael 25, 51, 56, 60-62, 96-97, 145-48, 168, 171
  La arboleda perdida 80
  El clavel y la espada 60
  Marinero en tierra 51, 56, 85, 90
  Sermones y moradas 145, 167, 176
  Sobre los ángeles 67, 72, 80-84, 159, 164, 167, 174
Aleixandre, Vicente 65, 98, 101, 163, 177
  Ámbito 94, 130-31
  Espadas como labios 17, 147
  homosexualidad y homoerotismo 115, 118
  Los placeres prohibidos 98
  Mundo a solas 119
  Nacimiento último 86
  Pasión de la tierra 98, 162
  poética 76
  Sombra del paraíso 56, 59, 61, 69, 70, 83, 93, 174-76
  universalidad del poema 6
Alonso, Dámaso 2, 38, 178
  Hijos de la ira 168, 175-76
Altolaguirre, Manuel 21, 25, 47, 55
  Ejemplo 55
  Las islas invitadas 22, 85-86
  Más poemas de Las Islas Invitadas 71
amor 62, 64, 93, 142
  arquetípico 5
  deseo 78-79
  divino 72, 73
  efímero 93, 94, 154

estéril 121, 158, 159
eterno 38
homófilo 113, 115, 118-20
  como Paraíso perdido 59, 62-68
Andalucía 55, 126, 131, 135
Anticristo 97, 105 n. 6
antiparaíso 68, 78, 96
Apocalipsis 10, 98, 156, 164
  Jerusalén celeste 73
  profecías 146, 155-57
  imágenes 159-60, 163
argumento romántico *ver* Abrams
Aristóteles:
  creación 47 n. 14
  pathos 123
  poética 19, 151

Barthes, Roland:
  Retórica de la imagen 46
Baudelaire, Charles 34 n. 8, 35
  Fleurs du mal 33
Bécquer, Gustavo Adolfo 21, 22, 53, 62 n. 8
Bellver, Catherine:
  ciudad 50-51
Benjamin, Walter:
  lenguaje adánico 16, 29, 43
  logos 15
  Sprachmagie 16, 30, 41-42
  Über Sprache uberhaupt und über die Sprache des Menschen (*Sobre el lenguaje en general y el lenguaje de los hombres*) 16
Berceo, Gonzalo de 54
  Milagros de Nuestra Señora 53
Bergamín, José 5-6
Breton, André 117
Binding, Paul 112
Bousoño, Carlos 6, 56, 83-84, 93, 94 n. 30

caída 3, 10, 49, 52, 54, 56, 60, 71, 80, 86, 98, 99, 106, 121–22
  adquisición de conocimiento 84 n. 24
  bíblica 74–76, 84 n. 24, 91, 96
  crisis personal 78–79
  en Alberti 96
  en Aleixandre 97
  en Cernuda 67
  en Lorca 93
  de Lucifer 88, 96
  pérdida de la inocencia 68
  poética: *ver* 'crisis de la palabra'
Cansinos Asséns, Rafael 40, 115
castigo divino 50, 57, 75, 79, 85, 112, 124, 166, 169, 170, 173–75
Català Domenech 155, 156, 161
catarsis 101, 106
catecismo (de Antonio María Claret) 112
Cernuda, Luis 10, 19, 25, 26, 48, 62, 64, 67, 69, 103–05, 114
  abandono de Dios 136, 137, 140, 141, 163
  abstracción del poema 6
  'A un poeta muerto. F. G. L.' 114
  Como quien espera el alba 109, 114
  crisis 76, 78–79, 86, 103, 167
  Daimón 102, 152
  Desolación de la quimera 166
  Donde habite el olvido 67, 68
  exilio 166
  infancia 113
  invención de Dios 73, 108, 111, 126, 168, 178
  Invocaciones 109
    'Dans ma péniche' 96
  homofobia 135
  homosexualidad — homoerotismo 115, 119, 125
  Las nubes 165–66
  lecturas 19, 83 n. 22
  Lucifer 110, 117
  mitos 5, 52
  Ocnos 68, 69, 113
  Los placeres prohibidos 67, 68, 97, 133

poeta profeta 148–49, 151, 152, 165
problema generacional 2, 55
realidad y deseo 59
Romanticismo 10, 25–26, 27–32, 89, 106, 122
Un río, un amor, 'Decidme anoche' 7, 8, 9; 129, 130, 133, 141
cielo 88, 94, 95, 135–37, 177
  cielo vacío 71, 73, 98, 108, 126, 132, 163
  cielo como reflejo del Edén y de la Tierra 89, 92
  cielo reflejado en el mar 90–91
Ciplijauskaité, Biruté 111 n. 15, 113, 115, 116, 117, 118, 120
ciudad:
  lugar de corrupción, vs naturaleza, espacio de la modernidad 49–52, 55, 61, 86
  agente alienador 56, 60, 61, 78, 98, 176
  ciudad natal 59, 61, 68
  ciudad paraíso 73
  objeto de iras divinas 162, 168, 173
Chacel, Rosa 2, 19, 71–72, 127 n. 25, 129 n. 26, 178
Champourcin, Ernestina 2, 3, 19, 37–38, 40, 86, 104, 116, 117, 125, 126, 129 n. 26, 137–38, 139, 158, 178
  La voz en el viento 37
  Cántico inútil 64
Coleridge, Samuel Taylor 20 n. 3, 25–29, 32, 34, 37, 40, 41
conocimiento 44, 55, 57, 59, 60, 68, 71, 75, 76, 78, 79, 80, 82, 84 n. 24, 92, 97, 99, 100
  autoconocimiento 42
creación 12, 13, 19, 22–25, 27–28, 36–40, 43–48, 54, 56, 69, 104
  anticreación 76
  de Dios 108, 122
  del mundo 15, 88, 93, 97, 98, 101 n. 1
  en el argumento romántico 10, 20, 21 n. 6, 106

literaria 11, 17, 30, 32, 35, 54, 70,
   111, 121, 180
   en Nietzsche 71, 75, 142
creacionismo 20 n. 4, 32, 40-41, 43,
   45, 47, 106, 171
   poesía creacionista 36 n. 11, 41, 42,
   43, 44, 45, 46
Crevel, Paul 113
crisis de la palabra 13, 37, 45, 56, 71,
   76-79, 93, 100, 107, 152, 154, 177
Cristo 7-9, 72, 80-81, 97, 98, 105 n. 6,
   107-08, 110, 113, 117, 120-29,
   131-33, 135, 137-42, 150 n. 5,
   153, 180
cruz 119, 126, 131, 133-34, 135, 138
cubismo 41

Daimón 101 n. 1, 102, 165
De Man, Paul 12, 14, 20, 50, 77, 104
   Blindness and Insight (Visión y
   ceguera) 77-78
   retórica de la temporalidad 20, 50,
   104, 178
Dennis, Nigel 71 n. 15, 78
deseo 41, 59, 61, 64, 78, 68, 73, 78, 79
   n. 20, 91, 94, 103, 116, 138, 148
   deseo sexual 67, 68, 107, 109,
   117-20
Diego, Gerardo 1 n.1, 2, 3, 178
   Imagen 43, 44, 45
   Manual de espumas 50
   poesía creacionista 36 n. 11, 40,
   41-46
Dobrian, Walter 111 n. 15, 113, 118
Dolor 9, 34, 54, 55, 57 n. 4, 68, 71, 75,
   77, 79-81, 93, 96-97, 99-100, 101
   n. 1, 103, 120, 122-27, 129-33,
   135-42, 147, 165, 169, 171
Donoso Cortés, Juan 106, 107

Ecce Homo:
   dibujo lorca 139, 140
   para libro de Nietzsche, ver
   'Nietzsche, Frederich'
Edén 3, 22, 51-55, 57, 59, 61-66, 70,
   71, 73-75, 79-81, 83 n. 23, 85-93,
   96-98, 101, 106, 119

Eliade, Mircea 49
Emerson, Ralph Waldo 42-43
   'Naturaleza' 43
et in Arcadia Ego 82

Foucault, Michel 178, 179 n. 1
Fray Luis de León:
   'Oda a la vida retirada' 53, 54
Frazer, Sir James George 122
Freud, Sigmund 19, 52, 60, 84, 85, 116,
   146
   Trauer und Melancholie (*Duelo y
   melancolía*) 83
   Die Traumdeutung (*La
   interpretación de los sueños*) 84
   Über den Traum (*Sobre el sueño*)
   171
   Das Unbehagen in der Kultur (*El
   malestar en la cultura*) 57 n. 4

Gadamer, Hans Georg 28
García Lorca, Federico 18, 28, 55, 60,
   71 n. 15, 72, 78, 79, 84, 92, 101
   n. 1, 120, 125, 132, 134, 136
   dibujos 139-140
   religiosidad 108, 109, 110, 111 n. 14,
   120, 125, 135, 136, 146, 163, 178
   sexualidad 112, 113, 115, 119, 132,
   134, 136
   surrealismo 117
   El público 5, 6, 112
   Poeta en Nueva York 51, 55, 60, 61,
   77, 81-82, 87-88, 92-93, 97,
   117-18, 136, 147, 155, 159, 166,
   170, 173, 75-176
   'Granada (Paraíso cerrado para
   muchos)' 57
   'La imagen poética de Don Luis de
   Góngora' 5, 8
   influencias árabes 61 n. 7
   Libro de poemas 8, 72, 76, 78, 109,
   110
   'Oda al Santísimo sacramento' 110
   'Oda a Salvador Dalí' 158
   Poema del cante jondo 126, 127,
   128, 130-31, 135, 136, 139
   Poesía inédita de juventud 109, 136

Primeras canciones 92
Romancero gitano 78, 118, 148, 164
Sonetos del amor oscuro 69, 113, 118, 121
Suites 24, 91–92, 136
Geist, Anthony Leo 76, 144, 145, 146, 180
generación del 27 (clasificación) 1, 2, 3, 18, 154–55
generación del 98 34 n. 9, 70
Génesis 15–17, 25, 26, 27, 28, 30, 38, 39, 43–45, 51, 52, 54, 57, 75, 76, 79, 80, 81, 82, 88, 97, 98, 101, 112, 124, 168
Getsemaní (Huerto de los olivos) 9, 125–27, 129, 132, 140
Gibson, Ian 109, 113, 131, 132, 135
Gide, André 6, 26, 108 – 09, 113
Goethe, Johan Wolfang von 99
   Dichtung und Wahrheit (Poesía y verdad) 102
   'Prometheus' 122
Gólgota 128
Guillén, Jorge 2, 3, 17, 36, 37, 39, 50, 54, 88, 178
   Cántico 39, 40
   'Más allá' 39
   'Los nombres' 39, 40
   'Beato sillón' 54

Harris, Derek 30, 55, 67, 73, 79, 147
Havard, Robert 146, 147, 148
heterodoxia (religiosa) 52 n. 2, 72, 109, 112, 178
homoerotismo 117–19, 122
homosexualidad 3, 79, 103, 109, 110, 111–12, 115, 116, 118, 119, 121, 123, 125, 134, 137, 180
hortus conclusus (jardín cerrado) 57, 58, 60, 84
Huidobro, Vicente 40–45, 54, 89
   Ecuatorial 41
   Adán 42
   'Naturaleza' 43
   'Arte poética' 44
Husserl, Edmund 12

idealización de España 58, 62
identidad:
   construcción 99, 104, 105
   nombre 30, 40, 96
   pérdida de la identidad 51, 56, 60, 78, 111, 176
Ilie, Paul 88, 117, 144, 171
   The Surrealist Mode in Spanish Literature (*El modo surrealista en la literatura española*) 117, 146
incomunicación 77, 78, 86, 137
Índice (revista) 38
infancia 55, 60, 68, 69, 73, 78, 79, 88, 92, 97, 113, 164
inmortalidad 38, 70, 76, 88, 92, 99, 121
inocencia 51, 54–57, 59, 68, 69, 70, 78, 79, 84, 92, 95–99

jardín 22, 25, 50, 51, 52–55, 57, 58, 60–62, 64–66, 68, 72, 73, 79, 85, 87, 88, 90, 92, 95, 96, 119, 127, 129
Jato, Mónica 62, 135, 145 n. 3, 166 n. 7
Jehová 50, 72, 109, 110, 111, 120, 122, 125, 126, 132, 135, 136, 137, 142, 150, 153, 169
   Yahveh 29, 165, 167
Jiménez, Juan Ramón 2, 3, 19, 25, 26, 38, 40, 47, 53, 54, 153, 169, 180
   Diario de un poeta recién casado 85 n. 25
   Nostaljia del mar 89
   'El oasis' 54
   Segunda antolojía poética 38

Kerényi, Károli 6 n. 7, 122

laguna Estigia 85, 87
Larrea, Juan 40–41
lenguaje adánico 16, 17, 29, 32, 40, 43, 47, 56
Leopardi, Giacomo 82, 83 n. 22
lesbiana 115, 142
Lévi-Strauss, Claude 8, 14, 45, 61
locus amoenus 53, 54, 70
logos 13, 14, 15, 30, 44, 75, 138
Lucifer 88, 96, 110, 136

Machado, Antonio 146
  Soledades, galerías y otros poemas 95
mar 30, 31, 51, 60, 60 n. 6, 66, 77 n. 19, 87, 89–91, 94, 95, 97, 119, 136, 175
Marañón, Gregorio 112, 115
Martínez Sagi, Anna María 3, 46, 47, 111, 115, 116, 117, 132, 133, 164, 168, 169, 170
  Amor perdido 119, 133–34
  Canciones de la isla 23, 24, 25
  Jalones entre la niebla 128
  País de la ausencia 128
  Visiones y sortilegios 157–58, 160, 162
melancolía 23, 24, 51, 53, 69
miedo 1, 9, 20, 31, 62, 92, 95, 104, 123, 125–26, 128, 129–31, 134, 158, 168
Milton, John 151
  Paradise Lost (El Paraíso Perdido) 53, 87–89
Mira, Albert 105–07, 111–13, 115, 132, 133, 135
misión del poeta 20, 28, 42, 148, 151–52, 155
mitema 8, 45, 117
mithème (*ver* Mitema)
mito 4–9, 11, 12, 13, 14, 25, 26, 29, 32, 36, 38, 42, 44, 45, 46, 53, 56, 59, 66, 99, 104, 113, 125, 142, 155, 163, 164, 178, 179, 180
  para 'mito de la caída' *ver* 'caída'
  para 'mito de la caverna' *ver* 'Platón'
  para 'mito de la Creación' *ver* 'Creación'
  para 'mito de la Laguna Estigia' *ver* 'Laguna Estigia'
  para 'mito del Paraíso' *ver* 'Paraíso'
  para 'mito del sufriente' *ver* 'sufriente'
mitologema 6, 6 n. 7, 8, 44, 82, 91
mythos (opuesto a logos) 13, 14, 138
modernidad 8 n. 8, 10, 12–14, 17, 41, 49–53, 56, 57, 58, 61, 146, 156, 178–80

modernismo 10, 18, 53, 85 n. 25, 89, 180
moral 19, 33, 51, 71, 75, 107, 108, 109, 110, 111, 112, 114, 115, 116, 120, 121, 122, 123, 142, 143, 145 n. 2, n. 4, 146, 147
  autoridad moral 153, 154, 165, 166, 169, 171, 173, 176
  para *Genealogía de la moral* y 'moral de los esclavos' vre 'Nietzsche'
Mulder, Elisabeth 3, 23, 25, 47, 116, 119, 157

Natural supernaturalism ver 'Abrams, M. H.'
naturaleza 10, 11, 12, 15, 17, 19–23, 25, 28, 30, 39, 40, 46, 47, 50, 51, 53, 55, 56, 58, 61, 64, 68, 74, 86, 102, 103, 109, 110, 113, 120, 132, 142
  para ensayo de Emerson 'Naturaleza' *ver* 'Emerson'
Nerval, Gérard de 126
Nietzsche, Friederich:
  Also Sprach Zarathustra (Así habló Zaratustra) 108–09, 116, 177
  conocimiento 99, 100
  Dios ha muerto 51, 70, 81, 126
  dios versus naturaleza 110
  dolor y creación 71, 75, 100, 103, 120
  Ecce Homo 107
  Die Fröhliche Wissenschaft (La gaya ciencia) 70, 81
  Die Geburt der Tragödie (El nacimiento de la Tragedia) 100, 107, 142
  Zur Genealogie der Moral (La genealogía de la moral) 103
  influencia en el 27 2, 4, 19, 72, 114, 142
  invención de Dios 110, 111, 163
  Menschliches, All Zumenschliches (Humano, demasiado humano) 100
  moral 75, 107, 114, 115, 116, 143, 145 n. 4
  moral de esclavos 103, 108, 114, 143

nihilismo 31, 51, 82, 95, 108, 109, 177
nostalgia 22, 25, 49, 51-52, 56, 57 n. 4, 62, 69, 76, 79, 82-83, 85, 90, 92, 93, 95, 154
Nueva Alianza 122

Ortega y Gasset, José 11, 19, 70, 144, 154, 180

palabra adánica *ver* 'lenguaje adánico' y 'Walter Benjamin'
palabra divina (carácter performativo) 15, 27, 45, 166
panteísmo 19, 20, 40 n. 12
paraíso perdido 2, 10, 20, 22, 23, 25, 31, 32, 49-57, 59, 61,62, 64, 67-69, 72-85, 88, 90-92, 95, 96, 97, 99, 177
pasión de Cristo 7, 8, 9, 104, 117, 123-26, 128, 131, 139
pathos 105, 123
Paz, Octavio 8 n. 8, 113, 152, 179
  Hijos del limo 10, 11, 32
pecado 10, 24, 63, 99, 107, 112, 121, 124, 125, 133, 171, 172 n. 11
pecado original 65, 82
poesía pura 2, 3, 4, 6, 34 n. 9, 35-38, 44, 47, 71, 106, 171, 179
poesía social 146, 154, 166, 169, 170 n. 10, 171
poeta maldito (*poète maudit*) 71, 83, 95, 101, 102, 119, 122, 153
Prados, Emilio 19, 57, 58, 61, 64, 76, 77, 108, 115, 117, 127-28, 136, 160-63
  Destino fiel 162
  Jardín cerrado 57, 58, 62
  Memoria de la poesía 91
  El misterio del agua 90, 108
  Tiempo 90
Prieto de Paula, Ángel Luis 11, 19, 34 n. 8, 99, 152, 176
Primo de Rivera, Miguel 144, 162, 170, 181
profecía 50, 145-47, 155, 156, 157, 160-62, 164, 167 n. 8, 173, 174, 177, 179, 181

profeta 15, 20, 20 n. 5, 50, 144-54, 162, 165-68, 170-75, 179, 181
Prometeo 121-23
Proust, Marcel 83
puertas del paraíso 80, 81, 96
psique 12, 20, 21 n. 6, 23, 39, 45, 53

realidad mítica 14, 27, 28, 30, 54, 59, 61, 66, 68, 73, 77
rebeldía 97, 121, 122, 123, 165, 166, 167, 169
redención 10, 71, 99, 101, 121, 11 n.23, 123, 125, 142
Ricoeur, Paul 9, 12, 13, 34, 42, 74, 155
Rimbaud, Arthur:
  Lettres du voyant 153
Romantic plot (véase Abrams 'Argumento romántico')
Romanticismo 1, 13, 14 n. 14, 22, 33, 35, 38, 40, 45, 49, 50, 82, 83, 84, 95, 106, 107, 116, 117, 121, 122, 134, 150, 151, 154, 170, 180
  alemán 11, 15, 18, 25, 26, 32
  español 10, 18, 53, 106, 180, 181
  inglés 7, 11, 18, 25, 26, 32, 42

Sahuquillo, Ángel 110, 115, 136
Salinas, Pedro 2, 3, 20, 33, 35, 37, 38, 40
  'Defensa del lenguaje' 37
  Presagios 74
  'La realidad y el poeta' 41
  'Razón de amor' 56
  Seguro azar 35, 38, 51
  La voz a ti debida 40, 41, 62-63
Sánchez Saornil, Lucía 3, 19, 25, 64, 104, 111, 115, 119, 121, 125, 132, 137, 141, 142, 161, 162
Satán 98 (Satanás) 110
Scarry, Eleaine 124, 138
Schiller, Friedrich 19, 25
Schökel, Luis Alonso 145 n. 2
Schopenhauer 15, 16, 24, 39, 46, 143
  Die Welt als Wille und Vorstellung 39
Shelley, Percy Bysshe 41-42
  A Defence of Poetry 42, 153
  Prometheus unbound 122

Sebold, Russell P.   49, 105 n. 6, 106, 107, 152–53
silencio   31, 38, 66, 76–77, 86, 87, 101, 133, 134, 174
Silver, Philip   10, 18, 20, 26, 41, 55, 68–70, 78, 79 n. 20 98, 106, 113, 152, 180
   Et in Arcadia Ego   68
simbolismo (movimiento literario)   10, 18, 32–33, 36, 37, 38, 40, 41, 180
sodomía   112
soledad   1, 8, 34, 55, 61, 132–33, 136, 137, 138, 140, 141, 166
Spengler, Oswald   4
   Der Untergang des Abendlandes (*La decadencia de occidente*)   145 n. 2
sufriente   71, 99, 100, 101, 113, 117, 123, 124, 140, 141, 152, 154, 177
surrealismo   2, 8, 34 n.9, 41, 84, 116, 117, 118, 145, 146, 148, 172, 180

temporalidad   12, 29, 57, 67, 68, 74, 78, 79, 155, 161, 171, 178, 179, 181
tempus fugit   12, 68
trascendentalismo   40, 42

ultraísmo   41, 50
Unamuno   2 n. 3, 17 n. 2, 19, 62, 70, 109, 135, 145 n. 3, 170

universalidad del poema   6, 9, 36, 40, 127, 176
Urano   110, 136

Valderrama, Pilar de   2, 57, 86
   Huerto cerrado   58, 59, 67
Valente, José Ángel   61
Valéry, Paul   2, 18, 31, 33, 34, 35, 36
Venus   110, 136
verdad (transmisión de)   2, 13–15, 17, 26, 28, 33, 37, 40, 71, 75, 76, 79, 87, 99, 101, 150, 151, 152, 154, 161, 162, 165, 171, 177, 179
Verlaine, Paul   83, 102, 113
visión poética   6, 28, 33, 56, 77, 81, 88, 95, 148, 155, 156, 157, 158, 177

Woolf, Virginia:
   'On being ill'   138
Wordsworth, William   10 n. 13, 17, 18, 20, 22, 40 n. 12, 62, 76, 82, 89, 177
   The Prelude   82

Zorrilla, José   152
Zubiaur, Ibon   21 n. 6, 52, 73, 78 n. 20, 99, 102, 104, 109 n. 10

www.ingramcontent.com/pod-product-compliance
Lightning Source LLC
Chambersburg PA
CBHW071229170426
43191CB00032B/1211